Eill
Urbach
Neüe Chaussée
Neüe Hoff
Hardten Busch
Portz
Rhein Flus
Ensdorff
Westhoven
Franckfourther Landt Stras
Franckfourther Landt Stras
Hertzogthumb Bergen
Ertz Stifft Cölln
Poll
Weis
Schillings Rath
Rodeckirchen

Frank Schwalm

Porz

Bergisches Tor am Rhein

Die Geschichte von Porz
von den Anfängen
bis heute

Ponzer Hof

Frank Schwalm

Porz
Bergisches Tor am Rhein

J.P. Bachem Verlag

Erlebte Stadtgeschichte
Band 6

Herausgegeben von der
Akademie för uns kölsche Sproch
SK Stiftung Kultur

Akademie för uns kölsche Sproch

Bibliografische Information Der Deutschen Bibliothek
Die Deutsche Bibliothek verzeichnet diese Publikation in der Deutschen Nationalbibliografie; detaillierte bibliografische Daten sind im Internet über http://dnb.ddb.de abrufbar.

1. Auflage 2004

Lektorat / Redaktion:
Geschichtsbüro Reder, Roeseling & Prüfer, Köln
Reproduktionen / Gestaltung:
Reprowerkstatt Wargalla, Köln / Hans Schlimbach AGD, Köln
Druck: Druckerei J.P. Bachem GmbH & Co. KG, Köln
Printed in Germany
ISBN 3-7616-1797-6

www.bachem-verlag.de

VORWORT

Porz – Porta – das Tor: Schon der Name zeigt, dass der Ort eine besondere historische Bedeutung besitzt. Porz war über Jahrhunderte eine wichtige Verbindungsstation vom Herzogtum Berg zum Rhein. Durch Porz, das Tor, gingen die Handelswege in das bergische Hinterland und von Porz aus brachten die Händler ihre Waren im Bogen um die mächtige Nachbarstadt Köln mit ihrem Stapelrecht.

Köln war stets im Blickfeld der Porzer. Porz brauchte Köln als wichtigen Marktplatz und lebte gleichzeitig davon, dass das Kölner Stapelrecht umgangen wurde. Nach der Franzosenzeit wurden Köln und Berg preußisch – und die Domstadt und Porz hatten erstmals den gleichen Landesherren. Im 20. Jahrhundert wurde immer wieder diskutiert, Porz zu einem Vorort Kölns zu machen. 1951 kam es anders: Porz wurde selbstständige Stadt. Als die Stadt dann im Zuge der Gebietsreform 1975 doch noch eingemeindet wurde, war die Enttäuschung erst einmal groß.

Als 13-jähriger Schüler in Porz erlebte ich am 16. September 1951 die Verleihung der Stadtrechte an Porz durch den seinerzeitigen Regierungspräsidenten Dr. Wilhelm Warsch. Mit dieser Verleihung der Stadtrechte an die »junge Stadt am Rhein« schienen alle früheren Eingemeindungsdiskussionen erledigt. Sie flackerten aber Ende der 1960er Jahre mit den Debatten über eine kommunale Gebietsreform wieder auf. Damals war ich Mitglied des Porzer Stadtrates und habe diese Diskussionen noch in lebhafter Erinnerung. Seit dem 1. Januar 1975 gehört Porz zu Köln und schon mit der Kommunalwahl 1975 kam ich in den Kölner Stadtrat; seit dem Jahr 2000 bin ich Bürgermeister. Porz ist inzwischen ein selbstverständlicher Teil der modernen Großstadt geworden und konnte sich dabei sein Porzer Selbstbewusstsein doch bewahren. Mich freut das doppelt: als Kölner Bürgermeister und als Porzer.

Frank Schwalm schildert kenntnisreich und spannend die Entwicklung von Porz und es freut mich, dass der Bachem Verlag das Buch so ansprechend gestaltet und reich bebildert hat. So wird es jedem leichtfallen, sich mit der langen und wechselvollen Geschichte von Porz beschäftigen. Besonders die vielen Neu-Porzer werden davon profitieren, denn der Wohnort wird viel leichter zur »Heimat«, wenn man seine Geschichte kennt. Und ich bin sicher: Wir Alt-Porzer werden Vieles wiedererkennen und viel Neues kennen lernen.

JOSEF MÜLLER, *Bürgermeister der Stadt Köln*

Bildnachweis

von Boehn, Max, Menschen und Moden
im 16. Jahrhundert, Leipzig 1923 *49*
Dicks, Frank *Umschlag hinten, 26, 28, 30, 31, 32, 33, 34, 35, 36, 79, 87, 93, 97, 102, 115, 134, 147, 178, 184, 185, 194, 195*
Enderle, Luiselotte, Erich Kästner in Selbstzeugnissen *112*
European Space Agency (ESA)
191 (Foto: S. Corvaja); 192 (Foto: J.L. Atteleyn)
Flughafen Köln/Bonn
Titel (klein), 162, 163, 171, 172, 173, 188, 189, 190
Fördergesellschaft Radiomuseum Köln e.V. *168, 169*
Fotoarchiv Bachem Verlag *38, 39, 42, 45, 51, 54*
Heimatatlas Köln *14, 21*
Lahrkamp, Helmut, Dreißigjähriger Krieg – Westfälischer Frieden, Münster 1997 *56*
Laute, Hansjörg *43, 49, 55*
Museum im Zündorfer Wehrturm *37*
Rheinisch-Bergischer Kalender 1989 *59, 74, 75, 76, 77*
Schlimbach, Hans *23*
Schmidtke, Reiner *89, 106, 142*
Schwalm, Frank *63, 72*
Stadt Köln, Amt für Wirtschaftsförderung
(Fotograf: Ventur, Köln) 186
Vision Immobilienholding GmbH *187*
Alle andere Abbildungen Historisches Archiv der Stadt Köln – Außenstelle Porz (HASKP)

INHALT

Die Frühe Neuzeit im Porzer Raum (1492–1789)

Porz in der Zeit der Französischen Besatzung (1789 – 1815)

Porz in der Preußenzeit (1815 – 1918)

Porz während der Weimarer Republik (1918 – 1933)

»Großgemeinde Porz« – Die Zeit des Nationalsozialismus (1933 – 1945)

Nachkriegszeit (1945 – 1951)

»Die Junge Stadt am Rhein« – Die kurze Ära der Stadt Porz am Rhein (1951 – 1975)

Porz als Stadtbezirk Kölns (seit 1975)

Anhang

Ausgrabungen im

Linder Bruch 1974

DER PORZER RAUM VON DER ALTSTEINZEIT BIS ZUM ENDE DER FRÄNKISCHEN HERRSCHAFT

Steinzeit

Altsteinzeit: Erste menschliche Spuren

Mammut-Stoßzahn, 1953 gefunden in der Kiesgrube zwischen Eil und Urbach

Schriftliche Aufzeichnungen über Ereignisse, die den Porzer Raum betreffen, gibt es naturgemäß erst seit dem Mittelalter. Die gesamte Zeitspanne zuvor – von der Altsteinzeit bis in die Fränkische Zeit – kann nur durch Ausgrabungen erschlossen werden. Besonders aufschlussreich sind dabei Funde von Grabbeigaben, denn in fast allen Zeitabschnitten wurden den Verstorbenen Alltagsgegenstände mit auf die letzte Reise gegeben. Sie ermöglichen einen Einblick in das Leben und die Kultur der damaligen Menschen.

Den Menschen der Altsteinzeit (100 000–10 000 v. Chr.) bot die Gegend zwischen Rhein und der Mittelterrasse der Wahner Heide einen günstigen Lebensraum. Das Klima im Rheinland war trotz der herrschenden Eiszeit relativ mild. Eine üppige Vegetation wuchs und eine Vielzahl von Wildtieren lebte im eisfreien Rheinland. Die zu den Neandertalern zählenden Urbewohner zogen ohne feste Bleibe als Jäger und Sammler umher. Schutz zum Lagern fanden sie unter Sträuchern und in Erdlöchern in der Wahner Heide. Die Heidelandschaft bot ihnen zudem Pflanzen mit essbaren Früchten, Beeren und Wurzeln. Nicht fern lag die feuchte, von vielen Seitenarmen geprägte Rheinniederung. Die Urmenschen hatten hier ihr Jagdgebiet. Tierknochen, die bei Ausgrabungen in Porz gefunden wurden, belegen eine große Artenvielfalt: Wildpferde, Wildrinder, Rentiere, Elche und sogar Mammute bevölkerten die Porzer Rheinauen, die von den Urmenschen gejagt werden konnten.

Erster Beleg für Menschen im Rheinland: Faustkeil aus der Altsteinzeit, gefunden in der Wahner Heide

Im Königsforst bei Heumar wurde ein herzförmiger Faustkeil aus Quarzit entdeckt. Es ist einer der ältesten

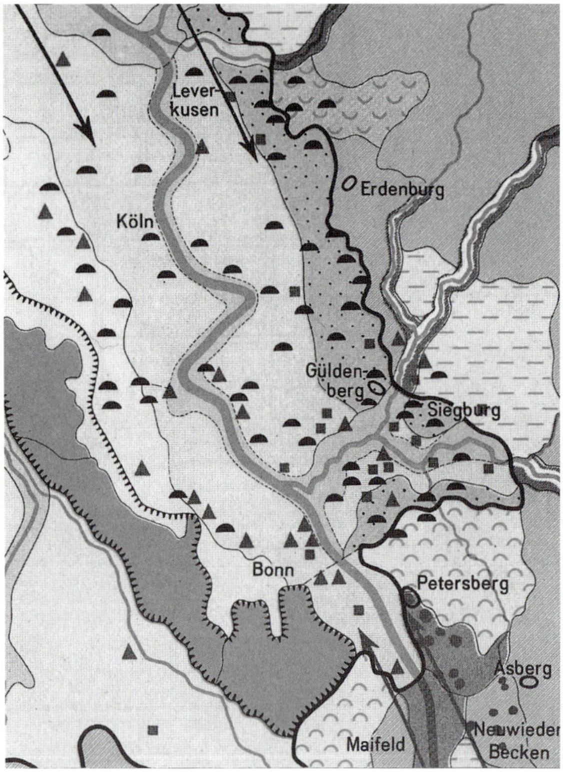

Ausgrabungsstätten der Bronze- und Eisenzeit auf Porzer Gebiet und Umgebung

Belege menschlichen Lebens im Rheinland. Eine genaue Datierung ist schwierig. Forscher schätzen, dass dieses Werkzeug vor rund 40 000 bis 100 000 Jahren von Menschen hergestellt wurde. Die Urmenschen nutzten Faustkeile als Universalwerkzeug zum Graben, Bohren oder als Jagdwaffe. Ähnliche Funde aus der Altsteinzeit förderten Archäologen auch in der Nähe von Dellbrück, in Altenrath und bei Troisdorf zu Tage.[1] Über diese mit Abstand längste Epoche der Menschheitsgeschichte und die Lebensweise der Steinzeitmenschen in unserer Region lässt sich allerdings nicht viel mehr sagen. Diese Spuren verraten nur ihre Existenz.

Mittelsteinzeit: Die ersten Menschen ziehen an den Porzer Rheinbogen

Vor etwa 10 000 Jahren veränderte sich das Weltklima durch das Abklingen der Eiszeit. Das hatte natürlich auch Auswirkungen auf das Rheinland und aus der Heidelandschaft entwickelte sich dichter Wald. Aufgrund dieser Veränderungen zogen die Menschen in der mittleren Steinzeit (etwa 10 000 bis 4000 v. Chr.) nun von der Heideterrasse in die Flussniederungen herab. Feste Siedlungen waren aber noch unbekannt. Die Steinzeitmenschen hausten in Zelten aus Tierhäuten oder in Laubhütten. Das Mammut, das lange Zeit zur wichtigsten Jagdbeute gehörte, starb zum Ende der Eiszeit vollständig aus. Zeitgleich wanderten die Rentiere, die ebenfalls als Nahrung dienten, nach Nordeuropa in kühlere Gegenden ab. Das bedeutete für die Steinzeitmenschen, dass sie die Jagd auf andere Tierarten konzentrierten mussten wie Elche, Wildpferde, Wildrinder, Vögel oder Fische. Da diese Tiere schneller und wendiger als die bisherigen

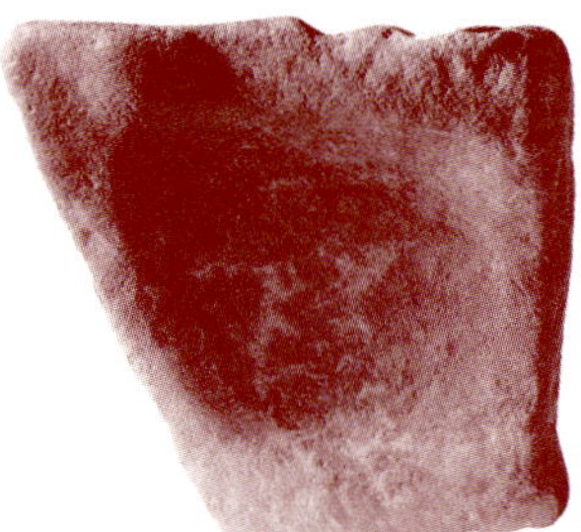

Steinerne Reibschale und Werkzeuge aus der Mittelsteinzeit, gefunden bei Langel

Der Linder Bruch: hier lebten die Menschen in der Mittelsteinzeit

Beutetiere waren, brauchten die Steinzeitjäger feiner bearbeitete Waffen: Mit Speeren, Pfeil und Bogen oder Harpunen konnten sie auch aus der Distanz Wild erlegen. Entsprechendes Jagdzubehör und Werkzeug, wie Klingen oder Schaber, wurden im Königsforst, in Westhoven, Wahn, Porz und im Linder Bruch entdeckt.

Jungsteinzeit: Erste Siedlungen entstehen

In der Jungsteinzeit (etwa 4000 bis 1800 v. Chr.) begannen die Steinzeitmenschen, die Natur urbar zu machen. Um feste Siedlungen und Ackerland anzulegen, wurden nun Wälder gerodet. Die Zucht von Rindern, Schafen oder Ziegen diente der Milch- und Fleischproduktion. Die Menschen richteten darüber hinaus auch Hunde zum Schutz der Siedlungen und Tierbestände ab. Der bekannteste Beleg einer jungsteinzeitlichen Siedlung im Rheinland ist das sogenannte »*Bandkeramische Dorf*«,[2] (etwa 5000 bis 3500 v. Chr.), die erste feste Siedlung im Kölner Raum, deren Überreste 1929 in Lindenthal entdeckt wurden. Ihre Bewohner brannten bereits Ton und verzierten ihre Keramiken mit spiral- und winkelförmigen Linien, die wie Bänder um die Gefäße liefen. In Porz, Westhoven und umliegenden Orten des Bergischen Landes entdeckten Forscher Überreste der »*Rössener Kultur*«[3] (etwa 3700 bis 3200 v. Chr.).

Hacke aus der Bandkeramikzeit, gefunden bei Libur

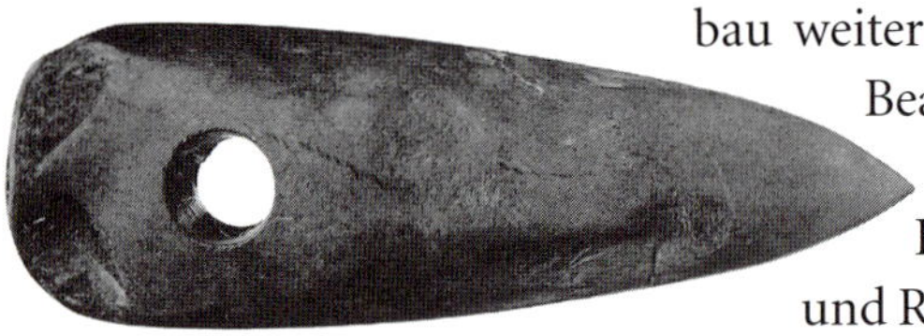

Charakteristisch für diese Kultur sind Tonkrüge mit Henkeln, die ähnlich wie in der Bandkeramik-Epoche mit Linien und Strichen verziert wurden. In Wahnheide am Scheuerbusch wurde außerdem ein Gräberfeld mit Tonscherben der sich zeitlich anschließenden *»Michelsberger Kultur«*[4] (etwa 3200 bis 2500 v. Chr.) freigelegt. Die Menschen dieser Kultur entwickelten den Ackerbau weiter und stellte spezielle Ackergeräte her, die die Bearbeitung verschiedener Böden ermöglichte.

Das geerntete Korn verarbeiten die frühen Einwohner der Region mit Hilfe von Mahl- und Reibsteinen zu Mehl. Daraus backten sie auf flachen Tonplatten Brotfladen. Typisch für diese Ära sind abgerundete tulpen- oder beutelförmige Gefäße. In Westhoven fanden sich neben Scherben der Rössener auch Überreste der Michelsberger Kultur. Das lässt darauf schließen, dass beide Kulturen parallel nebeneinander existierten und sich gegenseitig beeinflussten. Spuren einer festen Siedlung aus diesem Zeitalter konnte in Porz bislang jedoch nicht nachgewiesen werden.

Gegen Ende der Jungsteinzeit kamen noch Einflüsse der *»Glockenbecher-Kultur«* und *»Schnurkeramik-Kultur«* hinzu, die im Rheinland zur regional ausgeprägten *»Rheinischen Becherkultur«*[5] führten. Einige Gräber aus dieser Zeit wurden in der Wahner Heide bei Altenrath entdeckt. Besonderes Merkmal für diese Epoche sind verzierte Becher, Streitäxte, Pfeilspitzen und Klingen. Die Vielzahl der Funde aus dieser Zeit um etwa 1600 v. Chr. lässt auf eine verhältnismäßig starke Besiedlung des Porzer Raumes schließen.

Bronzezeit

Keulenkopf und Beile der Bronzezeit, gefunden in der Wahner Heide

Die Entdeckung der Metallverarbeitung erleichterte das Leben der Menschen in der Bronze-Zeit (etwa 1800 bis 800 v.Chr.). Bronze, eine Legierung aus Kupfer und Zinn, wurde in Öfen durch Schmelzen hergestellt. Ein bedeutender Vorteil war, dass Metall leichter als Stein zu verarbeiten war und die daraus hergestellten Gegenstände darüber hinaus auch eine wesentlich bessere Qualität hatten. Für

Grabhügel der Bronzezeit in der Wahner Heide

die Bronzezeit finden sich in Porz jedoch nur wenige Belege. Mehrere Grabhügel im Königsforst stammen aus der Zeit um 1000 v. Chr. Die Toten wurden dort in Hockstellung beigesetzt. Ihnen wurden Gegenstände aus Bronze auf den Weg in das Totenreich mitgegeben. Auch in der Wahner Heide wurden Bronzegegenstände ausgegraben. Ausgedehnter Ackerbau wird in der Wahner Heide wegen des sandigen Bodens wohl nur beschränkt möglich gewesen sein. Die damalige Bevölkerung wird daher vorwiegend Viehwirtschaft betrieben haben.

Eisenzeit

Vor rund 3000 Jahren wanderten illyrische Volkstämme aus dem Donau- und Balkangebiet in das Rheinland ein und brachten ihr Wissen über die Eisenverarbeitung mit. In dieser als *»Hallstatt-Zeit«*[6] bezeichneten Epoche vergrößerten die Menschen durch Entwässerungsgräben und Rodungen ihre Ackerflächen. Für die Feldarbeit wurden nun eiserne Pflugscharen verwendet. Mit Salz, das in Bergwerken (wie in dem namensgebenden Ort Hallstatt) abgebaut wurde, war es möglich geworden, Lebensmittel zu konservieren und über längere Zeiträume zu lagern. Während der älteren Eisenzeit (etwa 800 bis 400 v. Chr.) ist das Gebiet von Porz durch Bevölkerungswachstum und Einwanderungen offenbar im Vergleich zu anderen Regionen in Europa relativ dicht besiedelt gewesen. Eine Kette von Grabhügeln, die sich von Siegburg aus entlang des heutigen Mauspfades über Königsforst, Iddelsfelder Hardt, Dellbrück und Dünnwald bis nach Leverkusen zieht, ist hierfür ein beeindruckendes Zeugnis. Die Toten wurden damals verbrannt und in Urnen beigesetzt, die dann mit einem Hügel bedeckt wurden. Aus diesem Grund wird diese Zeit »*Urnenfeld-Kultur*« genannt. Neben Tongefäßen fanden sich in den Gräbern auch metallene Schmuckstücke, Streitäxte und Schwerter als Grabbeigaben. Der Mauspfad diente bereits in damaliger Zeit als überregionaler Handelspfad, der auf hochwasserfreiem Gebiet entlang der Grenze zwischen Nieder- und Mittelterrasse führte.

Urne aus der Hallstattzeit, gefunden in der Wahner Heide

Kelten und Germanen am Rhein

Während der »*Laténe-Zeit*«[7] (etwa 450 bis 50 v.Chr.) verfeinerten die Menschen die Herstellung von Eisenwerkzeugen, sodass die Geräte dieser Epoche eine sehr hohe Qualität aufwiesen. Mit Eisenpflügen oder Sensen waren die Menschen in der Lage, auch schwierige Böden zu beackern. Für den Ausbau der Feldwirtschaft legten die in Porz lebenden Menschen Sümpfe trocken und richteten Entwässerungsgräben ein. Die Erfindung der Töpferscheibe ermöglichte es, Keramiken schneller und feiner zu verarbeiten. Allerdings gibt es für den rechtsrheinischen Raum keinen solchen Fund.

Die im Rheinland lebende keltische Bevölkerung wurde durch verschiedene Kulturen beeinflusst, denn etwa ab 400 v. Chr. werden die ersten germanischen Einflüsse im Porzer Raum deutlich. Archäologen schlossen dies aus der Entdeckung eines Topfes aus dieser Zeit in der Nähe von Troisdorf-Spich. Seine Gestaltung wies deutlich germanische Muster auf. Allerdings sind die Ausgrabungen aus der »*Laténe-Zeit*« nicht eindeutig zu datieren, denn die Formen und Verzierungen blieben über einen längeren Zeitraum vom 3. bis zum 1. vorchristlichen Jahrhundert sehr ähnlich. Neuere Forschungen über diese Zeit sind nicht mehr möglich, weil viele einzigartige Fundstücke während des Zweiten Weltkrieges unwiederbringlich verloren gingen.

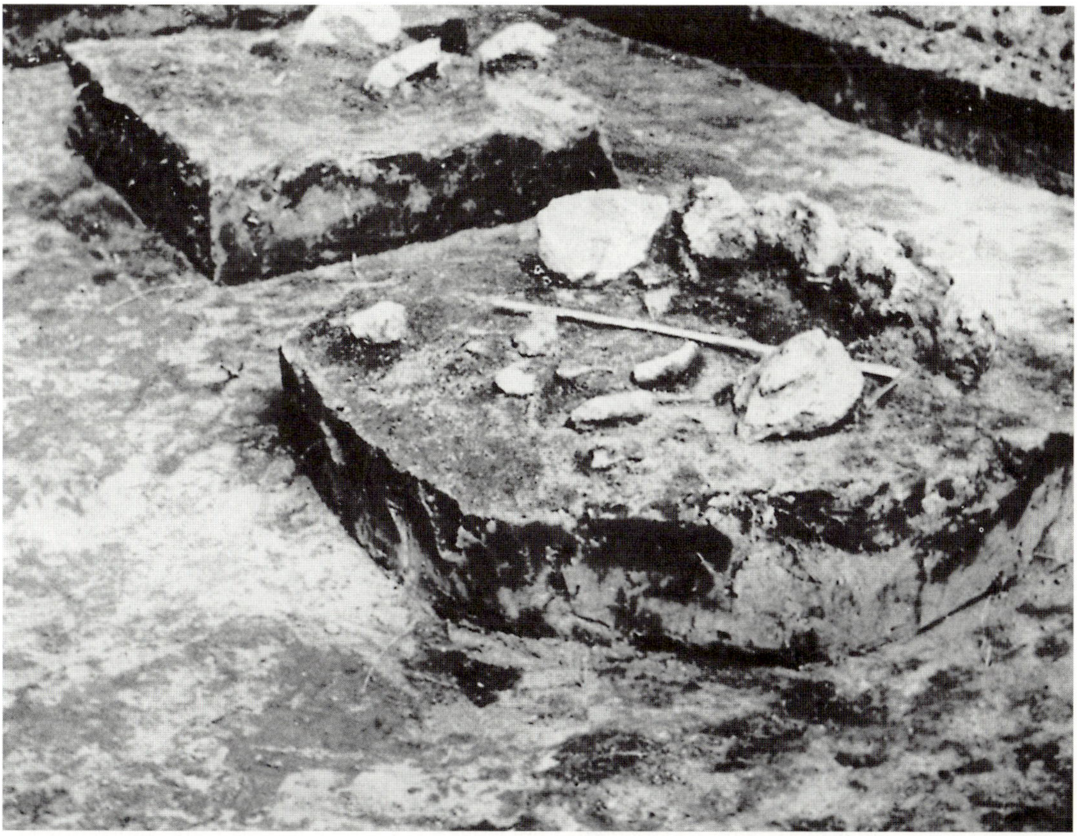

Eisenschmelzofen
im Königsforst

Erst für Funde aus dem 1. Jahrhundert vor Christus sind wieder genauere Datierungen möglich. Am Linder Bruch wurden die Reste einer Siedlung und im Königsforst bei Rösrath die Relikte von drei Eisenschmelzöfen entdeckt. In Westhoven fanden Forscher Reste von Holzhäusern und kleineren Hütten. Eine weitere Siedlung ist aus Langel bekannt. Nicht eindeutig erforscht ist bis heute, woher das Eisenerz stammte, das man vor Ort verarbeitete. Möglicherweise wurde es in der Gegend von Altenrath abgebaut, das zum Bensberger Revier gehörte, in dem noch bis ins 20. Jahrhundert Erzbergbau betrieben wurde.

Die Römer am Rhein

Porz wird entvölkert

Mitte des 1. Jahrhunderts vor Christus drang der Germanenstamm der Sugambrer in die Porzer Region vor. Die Sugambrer siedelten sich in der Rheinniederung und auf der höher gelegenen Heideterrasse an. Ob die angestammte keltische Bevölkerung mit den Sugambrern zusammenlebte und sich assimilierte oder ob sie von den Germanen vertrieben oder gar vernichtet wurde, ist heute nicht mehr zu klären.

Zur gleichen Zeit rückten auch die Römer nach Norden bis an den Rhein vor. Nachdem sie die linksrheinisch ansässigen Eburonen vernichtet hatten, wurde das linke Rheinufer Teil des Imperiums Romanum. In dem früheren Eburonen-Gebiet wurde der mit den Römern verbündete Germanenstamm der Ubier angesiedelt, der zuvor an der unteren Sieg lebte. Die Römer errichteten für die Ubier einen eigenen Ort, das »Oppidum Ubiorum«, das spätere Köln, und bauten ihn rasch zu einer römischen Militärbastion aus, denn der Grenzort war von besonderer strategischer Bedeutung. Im Jahre 12 v. Chr. versuchten die Römer von hier aus ihren Herrschaftsbereich auf das rechtsrheinische Germanien auszudehnen. Köln wurde Ausgangspunkt der Angriffskriege gegen die dort lebenden Germanen. Die Sugambrer hatten bei Troisdorf bereits einen Ringwall als sichere Fliehburg errichtet, da sie einen Angriff der Römer auf das rechte Rheinufer befürchteten. Bis zum Jahr 7 n. Chr. gelang es den Römern bis zur Elbe vorzudringen. Von da an galten auch die im Rechtsrheinischen ansässigen Germanen als unterworfen. Doch dann kam es im Jahre 9 n. Chr. zur entscheidenden Schlacht zwischen den Römern unter dem Feldherrn Publius Quinctilius Varus und den germanischen Cheruskern unter ihrem Anführer Arminius (auch Hermann genannt). Die Römer wurden empfindlich geschlagen, verloren dabei drei Legionen mit rund 20 000 Mann und zogen sich kurz darauf endgültig aus Germanien auf die linke Rheinseite zurück.

Römischer Krug, gefunden in Wahn

Zur Abwehr germanischer Überfälle richteten die Römer, zeitgleich mit dem Bau des *Limes*, der sich von Rheinbrohl bis nach Regensburg zog, auf der Köln gegenüberliegenden Rheinseite eine unbesiedelte Pufferzone zwischen dem Römischen Reich und Germanien ein. Ein Teil der bislang im Porzer Gebiet ansässigen Bevölkerung war offenbar während der römischen Feldzüge ostwärts geflohen oder wurde unterworfen. Denn der größte Teil der in Porz ansässigen Sugambrer wurde im Jahre 8 n. Chr. auf das linke Rheinufer umgesiedelt und kam somit unter römische Oberhoheit. Der Porzer Raum war daraufhin für fast ein Jahrhundert unbewohnt. Wald deckte in der Folgezeit die Spuren der Besiedlung zu. Der Ubierort bekam indessen im Jahre 50 n. Chr.

durch Kaiser Claudius auf Bitten seiner Frau Agrippina, die dort geboren worden war, die Stadtrechte verliehen: die Geburtsstunde der Stadt Köln.

Erst gegen Ende des 1. Jahrhunderts n. Chr. ist wieder eine germanische Besiedlung zwischen Rhein und Bergischem Land nachzuweisen. Die ansässige Bevölkerung hatte gute Handelsbeziehungen zu den römischen Nachbarn auf der anderen Rheinseite. Offenbar waren sie also Verbündete, sogenannte *Föderaten*, der Römer. Am Scheuerbusch in Wahn entdeckten Archäologen germanische Gräber aus dieser Zeit. Hierin befanden sich mehrere Schüsseln, ein Trinkbecher mit der lateinischen Inschrift »amo te« (ich liebe dich), sowie einige Schmuckstücke, die eindeutig römischen Ursprungs waren. Auch die Köln gegenüberliegende Rheinseite stand also offensichtlich unter römischem Einfluss.

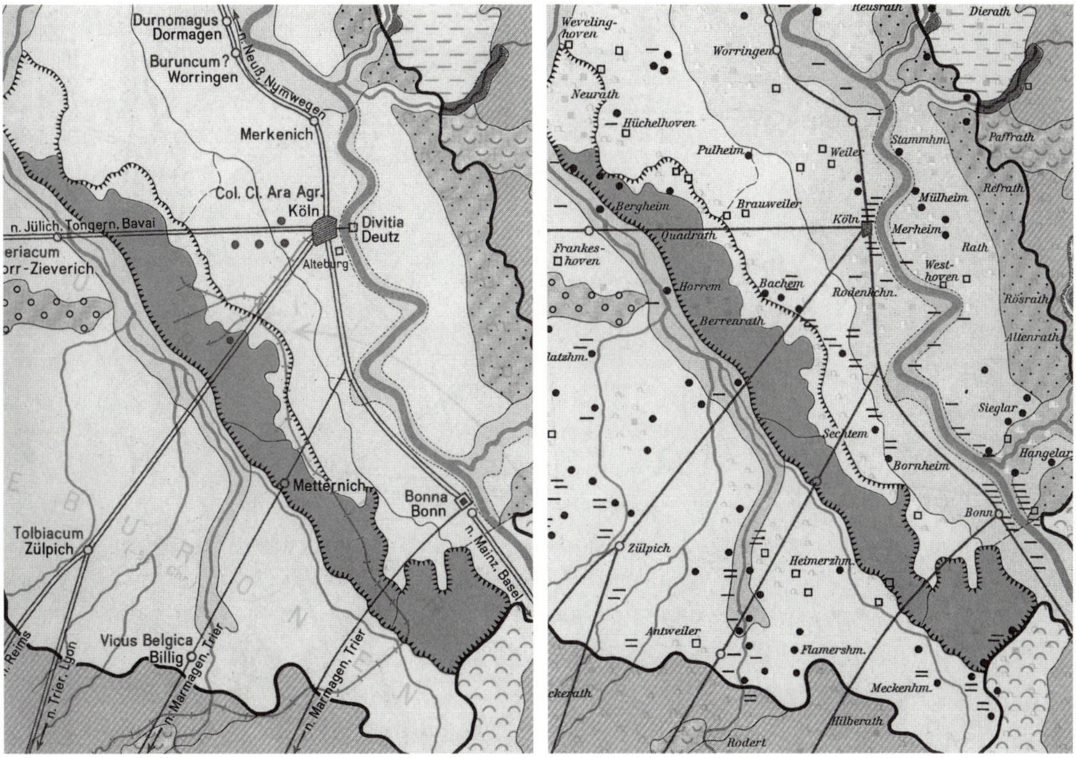

Ausgrabungsstätten auf Porzer Gebiet und Umgebung für die römische und fränkische Zeit

Frankenzeit

Erneute Besiedlung am Rheinbogen

Im Jahre 355 überschritten die Franken, ein Bund mehrerer germanischer Stämme, den Rhein und eroberten nach zweimonatiger Belagerung die Stadt

Köln. Nach der Einnahme zogen sie plündernd und brandschatzend durch die römische Kolonie. Ein strategisch wichtiger Ort ging für das Imperium Romanun damit verloren. Erst ein Jahr später konnten römischen Truppen unter Kaiser Julian Apostata Köln wieder unter ihre Herrschaft bekommen. Nach diesem überraschenden Angriff der Franken musste die Grenze stärker gegen weitere Übergriffe gesichert werden. Das Gebiet auf dem rechten Rheinufer wurde auf Druck der Römer erneut entvölkert. Das bedeutete, dass eine beste-

In einer fränkischen Siedlung
Zeichnung von Andreas Schmickler

hende germanische Siedlung bei Langel aufgegeben wurde, ohne dass man heute weiß, was aus der dort lebenden Bevölkerung wurde. Ob sie vertrieben, versklavt oder vernichtet wurde, bleibt Spekulation.

Anfang des 5. Jahrhunderts stießen die Hunnen, asiatische Reiternomaden, nach Europa vor und lösten eine Fluchtbewegung germanischer Stämme in Richtung Westen aus: das Zeitalter der Völkerwanderung begann. Germanenstämme überschritten Anfang des Jahres 407 bei Mainz den Rhein und drangen somit auf römisches Territorium vor. Köln blieb zunächst verschont. Doch im Jahre 440 stand Köln unter massivem fränkischen Einfluss und 456 fiel die Stadt nach blutigen Kämpfen endgültig in fränkische Hände. Damit ging Köln unwiederbringlich für das Römische Reich verloren und das germanische Königsgeschlecht der Merowinger übernahm die Herrschaft im Rheinland. Der Porzer Raum blieb jedoch weiterhin unbewohnt, da die Natur sich in der Zwischenzeit das Gelände zurück erobert hatte und für eine Besiedlung immer noch ungeeignet war.

Erst im Zuge der *Fränkischen Landnahme* gegen Ende des 6. Jahrhunderts begannen die Franken den Porzer Raum wieder zu besiedeln. Seitdem ist er bis zum heutigen Tag kontinuierlich bewohnt. An hochwasserfreien Stellen entstanden Höfe, die die Keimzellen für noch heute bestehende Ortsteile von Porz bildeten. Zu den Höfen gehörten neben Feldern auch Wälder. Einige dieser Höfe mit den dazugehörigen Forsten waren im Besitz fränkischer Könige, die noch heute gebräuchlichen Namen »Königsforst« und »Frankenforst«[8] deuten auf diese Besitzverhältnisse hin. Urkunden, die dies belegen, fehlen allerdings.

Das Gebiet der Mittelterrasse wurde als Siedlungsraum aufgrund des dichten Waldes zunächst gemieden. Ausnahme war eine fränkische Ortschaft in der Nähe des heutigen Grengel, die aber aus unbekannten Gründen um 700 wieder verlassen wurde.

Zeitgleich mit der neuen Besiedlung begann auch die Christianisierung der ansässigen Bevölkerung, die um 800, zur Zeit Karls des Großen, abgeschlossen wurde. Auch in den Porzer Siedlungen entstanden feste Kirchengebäude. Die älteste noch bestehende Kirche ist St. Michael in Zündorf. Das heutige Bauwerk stammt aus dem 11. Jahrhundert, steht aber auf Fundamenten aus dem 8. Jahrhundert.

Das Merowingerreich war in Gaue aufgeteilt, in denen Grafen als Statthalter des Königs die Herrschaft ausübten. Benannt waren diese Gaue nach ihrem Hauptort oder Hauptfluss. Die Siedlungen im Porzer Raum gehörten zum Deutzgau, (mit Ausnahme von Libur, das dem Auelgau zugeschlagen wurde). Dieser Deutzgau umfasste nahezu das gesamte Hinterland von Deutz bis weit ins heutige Bergische Land hinein.

Karte des Deutzgau

Einer der ältesten Höfe: Röttgen in Heumar

Zustand 1860

PORZ IM MITTELALTER: DAS TOR ZUM BERGISCHEN LAND (750 – 1492)

Porz in der Karolingerzeit

Die Mittelterrasse zwischen Rheinbogen und Wahner Heide war seit der römischen Zeit nicht mehr bewohnt. Die Natur eroberte sich den einstigen Siedlungsraum zurück; Wald und Dickicht bedeckten das Gebiet des heutigen Porz. Dennoch belegen Funde in Langel, dass es im 4. Jahrhundert vereinzelte Siedlungen am Rhein gab, über die aber nichts Genaueres bekannt ist.

Ab dem 9. Jahrhundert begannen Siedler im Zuge der Binnenkolonisierung das Terrain am Porzer Rheinbogen wieder urbar zu machen. Auf der Wahner Heide und im Königsforst wurden dafür Rodungen durchgeführt und Moore trockengelegt, um Höfe und kleinere Siedlungen anzulegen. Aus dieser Zeit sind uns keine schriftlichen Aufzeichnungen überliefert, doch kann man aus den noch heute gebräuchlichen Ortsnamen mit den Endungen -rath (für Rodung) wie Rath, Rösrath oder Overath oder -mar (für Moor) wie Heumar oder Lohmar schließen, dass sie während der karolingischen Zeit entstanden. Auch das Gut Röttgen (der Name bedeutet »kleine Rodung«) entstand zu dieser Zeit. Tributpflichtige Pächter bewirtschafteten im Auftrag der jeweiligen Grundherren diese Ländereien. Über die genauen Besitzverhältnisse aus dieser Zeit ist jedoch wenig bekannt. Lediglich der Name »Königsforst« deutet darauf hin, dass der Wald zwischen Heumar, Bensberg und Rösrath in dieser Zeit zu den Krongütern gehörte.[1]

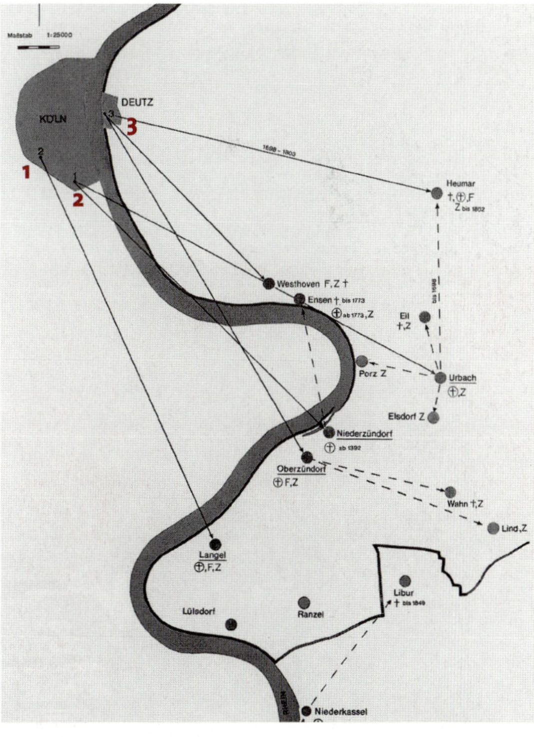

Patronate und Fronhöfe im Porzer Raum

1 St. Pantaleon
2 St. Severin
3 Abtei Deutz

Die Dörfer zwischen Rhein und Wahner Heide

Die bereits bestehenden Siedlungen auf Porzer Gebiet wurden um das Jahr 1000 erstmals in Besitzurkunden schriftlich erwähnt. Für die meisten Orte auf Porzer Gebiet kann kein exaktes Gründungsdatum genannt werden. Einerseits werden die in den Urkunden genannten Siedlungen bereits seit langem bestanden haben. Andererseits sind einige gefälschte und rückdatierte Urkunden des Mittelalters bekannt, mit denen Grundherren Besitzansprüche sichern wollten. Die Quellenlage zu den Porzer Ländereien und ihren Besitzverhältnissen ist äußerst lückenhaft, daher ist ihre Geschichte heute schwer rekonstruieren. Zudem werden in der Literatur unterschiedliche Daten ohne genaue Quellenangabe genannt.

Die Langeler Windmühle im Jahr 2004

Pfarrkirche St. Clemens in Langel (Bild von 1914) unten

Langel

Der Ort Langel, der südlichste Stadtteil des heutigen Köln, existierte offenbar schon in fränkischer Zeit. Archäologen entdeckten ein Gräberfeld am Poppenberg, das aus dem 4. Jahrhundert stammt. Erstmals wird Langel 965 in einer Urkunde des Kölner Erzbischofs Bruno I. von Sachsen (reg. 953 bis 965) genannt, der die *»villa Langelos«* dem Kölner Benediktinerkloster St. Pantaleon in Köln übertrug. Allerdings ist diese Urkunde nach heutigem Forschungsstand eine Fälschung.[2] Belegt ist hingegen im Jahr 1266 eine Pfarrstelle in Langel, die vom Kloster St. Pantaleon in Köln betreut wurde. Im *»liber valoris«* aus dem Jahr 1284,[3] einer Auflistung tributpflichtiger Pfarreien, wird Langel mit einer eigenen Kirche

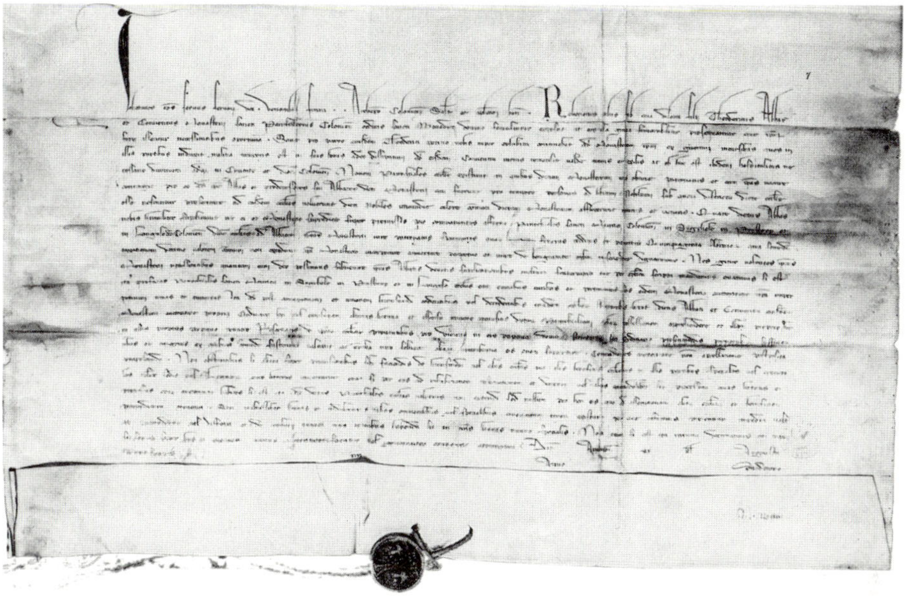

Urkunde des Papstes Johannes XXII über die Einverleibung der Pfarrkirche St. Clemens in Langel an die Kölner Abtei St. Pantaleon, 21. Juli 1328

im Dekanat Deutz genannt.[4] Ab 1326 ging Langel in St. Pantaleon in Köln auf, ab diesem Zeitpunkt hatte ein Pater des Klosters seinen Wohnsitz auf dem dazugehörigen Fronhof in Langel. Später gingen Ländereien der Pfarrei in den Besitz der Abtei Brauweiler über. Auch andere Kölner Klöster, genannt werden hier u.a. St. Apern, St. Martin, Maria ad gradus und Deutz, hatten Ländereien und Höfe in Langel (Grefrather Hof, Hinterhof, Kesselhof, Jungmüllerhof), auf denen insbesondere Weinbau betrieben wurde. Erstmals wurde 1250 auch ein Rittergeschlecht von Langel erwähnt. Die Herren hatten in dem Dorf ihren Sitz und waren Lehnsleute des Grafen von Berg. Näheres ist aber nicht bekannt.

Straßennamen erzählen Geschichte

Am Weingartsberg – Weinbau war während des Mittelalters und der frühen Neuzeit im Kölner Umland weit verbreitet und die Stadt Köln war einer der Haupthandelsorte für Wein. Erst im 18. Jahrhundert, nachdem im Rheinland durch Reblausbefall nahezu alle Weinstöcke vernichtet wurden, verlor der Weinanbau seine Bedeutung im Kölner Umland. Noch heute erinnert der Straßenname »Am Weingartsberg« in Langel, sowie die »Weingartengasse« in Poll, »In Weingartskamp« in Flittard und »Im Weingarten« in den Langel gegenüberliegenden Sürth an diese Vergangenheit.

Westhoven / Ensen

Der Kölner Erzbischof Heribert (reg. 999 bis 1021) stattete die Benediktinerabtei in Deutz mit großen Ländereien auf der rechten Rheinseite aus. Im Jahre 1003 wurden die Besitztümer urkundlich erfasst. Dies gilt als erste bekannte urkundliche Erwähnung von Westhoven, das neben den Dörfern Poll, Rolshoven, Kalk und Vingst und einem Teil des Königsforstes zu den Ländereien der Abtei Deutz gehörte. Darüber hinaus ist eine Urkunde bekannt, die auf das Jahr 922 datiert ist, die aber höchst wahrscheinlich eine Fälschung[5] ist. Auch an der Urkunde der Abtei Deutz aus dem Jahr 1003 bestehen Zweifel an der Echtheit. Die erste unbestrittene urkundliche Erwähnung Westhovens ist daher aus dem Jahre 1041 bekannt, als der Kölner Erzbischof Hermann II., »der Edle« (reg. 1036 bis 1056) der Abtei Deutz in Westhoven einen nicht näher genannten Hof vermachte[6], auf dem im Jahre 1128 die Nikolauskapelle mit eigenem Begräbnisrecht errichtetet wurde. Möglicherweise handelt es sich dabei um den Krumfingers Hof oder den Engelshof. Diese Kapelle wurde nicht nur von der örtlichen Bevölkerung, sondern auch von durchreisenden Rheinschiffern für Gottesdienste genutzt.[7] Offenbar gab es hier, wie auch in Zündorf und Porz, eine Anlegestation, an der Güter umgeladen wurden, um das Kölner Stapelrecht zu umgehen.

Nikolauskapelle in Westhoven, 2003

Das benachbarte Ensen wurde 1185 im Wunderbuch des Heiligen Anno von Siegburg erwähnt.[8] In der Literatur wird auch die Jahreszahl 1140 genannt, jedoch ohne die Quelle zu nennen.[9] Auch Ensen wird schon lange vor diesen schriftlichen Belegen als Siedlung existiert haben. Vor allem Fischfang und Weinanbau zählten im Mittelalter zu den Hauptwirtschaftszweigen. Anders als Westhoven, das direkt der Deutzer Abtei St. Heribert unterstand, wurde Ensen jahrhundertelang von der Pfarrei St. Michael in Niederzündorf betreut. Erst 1773 wurde Ensen zur eigenständigen Pfarre erhoben.

Zündorf

Zündorf gehörte im Mittelalter zu den bedeutendsten Orten am Porzer Rheinbogen. Erstmals wurde Zündorf im Jahre 1009[10] erwähnt, als die Witwe Eveza nach dem Tode ihres Mannes Hugo der Deutzer Abtei ihr Hofgut in Oberzündorf vermachte, auf der die Pfarre St. Martin entstand. Die Kirche St. Mariae Geburt (heute St. Michael) in Niederzündorf wurde 1155 erstmals erwähnt, hat aber schon seit dem 8. Jahrhundert bestanden. Bemerkenswert ist, dass der Ort zwei Pfarreien hatte und somit aus zwei unabhängigen Teilorten bestand, obwohl Zündorf eine einheitliche Siedlung darstellte. Im *»liber valoris«* aus dem Jahr 1284 werden sie *»Zudendorp superior«* (Oberzündorf) und *»Zudendorp inferieur«* (Niederzündorf) genannt.

Der Pfarrbezirk der Kirche St Mariae Geburt in Niederzündorf reichte bis nach Ensen, während die Kirche St. Martin in Oberzündorf ihren Sprengel bis

Der Zündorfer Turmhof bestand bereits im 13. Jahrhundert, Foto aus dem Jahr 1951

Wahn samt den umliegenden Höfen ausdehnte. Offiziell unterstand St. Martin der Abtei Deutz, während St. Mariae Geburt dem Stift St. Severin zugeordnet war. Erst im Jahre 1835 wurden die beiden Pfarreien vereint.

Zündorf war im Mittelalter, neben Porz, ein wichtiger Umschlagplatz für den Rheinhandel, denn zwischen der Groov, die damals noch eine Insel war, und dem Festland bestand ein natürlicher Rheinhafen. Hier wurden die Waren, die nicht in Köln gestapelt werden sollten, auf Karren geladen und über die Frankfurter Straße nach Mülheim gebracht.

Nach der Zerstörung des Ortes Porz im Truchsessischen Krieg 1589 stieg Zündorf zum Hauptumschlagplatz auf. Die Fachwerkhäuser geben einen Eindruck, welche Mengen an Waren hier umgeladen und zwischengelagert wurden. Allerdings stammen die erhaltenen Häuser in der Regel erst aus dem 17. und 18. Jahrhundert. Das einzige Bauwerk, neben den beiden Kirchen, das aus dem Mittelalter stammt, ist der mächtige Wehrturm. In der Regel wurden im Mittelalter Häuser aus Holz und anderen leichteren Materialien gebaut. Ein steinernes Bauwerk, wie der Wehrturm, galt als Zeichen von Reichtum. Irrtümlich wurde lange Zeit angenommen,

Straßennamen erzählen Geschichte

Evezastraße – Eine Frau namens Eveza vermachte 1009 nach dem Tod ihres Mannes Hugo der Abtei St. Heribert in Deutz ihr Hofgut. Auf diesem Grundstück wurde die Kirche St. Martin erbaut. Näheres ist über die Stifterin nicht bekannt.

Gütergasse – Die Gütergasse erinnert an den Zufahrtsweg zum Zündorfer Rheinhafen. Nachdem die Güter von Schiffen abgeladen waren, wurden sie durch diese Gasse Richtung Porz gefahren, von dort zur Steinstraße und über die Frankfurter Straße nach Mülheim gebracht, wo sie wieder auf Schiffe geladen wurden. So wurde das Kölner Stapelrecht umgangen.

Trankgasse – Pferde zogen Kähne entlang des Leinpfades den Rhein herauf (auch treideln genannt). In Zündorf war eine Station, an der diese Pferde getränkt wurden. Daran erinnert heute die Trankgasse in Zündorf. Auch die Trankgasse am Kölner Dom hat einen ähnlichen Ursprung.

St. Mariae Geburt und der Turm von **St. Martin** in Zündorf, 2004

dass im Wehrturm die Zollstelle gewesen sei. Erst 1972 fand der Porzer Stadtarchivar Jürgen Huck eine Urkunde aus dem Jahre 1380, in der der Turm im als Wohnturm bezeichnet wurde. Die Blütezeit des Ortes an der Groov dauerte bis zur französischen Besetzung Anfang des 19. Jahrhunderts. Durch die Erfindung der Dampfschiffe und die endgültige Aufhebung des Stapelrechtes 1831 wurde die Anlegestelle in Zündorf überflüssig, aber im Zuge der Industrialisierung in der zweiten Hälfte des 19. Jahrhunderts wurde der Rheinhafen reaktiviert.

Der alte Turm in Heumar, 2004

Heumar

Heumar entstand in karolingischer Zeit im Zuge der Binnenkolonisierung. Hier legten die Siedler ein Sumpfgebiet, das an der Fock, einem alten Rheinarm, lag, trocken und rodeten die angrenzenden Waldflächen. Archäologen fanden an der Straße »Auf der Bitze« Scherben einer Amphore, die auf diese Besiedlung im 9. Jahrhundert hinweisen.[11] Erstmals wurde Heumar in einer Urkunde aus dem Jahr 1019 genannt, in der die Besitztümer der Abtei Deutz erfasst waren. Damals wurde auch eine sogenannte Eigenkirche, die zum Durchhäuserhof gehörte, genannt. Bestätigt wurden diese Besitzverhältnisse *»in Houmere curtem cum capella«* (eines Hofes in Heumar mit Kapelle)[12] in einer Urkunde des Papstes Eugen III. aus dem Jahr 1147. An den Standort der Kapelle erinnert heute noch der alte Turm an der gleichnamigen Straße.

Hof in der Pastor-Huthmacher-Straße in Libur, 2004

Libur

Libur wurde erstmals in dem Wunderbuch des Heiligen Anno von Siegburg aus dem Jahr 1185 erwähnt. Ein Mann namens Gerhardus aus *»villula Lebure«* sei im Juni 1183 durch die Fürsprache des Heiligen Anno geheilt worden.[13] Die Bezeichnung *villula* (=Dörfchen) lässt darauf schließen, dass Libur auch nach damaligen Maßstäben eine sehr kleines Bauerndorf mit einer Handvoll Einwohner war. So lässt sich erklären, dass Libur in der Zeit der folgenden drei Jahrhunderte in keiner Quelle erwähnt ist. Erst 1482 wurde vom Grafen von Plettenberg beurkundet, dass er Libur eine Vikarie stiftet, die von Niederkassel aus betreut wurde. In der Liburer Kirchhofsmauer, die aus dem 17. Jahrhundert stammt, wurde ein jüdischer Grabstein aus dem Jahr 1365/66 eingebaut, der erste Beleg von Juden im Amt Porz. Unklar ist allerdings, woher genau der Grabstein stammt.[14]

Urbach

Der Ort Urbach entstand an der Kreuzung zweier Handelsstraßen; die eine führte von Mülheim nach Siegburg (die heutige Frankfurter Straße) und die andere verlief vom Porzer Rheinhafen zum Mauspfad (die heutige Kaiserstraße und Waldstraße). Aufgrund dieser verkehrsgünstigen Lage hatte der Ort für das Umland eine übergeordnete Rolle. Die Urbacher Pfarrei St. Bartholomäus betreute einige Kirchen in umliegenden Dörfern, etwa in Heumar oder Elsdorf. Erstmals wurde 1166 eine Kirche in Urbach erwähnt. 1208 beurkundete der Kölner Dompropst Engelbert (der spätere Graf Engelbert II.) dem Propst des Stiftes St. Severin das Patronatsrecht für eine Kirche im »*Ouerbach*«.[15] Das Kapitel von St. Severin bestimmte somit den Urbacher Pfarrer. Das »*liber valoris*« erwähnt diese Kirche in »*Oirbach*« ausdrücklich als eigenständige Pfarrei. Mehrere Höfe in Urbach (Wiedenhof, Maarhof, auch als Maarhäuser Hof bezeichnet), in Elsdorf und in Eil gehörten ebenfalls zum Sprengel der Pfarrei St. Bartholomäus. Aus dem Jahr 1318 existiert eine Urkunde der Abtei Deutz, in der dem Ritter Dietrich von Volmarstein Güter in »*Oyrbach*« zugesprochen werden.[16] Unklar ist allerdings, welche Güter genau gemeint sind. Heute sind keine Gebäude mehr aus dieser Zeit in Urbach zu sehen. Die heute noch erhaltenen Bauten des Maarhofs an der Frankfurter Straße stammen aus der Zeit zwischen dem 18. und dem frühen 20. Jahrhundert. Die heutige Kirche St. Bartholomäus wurde in den Jahren 1879/80, der Turm 1899 errichtet. Die Glocke, die heute noch zum Gottesdienst ruft, stammt aus dem Jahr 1457. Die deutsche Umschrift, die einen Schreibfehler aufweist, erinnert an das alte Patronat von St. Severin: »*Severin hischenn ich, in de ir gotz luden ich,*

Urbach, Maarhäuser Hof 2004

Urbach, Schwanebitzer Hof, ca. 1955

Hermann van Alfter gus mich, Dunre u. bix (sic!) verdriven ich« (Severin heiße ich, zur Ehre Gottes läute ich, Hermann von Alfter goss mich, Donner und Blitz vertreibe ich.)

Der Leuschhof in Urbach war schon im Mittelalter bekannt (ca. 1950)

Eil

Eil entstand als Siedlung an der Handelsroute von Mülheim nach Siegburg, an der Stelle, wo sich noch heute der Ortskern entlang der Frankfurter Straße zieht. Das Jahr 1227 wird als erste urkundliche Erwähnung genannt.[17] Zunächst galt Eil nicht als eigenständiger Ort, sondern war ein Teil von Urbach. So hatte der Ort auch keine eigene Kirche, sondern gehörte zur Pfarrei St. Bartholomäus. Beide Siedlungen waren durch einen Prozessionsweg miteinander verbunden, der von Bildstöcken, die den Kreuzweg Christi darstellten, flankiert war. Die heutigen Fußfälle an der Frankfurter Straße stammen allerdings aus dem 19. Jahrhundert. Im Jahre 1656 erhielt Eil eine eigene Kapelle. Über das Leben der Einwohner Eils ist wenig überliefert. Ihr Alltag war ebenfalls von der Landwirtschaft geprägt. Flächenmäßig ist Eil heute der weitaus größte Ortsteil von Porz, wobei große Teile des Königsforstes und der Wahner Heide Eil zugerechnet werden.

Bildstock in Eil, 2004

Das Gut Leidenhausen zwischen Eil und Heumar wurde erstmals 1329 in einer Besitzurkunde erwähnt, in der als Eigentümer Hermann von Deutz genannt wurde.[18] Die Besitzer wechselten im Laufe der Jahrhunderte mehrfach. Es wurde 1443 Sitz eines Geschlechts mit dem Namen von Leidenhausen, genannt wird Katharina, Witwe des Johann Mengis.[19] Um 1550 wird Peter von

Bellinghausen als Besitzer genannt, und vor 1636 kommt das Gut durch Heirat der Enkelin des Peter von Bellinghausen in den Besitz eines Georg von Hatzfeld, der im gleichem Jahr starb. Im Jahr 1674 kaufte Freiherr von Weichs zu Roesberg das Anwesen. 1836 erwarben es die Herren von Geyr zu Rath und ein Dr. Hohenschutz, die es im Jahr darauf an Johann Wilhelm von Mirbach zu Harf veräußerten. In den 1960er Jahren kaufte die Kölner Stadtverwaltung das Gut und errichtete dort eine Greifvogelschutz-Station. Von der mittelalterlichen Hofanlage ist in Leidenhausen heute nichts mehr zu sehen. Die heutigen Gebäude stammen fast alle aus dem 19. Jahrhundert.

Wahn

Schloss Wahn. Von der mittelalterlichen Burg gibt es keine Überreste, der heutige Bau stammt aus dem 18. Jahrhundert (Bild aus dem Jahr 2004)

Dokumente über die Gründung Wahns existieren nicht. Das Dorf Wahn wird aber vermutlich zur selben Zeit wie Heumar als Siedlung für die Untersaßen der Burg Wahn entstanden sein. Die Burg diente wohlmöglich als Grenzposten (Wanda = Grenze) zwischen dem Deutz- und dem Auelgau, später lag Wahn an der Grenze zum Amt Löwenburg, das südlich vom Amt Porz lag. Erstmals wurde im Jahre 1187 ein Ritter Conradus ab Wanda (Konrad von Wahn) erwähnt.[20] Vermutlich seit dem 11. Jahrhundert hat es in Wahn ein Kirchengebäude gegeben, doch hatte der Ort keine eigene Pfarrstelle, sondern wurde von Oberzündorf mit betreut. Im Jahre 1389[21] wird die Stiftung einer Kapelle in Wahn durch den damaligen Burgherrn Johann

Straßennamen erzählen Geschichte

Revenstraße – Die Revenstraße erinnert an die Familie, die seit 1358 ihren Sitz auf Burg Wahn hatte.

St. Aegidius in Wahn, 2004

von Reven bezeugt, die auf den Fundamenten der aus dem 11. Jahrhundert stammenden Kirche errichtet wurde.[22] Eine eigene Pfarrstelle erhielt Wahn erst im Jahre 1835, gleichzeitig mit der Auflösung der Pfarrei in Oberzündorf. Die Burg Wahn gelangte 1522 in den Besitz der Familie von Zweiffel und wurde, ebenso wie die Porzer Burg, im Truchsessischen Krieg 1588 durch spanische Truppen zerstört. Das Kölner Buch Weinsberg beschreibt die Zerstörung der Burg: »jonker Zweiffel sin haus hoff ohn den torn so gar verbrannt, dass nichtz davon überpliben ist.«(Junker Zweiffels Haus und Hof brannten bis auf den Turm nieder, so dass nichts mehr davon übrig blieb).[23] 1685 gelangte das Anwesen durch Erbschaft in den Besitz der Familie des von Schall zu Bell[24], die um 1750 den heute noch erhaltenen Bau im Stile eines französischen Barockschlosses errichten ließ.[25] Die Familie verkaufte 1785 das Anwesen an die Herren von Heeremann-Zuydwyck. Die Familie von Eltz-Rübenach übernahm 1820 die Burg, die sie seit 1947 an die Theaterwissenschaftliche Sammlung der Universität Köln vermietet hat.

Lind und Elsdorf

Bei diesen beidenn Orten lässt sich über den Zeitpunkt der Gründung überhaupt nichts sagen, da keinerlei Quellen aus dem Mittelalter bekannt sich. Die beiden Weiler bestanden offenbar nur aus kleinen Höfen. Wie in fast allen Porzer Ortsteilen gibt es weder in Lind noch in Elsdorf mittelalterliche Bausubstanz.

Der Bergerhof in Elsdorf, 2004

Das Gebäude des Elsdorfer Leyenhofs, das in den 1970 er Jahren abgebrochen wurde, stammte aus dem 18. Jahrhundert. Auch der noch bestehende Bergerhof an der Gilsonstraße wurde Ende des 19. Jahrhunderts erbaut.[26] Wahrscheinlich waren die genannten Höfe schon im Mittelalter vorhanden, jedoch gibt es dazu keine schriftlichen Belege aus dieser Zeit. Da es nicht einmal eine Kapelle gab, wurde Elsdorf nicht als eigenständiger Ort angesehen und galt als ein Ortsteil von Urbach. Elsdorf ist bis heute der katholischen Pfarrei in Urbach zugeordnet.

Das Linder Kreuz

Straßennamen erzählen Geschichte

Gilsonstraße – Die Straße wurde nach dem Peter Gilson benannt, der in Urbach von 1766 bis 1782 Pfarrer in Urbach war.
Haus Wolle – Die Straße Haus Wolle in Elsdorf erinnert an einen Gutshof der »in der Woll« lag. Das jetzige Gebäude wurde 1912 errichtet. Genaue Gründungsdaten sind nicht bekannt.
Viehtrift – die Viehtrift in Lind erinnert an den Weg, auf denen das Vieh von den Höfen auf die Weide getrieben wurde.

Auch für Lind liegen die Ursprünge im Dunkeln. In der Literatur wird das Jahr 1165 als erste urkundliche Erwähnung genannt.[27] Auch hier gab es, ähnlich wie in Elsdorf, keine Kapelle und bis heute ist Lind der Pfarrei in Wahn zugeordnet. Erst im 19. Jahrhundert mit der Entwicklung des Wahner Schießplatzes wuchs die Bedeutung von Lind an.

Porz wird Hauptort südlich der Wupper

Im Jahre 1150 bekam Graf Adolf IV. von Berg (reg. 1132 bis 1160), der in Altenberg residierte, vom Kölner Erzbischof Arnold I. (reg. 1137 bis 1151) das Vogteirecht für einen großen Teil der Besitztümer der Abtei Deutz zuerkannt. Als Vogt hatte er die Aufgabe, den Schutz der Dörfer und Höfe zu gewährleisten und war für die Gerichtsbarkeit zuständig. Außerdem trieb er die Steuern und Abgaben im Auftrag des Kölner Erzbischofes ein. Mehr als acht Jahrhunderte blieb hier noch Porz politisch und wirtschaftlich Bestandteil des Bergischen Landes.

Das Porzer Schöffenkreuz von 1667 (Bild von 2004)

Das Gebiet der Grafschaft Berg wurde verwaltungsmäßig in Ämter eingeteilt. Das Amt Porz umfasste beinahe das gesamte Gebiet auf dem rechten Rheinufer von Langel im Süden bis Flittard im Norden. Dünnwald, Odenthal und Altenberg, der Stammsitz der Grafen von Berg, gehörten ebenso zum Amt Porz wie Bergisch Gladbach, Bensberg, Overath und Immekeppel. Zeitweilig war auch das Gebiet auf dem gegenüberliegenden Rheinufer in Rodenkirchen dem Amt Porz zugeschlagen. Nur das erzbischöfliche Deutz, zu dem auch Poll, Kalk und Vingst gehörten, unterstand nicht den Grafen von Berg und wurden von der Grafschaft Berg umschlossen. Porz und Bensberg waren gleichberechtigte Hauptverwaltungsorte in diesem Amt. Unterteilt wurde es in sechs Botenämter, denen jeweils ein Schatzbote vorstand, der für die Steuereintreibung zuständig war. Die Botenämter waren wiederum unterteilt in *Honschaften* (= Hundertschaft).

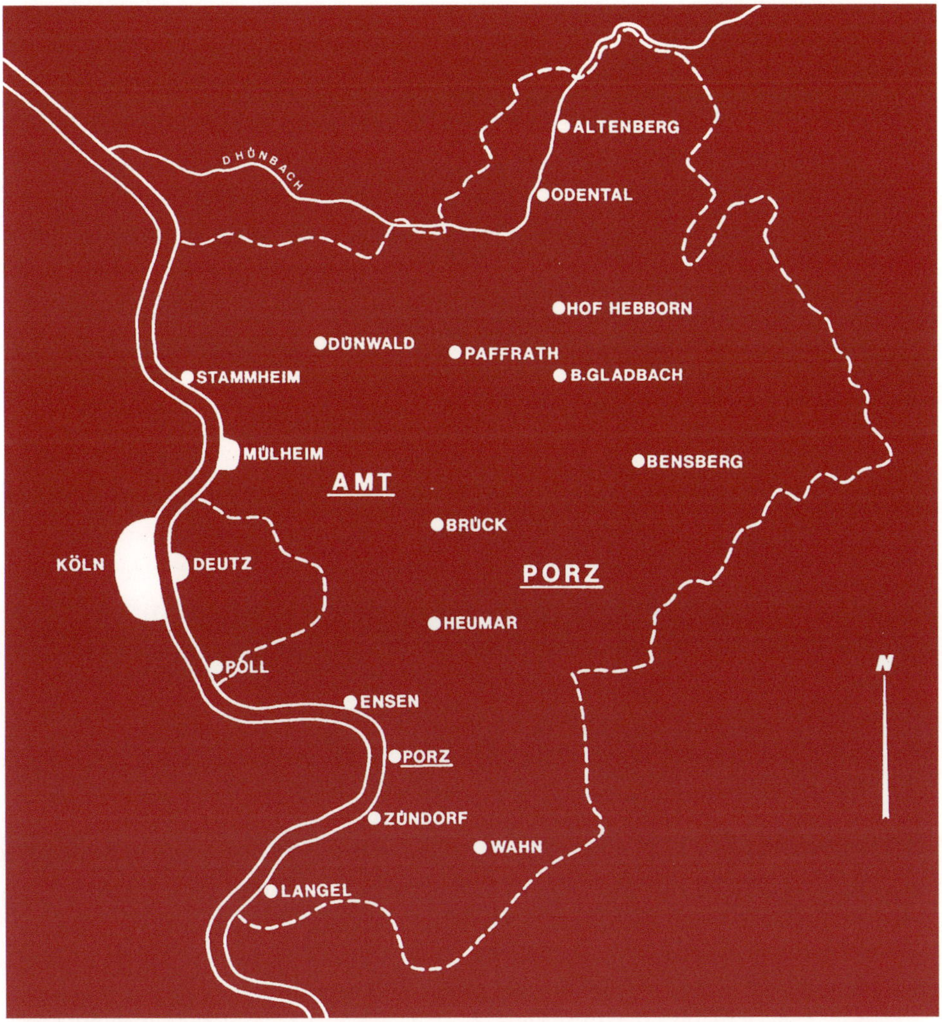

Karte des Amtes Porz

Eine Honschaft entsprach in etwa der Größe eines Hofes oder Dorfes mit rund 100 Einwohnern. Diese Einteilung des Bergischen Landes bestand fast unverändert bis zur Besetzung durch die revolutionären französischen Truppen zu Beginn des 19. Jahrhunderts.

1286 ernannte Graf Adolf V. (reg. 1259 bis 1296) die am Rheinufer gelegene Honschaft Porz zum Ort des Hauptgerichtes südlich der Wupper. Verhandelt wurden hier nahezu alle Straf- und zivilrechtliche Belange. Für die Landgerichte in Odenthal, Bensberg, Kürten, Wipperfürth, Eckenhagen, Overath, Wolfsdorf (bei Siegburg), sowie Troisdorf, Lülsdorf und Bergheim (bei Monheim) war das Gericht in Porz die übergeordnete Instanz. Hierüber stand nur noch das Rittergericht in Opladen, das die Blutsgerichtsbarkeit über die bergische Ritterschaft inne hatte und für das gesamte Bergische Land zuständig war. Dieses Rittergericht tagte zeitweilig ebenfalls in Porz. Der Kölner Erzbischof behielt auf bergischem Territorium eine begrenzte Gerichtsbarkeit in Kirchenangelegenheiten. Den Ausschlag für Porz gab die gute Infrastruktur mit mehreren Handelsstrassen, die den Ort mit nahezu allen Teilen des Bergischen Landes verband. Damit war der Gerichtsort aus der gesamten Grafschaft für damalige Verhältnisse gut erreichbar, auch wenn der Weg von Bensberg nach Porz zu Fuß oder Pferd einer Tagesreise gleichkam. Auch die Mülheimer mussten an Gerichtstagen in das wesentlich kleinere Porz kommen, selbst nachdem der Ort 1322 zur »Freiheit« erhoben wurde. Mit diesem Titel bekam Mülheim zwar einige Rechte der Selbstverwaltung und der Steuererhebung, aber keine eigene Gerichtsbarkeit. Oberster Richter war der Porzer Amtmann, auch Kellner genannt, der gleichzeitig Verwalter und oberster Steuerbeamter war. Ihm zur Seite standen insgesamt 15 Schöffen, die durch den Grafen ernannt wurden.

Das Schöffengericht

Im Jahr 1296 wurde für den Amtmann am Porzer Rheinufer eine Burg errichtet. Sie befand sich an der Kreuzung der heutigen Steinstraße/Friedrich-Ebert-Ufer. Die Burg wurde jedoch während des Truchsessischen Krieges 1589 zerstört und nie wieder aufgebaut. Beim Bau der Porzer Kanalisation im Jahre 1912 entdeckten Bauarbeiter unterirdische Gänge, die offenbar zu dieser Burg gehörten. Heute erinnert an dieser Stelle das Schöffenkreuz aus dem Jahre 1667 an den früheren Gerichtsort.

Das Gericht tagte wahrscheinlich an Markttagen in der Nähe der Porzer Burg. Die Vermutung von Johann Bendel in seiner »Beschreibung des Landkreises Mülheim«, die Verhandlungen seien am Gremberg (in der Nähe des heutigen Güterbahnhofes) durchgeführt worden, ist nicht belegt und eher unwahrscheinlich. Gremberg lag zu weit von den Siedlungen entfernt und war nicht durch Straßen erschlossen. Selbst vom Ort Porz aus wäre man mehrere Stunden zu Fuß unterwegs gewesen.

Der Rhein – ein wichtiger Wirtschaftsfaktor für die Dörfer am Rheinbogen

Die Lage des bergischen Herrschaftsgebiets am Rhein wirkte sich im Mittelalter und der frühen Neuzeit günstig auf die wirtschaftliche und politische Entwicklung der Grafschaft Berg aus. Über Porz und Mülheim hatte das Bergische Land direkten Zugang zum Rhein, und damit zu einer der wichtigsten europäischen Handelsrouten. In den Häfen am Porzer Rheinbogen und in Mülheim wurden die Waren gelöscht und konnten ohne Zollgrenzen in das Bergische Hinterland transportiert werden. Auch war der Landweg von Porz aus, wegen des weit nach Osten ausladenden Rheinbogens, über die Straßen kürzer als von Deutz. Der Rheinhandel wurde zu einem bedeutenden Wirtschaftszweig des Bergischen Landes. Aufgrund seiner günstigen Lage wurde Porz zum Hauptort des Handels. Porz wurde Tor zum Bergischen Land.

Schiffsverlade
im Mittelalter

Die Umgehung des Kölner Stapelrechtes

Da in Köln der Mittelrhein in den Niederrhein überging, mussten alle Waren, die auf dem Rhein transportiert wurden, auf einen anderen Schiffstyp umgeladen werden. Flussaufwärts, Richtung Mainz und Basel, wurde der Strom von flachen Schiffen des Typs »Oberländer« befahren, während flussabwärts, zur Nordsee hin, Güter auf tiefer liegenden »Niederländern« transportiert wurden. 1259 verlieh Erzbischof Konrad von Hochstaden der Stadt das Stapelrecht: Alle Kaufleute, die durch Köln reisten, ob auf dem Wasser oder über den Landweg waren nun verpflichtet, ihr Handelsgut im Stapelhaus für drei Tage auszustellen. Die Kölner Händler besaßen dort ein Vorkaufsrecht und konnten die ausgestellten Güter günstig mit der Kölner Mark erwerben und sie dann gewinnbringend in Europa weiterverkaufen. Erst nach drei Tagen durften die Handelsreisenden weiter ziehen. Köln stieg aufgrund dieses Privilegs zu einer der führenden und reichsten Handelsstädte in Europa auf.

Nicht alle Handelsreisende wollten aber das Risiko eingehen, ihre Güter in der Bischofsstadt mit Verlust zu verkaufen. Viele Maut- und Zollstellen auf dem Weg entlang des Rheins machten den Kaufleuten die Reise ohnehin beschwerlich. Deshalb wurden auf der ganzen Länge des Porzer Rheinbogens Anlegestellen eingerichtet. Die Güter wurden auf Karren geladen und über die heutige Steinstraße zum Hochkreuz, von dort über Frankfurter Straße um das kurkölnische Deutz herum nach Mülheim gebracht. Dort konnte dann der Transport per Schiff fortgesetzt werden.

Der Mauspfad

Noch heute wird gerne behauptet, dass die in Porz oder Zündorf gelöschten Waren über den Mauspfad transportiert wurden, um das Kölner Stapelrecht zu umgehen. Ein Blick auf den Stadtplan zeigt allerdings, dass diese Behauptung nicht stimmen kann, denn der Mauspfad liegt nicht einmal in der Nähe des Rheins. Vielmehr ist er Teil einer Handelsstraße, die vom Rhein-Main-Gebiet nach Norden Richtung Westfalen verlief. Bereits in der Eisenzeit war er eine überregionale Verbindung, die durch hochwasserfreies Gebiet entlang der Siedlungsgebiete auf der Wahner Heide führte. Aufgrund der günstigen Lage behielt diese Verkehrsverbindung ihren Verlauf bis heute. Im Süden beginnt der Mauspfad noch heute an der Stadtgrenze zu Troisdorf-Spich in Lind, dort war im Mittelalter die Grenze zum Amt Löwenstein. Er mündet in Dünnwald in die heutige Berliner Straße, der alten Handelsstraße, die ins Niederbergische Land und weiter nach Westfalen führte. Wenige hundert Meter vor der Einmündung zur heutigen Berliner Straße zweigt die heutige Odenthaler Straße ab, ein alter Handelsweg in Richtung Altenberg, dem mittelalterlichen Sitz der Grafen von Berg. Im Verlaufe des Mauspfades zweigen noch weitere kleinere Handelsstraßen ab, wie z.B. der Bensberger Marktweg in Dellbrück. Der Mauspfad durchzog das Amt Porz also in Nord-Süd-Richtung. Den Namen hat der Mauspfad, der 1165 erstmals urkundlich erwähnt wurde, vermutlich davon, dass die durchreisenden Kaufleute eine Transit-Maut zahlen mussten. Eine entsprechende Zollstation soll sich zwischen Brück und Merheim oder auch nahe dem heutigen Ort Grengel (Grengel = Schlagbaum) befunden haben. Zeitgenössische Quellen, die dies belegen könnten, sind aber nicht bekannt. Da sich die Handelsreisenden auf der rechten Rheinseite und damit außerhalb des Gebietes der Stadt Köln befanden, waren sie vom Stapelrecht überhaupt nicht betroffen.

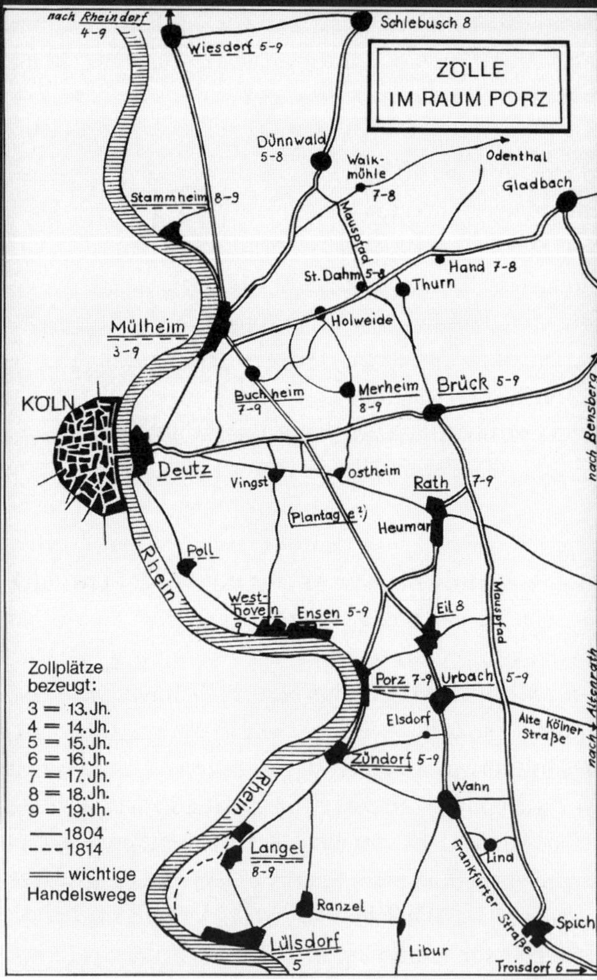

Die Zölle im Amt Porz

Ein Porzer Gerücht: »Der Rhein floss zeitweise westlich von Rodenkirchen und schnitt Porz vom Wasser ab.«

Nach dem Hochwasser von 1496, so schreibt der Heimatdichter Johann Bendel in seiner Beschreibung über den Landkreis Mülheim, wollte »der Vater Rhein eines Tages nicht mehr an Zündorf und Porz vorbeifließen.«[28] Deswegen suchte er sich »ein anderes Bett«. Der Rhein sei bei Godorf durchgebrochen und sei dann westlich an Sürth, Weiß und Rodenkirchen vorbeigeflossen. Der Porzer Rheinbogen sei dabei verlandet. Als Beleg führt Bendel den Ensener Pfad (heute Ensener Weg) in Weiß an. Angeblich habe man damals trockenen Fußes von Weiß nach Ensen gehen können. Bendel schildert den Rhein mit menschlichen Zügen: Porz sei damals nicht lange vom Wasser abgeschnitten gewesen, da »der Vater Rhein es wieder für gut befand, in sein altes Bett zurück zu kehren.«

Hochwässer überschwemmten immer wieder Zündorf (hier beim Hochwasser 1970)

Zwar wird die Rheinaue bei Weiß auch heute noch bei Hochwasser überflutet, allerdings kann dies kaum dazu führen, dass der Rheinbogen verlandet. Das Gegenteil ist vielmehr der Fall: Die Orte, die auf Porzer Seite am Rhein liegen, haben ebenfalls seit Jahrhunderten mit dem Hochwasser zu kämpfen und besonders Zündorf ist davon betroffen. Der Fluss folgt dem natürlichen Gefälle, das eben bei Porz einen Bogen beschreibt.

Der von Bendel als Beleg angeführte Ensener Weg in Weiß führte zum Rheinufer, wo es eine direkte Fährverbindung nach Ensen gab, denn Rodenkirchen und die umliegenden Dörfer gehörten ebenfalls zum Herzogtum Berg. Sie benötigten daher eine Verbindung zum übrigen Staatsgebiet.

»Ruhmreiches Berg« – Die Schlacht bei Worringen und ihre Folgen für Porz

Große Teile des Bergischen Landes gehörten zum Erzbistum Köln und unterstanden damit der geistigen Herrschaft des Bischofs. Über seinen Besitz der Abtei Deutz hatte der Bischof als Grundherr auch weltliche Macht auf der rechten Rheinseite. Der Graf von Berg hatte lediglich das Vogteirecht über diese Ländereien. Ein langer Machtkampf zwischen den Kölner Erzbischöfen, den Grafen (später Herzögen) von Berg und der Stadt Köln über die Vormachtstellung im Rheinland war die Folge, der mit der Schlacht von Worringen im Jahre 1288 seinen blutigen Höhepunkt fand.

Diese Schlacht stellte einen Einschnitt in die Geschichte der Rheinlande dar, denn danach wurden die politischen Machtverhältnisse völlig neu geordnet. Ausgangspunkt war der Erbfolgestreit um das Herzogtum Limburg. Das dortige Herrscherhaus starb 1280 aus. Die Erbfolge wäre nun an das Haus Berg gefallen. Aber Adolf V. (reg. 1259 – 1296) verzichtete auf die ihm zustehende Nachfolge und verkaufte die Ansprüche an den Herzog von Brabant. Der Kölner Erzbischof Siegfried von Westerburg (reg. 1275 – 1297) wollte bei dieser Gelegenheit seinen Herrschaftsbereich ins Kölner Umland ausdehnen und fiel mit seinen Truppen in das Bergische Land ein. Als zusätzliche Sanktion verhängte der Erzbischof das Interdikt über die Grafschaft Berg, das bedeutete, dass nunmehr keine Messen mehr gelesen und keine Sakramente mehr gespendet werden durften. Für die ansässige Bevölkerung bedeutete der Ausschluss von den Sakramenten einen tiefen Einschnitt in das persönliche Leben. Ohne die Sakramente, glaubten die Menschen im Mittelalter, konnten sie nicht ins Himmelreich einziehen. Dies brachte die Bevölkerung auf und der Konflikt spitzte sich zu.

Die Schlacht bei Worringen
Darstellung aus der Koelhoffschen Chronik von 1499

Am Morgen des 5. Juni 1288 kam es zur entscheidenden Schlacht in der Ebene von Fühlingen bei Worringen. Die Truppen des Bischofs standen denen der Bürgerschaft Kölns sowie Brabantischen Verbänden gegenüber, insgesamt rund 10 000 Mann, davon knapp die Hälfte Ritter. Stundenlang kämpften die Heere ergebnislos gegeneinander. Die Wende in dieser Schlacht trat ein, als am Nachmittag bergische Bauern in die Schlacht mit dem Schlachtruf »Berge romrijke« (ruhmreiches Berg) auf Seiten der Kölner Bürger und der Brabanter eingriffen. Die Truppen des Bischofs erlitten eine verheerende Niederlage. Insgesamt 1 000 Männer verloren bei Worringen ihr Leben. Bischof Siegfried von Westerburg wurde gefangen genommen und für ein Jahr in Schloss Burg an der Wupper festgehalten. Der Kölner Erzbischof verlor nach der militärischen Niederlage auch die weltliche Macht innerhalb der Stadt Köln an die Bürger, blieb jedoch geistliches Oberhaupt sowie oberster Gerichtsherr in der Stadt.

Das Leben der Bewohner der Porzer Dörfer wird sich nach der Schlacht von Worringen kaum geändert haben, nur war der Graf von Berg nicht mehr nur Vogt, sondern auch Grundherr. Der Bischof musste das gesamte Land zwischen »Müsepfad« und »Linepfad«, also zwischen Rhein und Mauspfad an die Grafen von Berg abtreten. Damit wurde rechtlich der Zustand festgeschrieben, der bereits faktisch seit 1150 bestand.

Der Machtkampf um die Vorherrschaft im Rheinland hielt jedoch weiterhin an. Fehden zwischen dem Bischof und dem Grafen waren keine Seltenheit und hielten auch an, nachdem Graf Wilhelm II. (reg. 1360 – 1408) im Jahre 1380 durch König Wenzel zum Herzog erhoben wurde. Das benachbarte Kurköln, das weltliche Territorium des Erzbischofes, umfasste mehrere größere Gebiete, die zum Teil weit auseinander lagen. Neben der linken Rheinseite gehörten auch Teile von Westfalen um Soest zum Gebiet des Erzbischofes. Das Herzogtum Berg war damit von zwei Seiten von Kurköln flankiert, ein großer strategischer Vorteil für den Kölner Kurfürsten. Mehrfach versuchten die Bischöfe erfolglos, das Herzogtum militärisch zu erobern. Inwieweit Porz dabei Schauplatz von Kampfhandlungen war, ist nicht mehr zu ermitteln.

Für das Bergische Land unter Herzog Adolf I.[29] (reg. 1408 bis 1437) waren diese ständigen Fehden eine schwere finanzielle Belastung. Zwar hatte Adolf I. 1423 die Gebiete von Jülich und Geldern, die bis weit in die heutigen Niederlande hineinreichten, hinzubekommen. Dennoch reichten die Steuereinnahmen für die Kriegsführung nicht aus. Deswegen ging Adolfs Sohn Herzog Gerhard I. (reg. 1437–1475) ungewöhnliche Wege bei der Geldbeschaffung: im Jahre 1449 verkaufte er seine Ansprüche auf Geldern an den Herzog von Burgund. Das Bergische Land wurde an den Kölner Kurfürsten Dietrich von Moers (reg. 1414–1463) für den Fall verpfändet, dass die Ehe des Herzogs kinderlos bliebe. Dann bekäme der Erzbischof das Herzogtum Berg gegen eine Zahlung von 104000 rheinischer Gulden. Das gesamte Rheinland, mit dem Amt Porz, wäre damit in die Hände des Kölner Erzbischofs gefallen und die Stadt Köln hätte als Enklave in der Mitte des kurfürstlichen Territoriums gelegen. Doch 1455 wurde endlich ein Erbe, der spätere Herzog Wilhelm II. (reg. 1475–1511), geboren. Der Vertrag mit dem Erzbischof war damit hinfällig und die Selbständigkeit des Herzogtums auf Dauer gesichert. Das Amt Porz blieb weiterhin Teil des Herzogtums Berg.

700 Jahre später

waren die Folgen der Schlacht bei Worringen erneut ein Thema in Porz. Zum Jubiläum der Schlacht wurden 1988 vor dem Porzer Rathaus Flaggen mit der Aufschrift: »Köln feiert seine Stadtfreiheit« gehisst. Die Porzer Bevölkerung war über die mangelnde Sensibilität der Kölner Stadtverwaltung verärgert. Die Porzer hatten durch ihre Beteiligung an der Schlacht ihren Anteil daran gehabt, dass Köln seine Stadtfreiheit erlangte, aber die eigene Stadtfreiheit 1975 an Köln verloren.

Graf Gerhard I.

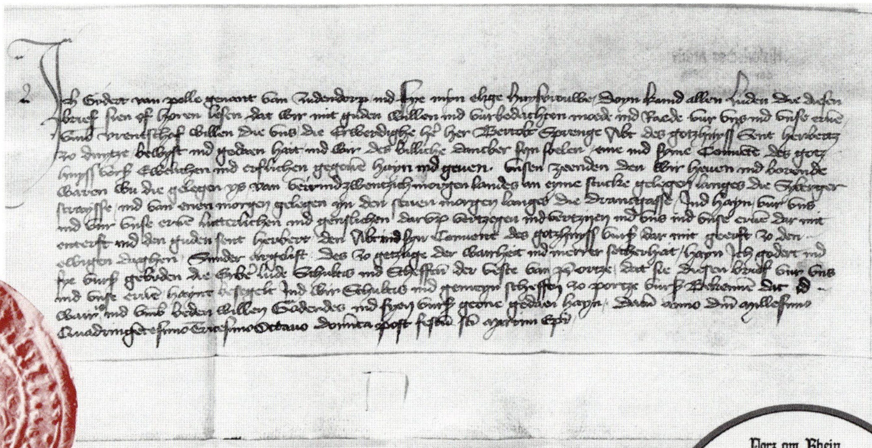

Schöffenurkunde aus dem Jahre 1438, erste bekannte Verwendung des Porzer Wappens im Siegel

Das Schöffensiegel von 1438

1483 ist erstmals das Porzer Schöffensiegel belegt. Dieses Siegel wurde verwendet, um wichtige Dokumente zu beurkunden und Gerichtsurteile auszufertigen. Nur besiegelte Schriftstücke waren rechtsgültig. Das Porzer Siegel war gleichzeitig Ausdruck der weltlichen Herrschaft der Schöffen im Amt Porz. Vom späten Mittelalter bis zu Eingemeindung 1975 wurde dieses Siegelbild verwendet, um offizielle Schriftstücke zu beurkunden. Für bezirkliche Angelegenheiten wird es teilweise heute noch verwendet.

Das Porzer Wappen, das 1935 der Oberpräsident der Provinz Rheinland der Gemeinde verlieh, basiert auf diesem Schöffensiegel von 1483 und ist ein sogenanntes sprechendes Wappen. Aus der Darstellung lässt sich auf den Namen des Ortes schließen. Dargestellt ist die 1589 zerstörte Porzer Burg mit einem geöffneten Tor. Auf Latein heißt Tor »*porta*«, im mittelhochdeutschen »Pooz« oder auf hochdeutsch »Pforte«, daher leitet sich der Ortsname Porz ab. Porz ist somit das Tor vom Rhein in das Bergische Land. Der bergische Löwe weist auf die politische Zugehörigkeit des Ortes zum Bergischen Land hin. Das Wappen stellt diese Verbundenheit bildlich dar, auch wenn sich die politische Zughörigkeit inzwischen geändert hat.

Die Pest

Die Pest bestimmte im späten Mittelalter das Leben der Menschen in ganz Europa. Auch die Bewohner des Amtes Porz wurden damit konfrontiert. Jedoch gibt es für den Porzer Raum hierüber keine bekannten Aufzeichnungen, sodass man nur aus allgemeinen Informationen und Belegen aus der benachbarten Stadt Köln Rückschlüsse auf die Verhältnisse in Porz ziehen kann.

Im 14. und 15. Jahrhundert gab es mehrere Pestwellen in Europa. Erstmals trat die Krankheit Mitte des 14. Jahrhunderts in verschiedenen Mittelmeerhäfen auf. Handelsschiffe hatten die todbringende Epidemie aus Asien nach Europa eingeschleppt. Über die Handelsrouten brachten Kaufleute die Krankheit ins Binnenland. Die Seuche breitete sich explosionsartig in Europa aus und erreichte 1349 das Rheinland und somit auch das Amt Porz. Schiffe, die in Porz, Zündorf oder Westhoven landeten, brachten diese todbringende Plage ins Bergische Land.

Das Pestbüchlein des Kölner Rates, 1514

In der Stadt Köln raffte der Schwarze Tod so viele Menschen dahin, dass die Totengräber mit ihrer Arbeit nicht mehr nachkamen. Viele Kölner flohen aus Angst vor der Epidemie, die als Strafe Gottes angesehen wurde, aus der Stadt, ohne zu wissen, dass sie damit die Erreger weiter in das Umland verbreiteten. Die Epidemie führte zu sozialen Unruhen in der Stadt Köln. Die Juden wurden für die Pest verantwortlich gemacht, da sie, aufgrund ritueller Waschungen, weniger von der Krankheit betroffen waren als Christen. In Köln kam es daher während der ersten Pestepidemie 1349 zu Judenpogromen. Nach der zweiten Pestwelle 1423 entzog der Kölner Stadtrat Juden das Aufenthaltsrecht in der Stadt. Eine wütende Menge zerstörte das jüdische Viertel am Rathaus und trieb die noch verbliebenen Juden aus der Stadt. Die jüdischen Grundstücke wurden verkauft und den Erlös teilten sich der Rat und Erzbischof. Die ehemalige Synagoge baute der Stadtrat zur prächtigen Ratskapelle um. Viele der geflohenen Juden siedelten sich auf der anderen Rheinseite im kurkölnischen Deutz und im bergischen Mülheim an. Jüdische Kaufleute haben sich vermutlich auch in Porz oder Zündorf niedergelassen. Diese Vermutung lässt ein jüdischer Grabstein auf dem das Jahr 1365/66 zu, der in die Liburer Kirchhofsmauer eingebaut wurde, allerdings ist unklar, woher genau der Grabstein stammt.[30]

Rheinverlauf

zwischen Mondorf

und Mülheim

DIE FRÜHE NEUZEIT IM PORZER RAUM (1492 – 1789)

In der Zeit zwischen Reformation und Französischer Herrschaft im Rheinland war das Gebiet des Amtes Porz immer wieder Schauplatz von Kriegsereignissen. Die Dörfer am Rheinbogen waren dabei fast bei jeder größeren militärischen Auseinandersetzung Durchmarschgebiet für fremde Truppen. Dabei zogen die Soldaten plündernd und brandschatzend durch die Porzer Orte. Die Tatsache, dass außer einigen Kirchen und dem Zündorfer Wehrturm, kein Gebäude in Porz älter als rund 300 Jahre ist, lässt die Ausmaße der Zerstörung nur erahnen. Zwar existierten viele Höfe und Güter in Porz schon seit dem Mittelalter, jedoch wurden fast alle sichtbaren Spuren aus dieser Zeit während des Truchsessischen Krieges (1583 – 1589), des Jülich-Klevischen Erbfolgekrieges (1609 – 1614), des Dreißigjährigen Kriegs (1618 – 1648) des Spanischen Erbfolgekriegs (1701 – 1714) und des Siebenjährige Krieges (1756 – 1763) unwiederbringlich zerstört.

Während aller dieser Auseinandersetzungen wurde der Status des Herzogtums Berg immer wieder verletzt, das sich militärisch nicht an diesen Kriegen beteiligte. Berg war zwischenzeitlich durch eine geschickte Heiratspolitik zu einer europäischen Macht geworden. Das Herrschaftsgebiet bestand nun aus den vier Gebieten Kleve, Mark, Jülich und Berg. 1521 vereinigte sie Herzog Johann II. offiziell zu einem Territorium, das auch als die »Vier Lande« bekannt wurde.[1] Es bildete einen der

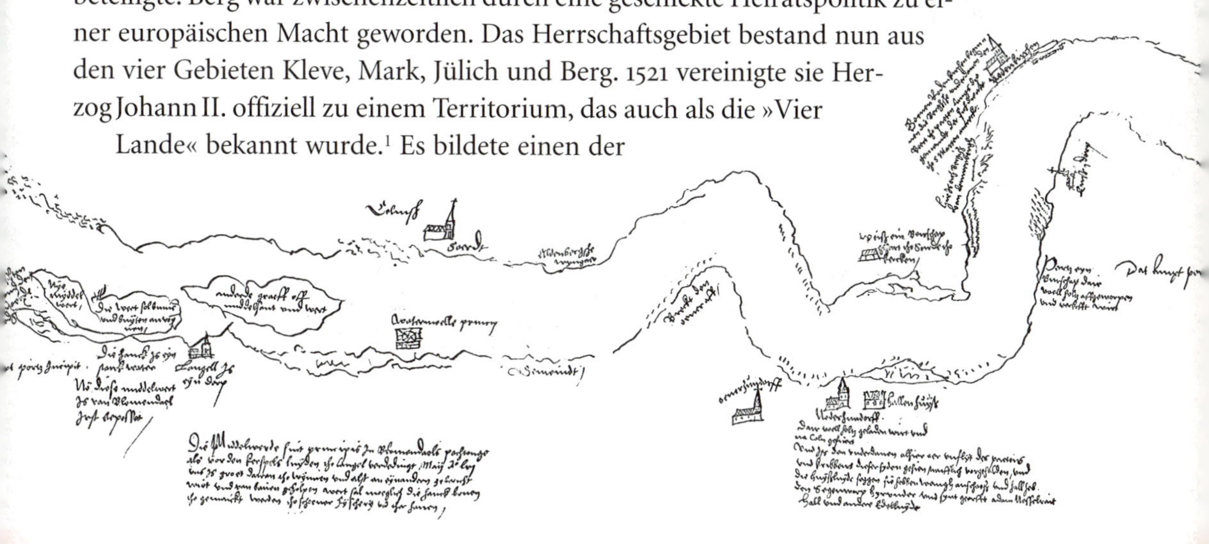

Rheinlaufkarte zwischen Langel und Westhoven, 1556

größten Territorialstaaten im Heiligen Römischen Reich Deutscher Nation. Die Territorien in der Mitte Europas hatten sowohl strategisch und als auch wirtschaftlich eine große Bedeutung. Das Herzogtum Berg hatte endgültig die Vorherrschaft im Rheinland errungen und das Kurfürstentum Köln war keine Bedrohung mehr für diese Vormachtstellung.

Der Alltag der Menschen im Amt Porz war, neben den Kriegsereignissen weiterhin vom der Land- und Forstwirtschaft, sowie der Rheinfischerei und dem Handel geprägt. Dabei hatte man zur Stadt Köln ein zwiespältiges Verhältnis: Einerseits pflegten die Porzer Dörfer mit Köln rege Handelsbeziehungen. Für die Porzer Bauern boten die Kölner Märkte Absatz für Waren von der »schäl Sick«, wie die Kölner die rechte Rheinseite nannten. Das Gleiche galt für die Porzer Fischer, die im Rhein Lachse und Maifische fingen. Besonders begehrt war in Köln auch das Holz aus dem Königsforst. Andererseits lebten viele Porzer Kaufleute von der Umgehung des Kölner Stapelrechtes.

Die Reformation erreicht das Rheinland

Ungefähr zeitgleich mit dem Aufstieg der »Vier Lande« zur vorherrschenden Macht am Rhein begann im Osten des Reiches die Reformation. Sie wurde im Rheinland aber zunächst von der Bevölkerung kaum zur Kenntnis genommen. Der Herzog von Berg bekannte sich zum Katholizismus und verbot vorsorglich Luthers Schriften, damit Berg weiterhin treu zur Römischen Kirche stand.

Erst mit dem Ausbruch der Bauernkriege im Jahre 1524 gelangte auch reformatorisches Gedankengut nach Porz. Zwar fand der Aufstand, der sich vor allem in Thüringen und am Oberlauf des Rheins ausbreitete, kaum Resonanz, aber Neuigkeiten über die Kriegsereignisse erreichten über Handelsschiffe auch Porz und die umliegenden bergischen Dörfer. Durchreisende Kaufleute trugen nun evangelische Vorstellungen vom Porzer Hafen aus in das Bergische Land hinein. Heftig diskutierten die Einwohner die neue Lehre und immer wieder traten vereinzelt reformierte und lutherische Gruppen im Bergischen Land auf. Protestantische Kaufleute, die aus Köln vertrieben wurden, siedelten sich in Mülheim an.

Im Herzogtum Berg gab es zunächst keine eindeutige Trennung der verschiedenen Konfessionen. So kam es vor, dass sich in einem Dorf Anhänger des alten und des neuen Glaubens ein Gotteshaus teilten oder gar Katholiken mit einem evangelischen Priester den Gottesdienst feierten. Große Teile der Vier Lande gehörten weiterhin zum Erzbistum Köln, dem geistlichen Territorium des Bischofs und das Herzogtum Berg grenzte an das Kurfürstentum

Herzog Johann III, der Friedfertige

Köln, dem weltlichen Territorium des Bischofs. So wurde es unweigerlich in die Kölner Wirren der Reformation hineingezogen, ohne selber daran beteiligt zu sein. Denn in Köln führte der Konfessionswechsel des Erzbischofes Herman von Wied (reg. 1515–1547) im Jahre 1542 zu blutigen Auseinandersetzungen.[2] Herzog Johann III., der Friedfertige, (reg. 1511–1539) wollte verhindern, dass die Reformation nicht auch im Bergischen Land zu einem Aufstand führte. Grundsätzlich hielt der Herzog am katholischen Bekenntnis fest, andererseits befürwortete er die Priesterehe und den bei den Lutheranern praktizierten Laienkelch, die Teilnahme der Gemeinde an der die Eucharistie in beiden Formen, Wein und Brot. Ebenso lehnte Johann den in Köln betriebenen exzessiven Reliquienkult ab. Herzog Johann wollte, dass die Bürger mit der neuen Konfession im Herzogtum blieben, da sie als Kaufleute wesentlich zum wirtschaftlichen Aufschwung von Berg beitrugen. So versuchte er einen Mittelweg zwischen den beiden Konfessionen zu gehen, in der Literatur auch als »Via Media« bezeichnet. Im Bergischen Land stieß diese bescheidenere Variante des Katholizismus auf fruchtbaren Boden, da schon seit dem Mittelalter Bußprediger und Bettelorden vor Ort ansässig waren. Der Protestantismus wurde im Herzogtum Berg geduldet, solange er keine radikalen Züge, wie etwa den der Wiedertäufer in Münster, trug.[3] 1555 erlaubte der Herzog erstmals sogar offiziell einen evangelischen Gottesdienst im Amt Porz, der in der Bensberger Schlosskirche gefeiert wurde. Seitdem herrschte faktisch Regionsfreiheit im Herzogtum, die 1587 schriftlich garantiert wurde. Alle bergischen

Herzog Wilhelm IV. der Reiche (1539–1592)

Untertanen durften nun »des h.(eiligen) reichs freiheiten und rechten geniessen und keinen dagegen beschweren«.[4] Eine eigene evangelische Gemeinde gab es aber in den Ortschaften am Porzer Rheinbogen nicht. Stattdessen wurde die Freiheit Mülheim Mittelpunkt des Protestantismus im Amt Porz. 1610 gab es dort bereits eine lutherische und eine reformierte Gemeinde. Erst 1909 bekam der Ort Porz eine eigene evangelische Kirche.

Die herzogliche Familie praktizierte die religiöse Toleranz durch ein geschickte Heiratspolitik und wurde dadurch selber gemischt konfessionell. Die Schwester des bergischen Herzogs Wilhelm IV., der Reiche, (reg. 1539–1592), Anna von Kleve, heiratete 1540 den englischen König Heinrich VIII. Er hatte sich wegen seiner Scheidung von Katharina von Aragonien von der römischen Kirche losgesagt und eine eigene anglikanische Kirche gegründet. Die Ehe mit Anna von Kleve hielt allerdings nur ein halbes Jahr.

Der Truchsessische Krieg: Porz wird erheblich zerstört

1577 führte ein weiterer Konfessionswechsel eines Kölner Erzbischofes zu einem erbitterten Krieg, in dem Porz, Wahn und weitere Dörfer im Amt Porz zerstört wurden. Auslöser war die Wahl Gebhards Truchsess von Waldburg (reg. 1577–1582) zum neuen Kölner Erzbischof. Als er 1582 heiraten wollte und deswegen zum Luthertum konvertierte, aber nicht auf sein Amt als Kurfürst verzichten wollte, erklärte das Domkapitel Truchsess für abgesetzt und wählte Ernst von Bayern (reg. 1582–1612) zu seinem Nachfolger. Truchsess wehrte sich gegen die Abwahl und fiel mit Soldaten in Deutz ein, wo bayerische Truppen stationiert waren. Die beiden Deutzer Kirchen St. Heribert und St. Urban wurden von den Truppen des abtrünnigen Bischofs gesprengt, damit sich dort keine bayerischen Soldaten verschanzen konnten. Danach rückten die Truchsessischen Truppen in das Gebiet am Porzer Rheinbogen ein und zerstörten die Burg und die Hafenanlagen, ebenso die Wahner Burg. Das Herzogtum Berg wurde damit erheblich getroffen. Der Ort Porz wurde durch den Einfall der truchsessischen Verbände seiner Haupteinnahmequelle beraubt. Auch die politische Bedeutung des Ortes Porz ging zurück, denn der in der Por-

Gregorianische Kalenderreform

Mitten im Truchsessischen Krieg führte das Herzogtum Berg die von Papst Gregor XIII. vorgeschlagene Kalenderreform durch. Auf den 2. November 1583 folgte unmittelbar der 13. November. Kurfürstentum und Stadt Köln stellten den Kalender einen Tag später auf den neuen Stil um. Die protestantische bergische Bevölkerung erkannte aber den neuen Kalender zunächst nicht an und hielt am Ostertermin fest, der nach dem Julianischen Kalender berechnet wurde. Damit gab es im Amt Porz jedes Jahr zweimal Ostern.

Zerstörung von Deutz im Jahre 1583

zer Burg residierende Amtmann verlegte seinen Hauptsitz nach Bensberg. Trotz seiner anfänglichen militärischen Erfolge musste sich Truchsess, nachdem sich Spanien und die spanischen Niederlande gegen den abtrünnigen Bischof stellten, geschlagen geben und verzichtete 1589 auf sein Amt. Die Religionsfrage war in der Stadt und dem Kurfürstentum Köln nach dem Truchsessischen Krieg ein für alle mal geklärt. Das »heilige Köln« blieb fest in katholischer Hand. Die Reformation konnte in der Domstadt keinen Fuß mehr fassen. Obwohl sich Köln zum Papst bekannte, blieb die Stadt in den kommenden Konfessionskonflikten in der Regel strikt neutral. Das Ende des Kölner Krieges bedeutete nicht, dass nun Frieden in Porz einkehrte. Im Gegenteil: Das Bergische Land wurde in den kommenden Jahren bis zum Westfälischen Frieden fast ständig in europäische Konflikte hineingezogen, obwohl es selber nicht direkt daran beteiligt war.

Porz wird Kampfgebiet im Jülich-Klevischen Erbfolgekrieg

Die Dörfer am Rhein wurden nach dem Truchsessischen Krieg wieder aufgebaut, doch die Porzer Burg blieb zerstört und der Amtmann verlegte seinen Sitz in die Bensberger Burg. Das Obergericht für das Amt behielt aber seinen Sitz am Rhein, Verhandlungen wurden weiterhin am Schöffenkreuz durchgeführt. Nach der Zerstörung von Porz hatte sich auch der Rheinhandel von Porz nach Zündorf verlagert.

Im Herzogtum Berg blieb die Konfessionszugehörigkeit nach dem Truchsessischen Krieg weiterhin offen. Doch während der mittlerweile geistig kranke Herzog Wilhelm IV. weiterhin an der »Via media« festhalten wollte, unterstützte sein Sohn Johann Wilhelm die katholische Seite, insbesondere die spanischen Habsburger, und wollte gegenreformatorische Maßnahmen im Herzogtum durchsetzen. 1598 war der Herzog wegen seiner Krankheit nicht mehr in der Lage die Regierungsgeschäfte zu führen, aber die Landstände, die Vertretung bergischer Ritter und Kleriker, wollten dem Religionskurs des Thronfolgers nicht folgen. Um die strenge katholische Linie Johann Wilhelms zu unterstützen, fiel der spanische General Francisco de Mendoza, der eigentlich einen Aufstand in den spanischen Niederlanden unterwerfen sollte, mit seinem Heer, das aus 35 000 Soldaten bestand, ins Rheinland ein. Die kleinen bergischen Orte am Rhein wurden von den Spaniern heimgesucht. Die Stärke des Heeres übertraf die Einwohnerzahl der Porzer Dörfer um rund das zehnfache. Noch verschärft

Das alte Bensberger Schloss – Sitz des Porzer Amtmannes nach dem Truchsessischen Krieg (ca. 1930)

wurde der Streit, als mit dem katholischen Herzog Johann Wilhelm I. (reg. 1592 –1609) das Haus Kleve ausstarb. Anspruch auf die »Vier Lande« erhoben nun sowohl das lutherische Haus Pfalz-Neuburg, und das ebenfalls lutherische Haus Brandenburg. Der Jülich-Klevische Erbfolgestreit brach aus. Im Vertrag von Dortmund einigten sich 1609 Johann Sigismund von Brandenburg und Wolfgang Wilhelm von Pfalz-Neuburg darauf, gemeinsam die vier Territorien zu regieren. Die bisherige konfessionelle Struktur mit einer gemischtkonfessionellen Bevölkerung wurde dabei garantiert.

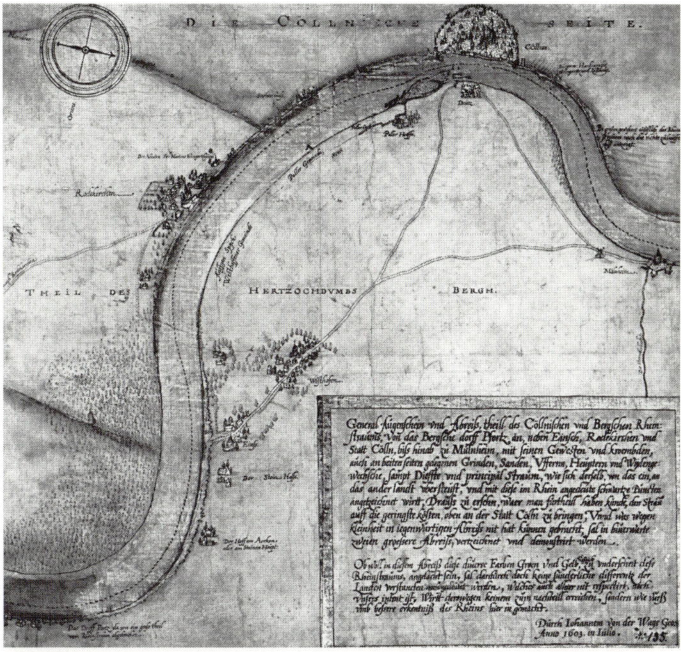

Der Rhein zwischen Porz und Mülheim, 1603.
Porz war offenbar kurz zuvor von einem Hochwasser betroffen gewesen, da ein »gross theil vom Rheinstaum abgebrochen« war.

Trotz der Vereinbarungen im Vertrag von Dortmund stritten die beiden Fürstenhäuser weiterhin um die alleinige Herrschaft in den »Vier Landen«. Das Ringen um die Herrschaft weitete sich zu einem internationalen Konflikt aus, da beide Häuser mächtige Bündnispartner hatten. 1613 kam es zu einer militärischen Konfrontation zwischen den beiden konfessionellen Militärbündnissen Liga und Union. Für das Amt Porz war die Gefahr, wegen seiner günstigen Lage am Rhein wieder Schauplatz von Kriegshandlungen zu werden, groß. Hinzu kamen Streitigkeiten zwischen der Reichsstadt Köln und der zum Amt Porz gehörenden Freiheit Mülheim über das Stapelrecht und den Bau der Wallanlagen. Sogar Kaiser Matthias (1557–1619) schaltete sich ein und ordnete an, dass Mülheim seine Befestigungsanlagen abreißen müsse. Als sich die Mülheimer dem kaiserlichen Dekret widersetzten, rückten 1614 spanische Truppen, die in den habsburgischen Niederlanden stationiert waren, in Mülheim ein und verwüsteten, unterstützt von den eigentlich neutralen Kölnern, den Ort. Über die Anzahl der Opfer und Auswirkungen des spanischen Überfalls auf das Amt Porz liegen keine zeitgenössische Quellen vor. Aber es ist nicht schwierig, sich vorzustellen, dass dies für die ansässige Bevölkerung verheerende Folgen hatte. Es wurde nicht nur die Mülheimer Mauer nieder gerissen, sondern auch Scheunen und Mühlen in Brand gesetzt und Äcker verwüstet. Der Handelsweg von Porz nach Mülheim war unterbrochen. Die Lage der Bewohner des Amtes Porz hatte sich mit dem Einfall der Spanier auf Mülheim erheblich verschlechtert. Die Märkte an den Dörfern des Rheins und im

Inneren des Bergischen Landes konnten nur noch unzureichend versorgt werden. 1614 beendete der Vertrag von Xanten den Jülich-Klevischen Erbfolgekrieg. Dabei wurden die »Vier Lande« aufgeteilt: Brandenburg erhielt die Herrschaft über Kleve, die Grafschaft Mark und Ravensberg. Berg, Jülich sowie Ravenstein fielen an die Pfalz. Neuer bergischer Herzog wurde der Katholik Wolfgang Wilhelm von Zweibrücken-Neuburg (reg. 1614–1653). Doch der erhoffte Frieden kehrte in dem von zwei Kriegen verwüsteten Bergischen Land nicht ein. Nur wenig später brach der bislang blutigste Konflikt in der Geschichte Europas aus: Der Dreißigjährige Krieg.

Der Dreißigjährige Krieg

Porz wird Aufmarschgebiet fremder Truppen

Als 1618 mit dem »Prager Fenstersturz« der Dreißigjährige Krieg begann, sah es zunächst nach einem regionalen Konflikt in Böhmen aus. Erst 1622 erreichte der Krieg auch das Rheinland. Das Herzogtum Berg war in der Zwischenzeit vom bisherigen toleranten Weg abgewichen, als 1619 protestantische Gottesdienste verboten wurden. Um nicht in den Konflikt hineingezogen zu werden, verhielten sich sowohl die Reichsstadt Köln, als auch das Herzogtum Berg – trotz des Bekenntnisses zum Katholizismus – militärisch neutral. Während die Neutralität Kölns während des gesamten Krieges gewahrt blieb, wurde die des

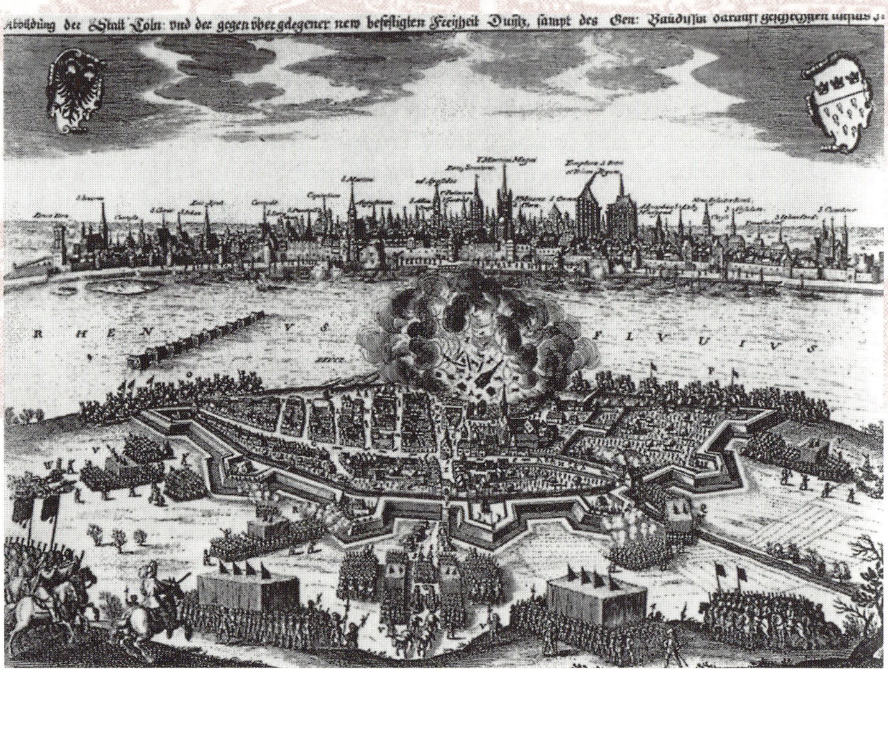

Am 22. Dezember 1632 fielen schwedische Truppen, von Porz kommend, in Deutz ein.

Herzogtums Berg aufgrund seiner strategisch günstigen Lage von keiner der kriegführenden Parteien beachtet. Immer wieder zogen fremde Truppen, gleich welcher Konfession, durch das Amt Porz und hinterließen eine Spur der Verwüstung.[5]

1622 drangen zum dritten Male innerhalb von 24 Jahren spanisch-niederländische Truppen in das Amt Porz vor und zogen brandschatzend durch die Dörfer, obwohl die Spanier, wie auch die örtliche Bevölkerung katholisch waren. In Dünnwald brannten sie ein Rittergut nieder und die einheimische Bevölkerung floh vor den marodierenden Truppen in das bergische Hinterland. Die Söldner richteten sich in den verlassenen Häusern der Porzer ein, während sich die eigentlichen Bewohner im Königsforst verstecken mussten. Drei Jahre später rückten protestantische hessische Truppen, von Süden kommend, in das Amt Porz ein und zogen bis Holweide. Dort muss es zu Scharmützeln und Gefechten mit habsburgischen Truppen gekommen sein. Hierzu gibt es aber keine eindeutigen Belege. Bekannt ist nur, dass die Hessen bald wieder das Amt Porz verließen.

Herzog Wolfgang Wilhelm

Am schlimmsten traf es die Region, als 1630 der schwedische König Gustav Adolf (1594–1632) auf Seiten der protestantischen Union in den Konflikt eingriff. Mit Unterstützung der Hessen wollte er die habsburgischen Truppen aus dem Amt Porz vertreiben. In Siegburg richteten die Schweden deshalb ihr Hauptquartier ein, um von Süden her anzugreifen. Die Ankunft schwedischer Soldaten im Rheinland löste große Furcht aus, da die Skandinavier für ihre brutalen Übergriffe auf die Zivilbevölkerung berüchtigt waren. Eine erneute Massenflucht der einheimischen Bevölkerung setzte ein. Sogar die neutrale Stadt Köln befürchtete einen schwedischen Angriff. Beide Seiten schlossen ein Abkommen: die Schweden bekamen freien Zugang zur Stadt, dafür erklärten sie sich im Gegenzug bereit, den kölnischen Handel nicht zu behindern.

Zu einem verheerenden Zwischenfall kam es kurz vor Weihnachten des Jahres 1632. Am 22. Dezember zogen die Schweden in das zu Kurköln gehörende Deutz ein. Ihnen war aber offenbar nicht bekannt, dass die nach dem Truchsessischen Krieg wiederaufgebaute Pfarrkirche St. Urban als Waffenarsenal genutzt wurde. Hier lagerten große Mengen Schießpulver. Beim Einrücken der Schweden kam es zu Scharmützeln mit den Soldaten des Bischofs, die Deutz verteidigen wollten. Geschosse schlugen in das Kirchengebäude ein, das sofort Feuer fing. Dadurch wurde das dort lagernde Pulver entzündet und es kam zu einer enormen Explosion, bei der die Kirche zerstört wurde und zeitgenössischen Quellen zur Folge rund 300 Menschen den Tod fanden.

Wenig später rückten die Schweden Richtung Sachsen ab. Kaiserliche Truppen bezogen erneut Stellung im Amt Porz. General Ottavio Piccolomini (1599–1656) errichtete in Holweide sein Heerlager. Noch heute trägt der Weg, der zum Lager führte, den Namen Piccoloministraße. Die Hoffnung, nun würden im Amt Porz katholische, also freundlich gesonnene Soldaten einziehen, wurde rasch enttäuscht. Denn auch die kaiserlichen Truppen verübten Übergriffe und zogen plündernd durch das Amt. Besonders Flittard und Stammheim wurden heimgesucht. 1642 rückten auch noch die Soldaten des französischen Königs Ludwig XIV. auf die rechte Rheinseite vor und verübten ebenfalls Gräueltaten.

General Ottavio Piccolomini

Aber nicht nur die Heere waren eine Plage für das Amt Porz. Im Gefolge dieser Truppen zogen auch noch fast doppelt so viele Zivilpersonen mit, die von den Feldzügen lebten: Kaufleute, Handwerker, Gaukler, Dirnen. Hinzu kam noch eine stattliche Anzahl von Kindern und Jugendlichen. Durch diese Zuwanderung wurde die Bevölkerung vor unlösbare Probleme gestellt, denn alle diese Menschen mussten versorgt werden, während die Soldaten aber alles zerstörten. Felder, Mühlen und Äcker wurden verwüstet oder beschlagnahmt. Zudem befand sich ein nicht geringer Teil der Bevölkerung auf der Flucht. Der Dreißigjährige Krieg zog auch noch Jahre nach seinem Ende schwere Lasten nach sich. Ganze Landstriche waren durch die Kriegsgräuel und die damit verbundenen Hungersnöte und Epidemien entvölkert worden. Im Bergischen werden die Verluste auf ungefähr ein Drittel der Vorkriegsbevölkerung geschätzt.

Der Westfälische Frieden von 1648, der Europa neu ordnete, brachte für das Amt Porz keinerlei politische Veränderungen. Es blieb weiterhin beim Herzogtum Berg. Sogar der Herrscher war immer noch der gleiche, wie vor dem Krieg: Wolfgang Wilhelm regierte noch bis 1653.

Hexenverfolgungen

Hexenverfolgungen waren ein Phänomen der frühen Neuzeit und nahmen in der Zeit der Glaubenspaltung aufgrund religiöser Verblendung ihren Anfang. Ideologische Grundlage war der 1487 erschienene »Hexenhammer«, eine detaillierte Anweisung, wie bei Verhören und Folterungen in Hexenprozessen vorzugehen sei. Insbesondere Frauen, die in Heilberufen tätig waren, fielen der

Verfolgung zum Opfer. Aber auch Männer waren betroffen. Einen traurigen Höhepunkt erreichte dieser Fanatismus, der von Katholiken und Protestanten gleichermaßen betrieben wurde, in der Zeit des Dreißigjährigen Krieges. Über die Anzahl der hingerichteten Frauen und Männer gibt es keine verlässlichen Angaben. In der Zeit vom 15. Jahrhundert bis zum letzten belegten Hexenprozess in Deutschland 1793 wurden nach Schätzungen mehrere 10 000 Menschen hingerichtet.

Jakob Sprenger, Dominikanerprior aus Köln, galt lange als Mitautor des »Hexenhammers«. Als päpstlicher Inquisitor verantwortete er zahlreiche Hexenverbrennungen

Aus dem Amt Porz ist nur ein Fall eines Hexenprozesses bekannt. Am 7. November 1629, mitten im Dreißigjährigen Krieg, wurde in Dünnwald der Hebamme Aeltgen Dünwald der Prozess gemacht. Nach ihrer Verurteilung wurde sie auf einem Scheiterhaufen verbrannt. 1995 benannte die Mülheimer Bezirksvertretung eine Straße nahe der Hinrichtungsstätte nach Aeltgen Dünwald. Das Herzogtum Berg wird aufgrund der auf Ausgleich bedachten Religionspolitik kein Zentrum der Hexenverfolgung gewesen sein und daher waren solche Prozesse vermutlich eher selten.

Nach dem Dreißigjährigen Krieg: Kein Frieden für den Porzer Raum

An den Folgen des Dreißigjährigen Krieges hatte auch der Porzer Raum noch Jahre lang zu leiden. Viele Äcker waren durch Kriegseinwirkungen verwüstet, Obstbäume gefällt, Scheunen und Mühlen zerstört. So war der Hunger noch lange nach dem Westfälischen Frieden allgegenwärtig. Das Amt Porz war dabei aber im Gegensatz zu anderen Regionen noch verhältnismäßig gut versorgt, wurde doch der nötigste Bedarf durch die Rheinfischerei gedeckt, bis Nutzpflanzen endlich nachgewachsen waren und wieder geerntet werden konnte. Häuser, Scheunen und Kirchen wurden wieder aufgebaut. Auch die Handelswege wurden erneuert. Immer noch lebte das Amt Porz von der Umgehung des Kölner Stapelrechtes.

Das Herzogtum Jülich-Berg strebte auch nach dem Westfälischen Frieden danach, in der europäischen Politik eine gewichtige Rolle zu spielen. Der Nachfolger Wolfgang Wilhelms, dessen Sohn Philipp Wilhelm (reg. 1653–1679, † 1690), betrieb während seiner Regentschaft eine geschickte Heirats- und Bündnispolitik. Seine 17 Kinder verheiratete er mit fast allen wichtigen europäischen Adelshäusern.

Während des englischen Bürgerkrieges stellte sich Philipp Wilhelm auf die Seite der Royalisten und gewährte dem späteren König Charles II. in Düssel-

Urbach: Frankfurter Straße, um 1726 (rechts der Maarhäuser Hof)

dorf Asyl. 1672 schloss der Herzog mit Frankreich einen Neutralitätspakt. Der französische Sonnenkönig Ludwig XIV. (reg. 1643 bis 1715) stand während der Jahre 1672 bis 1679 im Krieg gegen die Niederlande und brauchte eine strategisch günstige Ausgangslage für eine mögliche Invasion des Nachbarlandes. So gewährte ihm Herzog Philipp Wilhelm gegen die Zahlung von Subsidien das Recht, durch die bergischen Territorien zu ziehen und Winterlager aufzuschlagen. Französische Lager entstanden in Bensberg, Düsseldorf und Siegburg.

Trotz der Großzügigkeit des bergischen Herzogs benahmen sich die Franzosen, so berichtet Johann Bendel, nicht gerade wie Gäste. Französische Soldaten vergriffen sich an der Bevölkerung des Amtes Porz. Besonders Protestanten waren Ziel solcher Übergriffe. Viele Einwohner der Orte am Rheinufer ließen ihr Hab und Gut ungeschützt zurück und flohen in den Königsforst. Die französischen Truppen konnten ohne Schwierigkeiten alles plündern, dessen sie habhaft werden konnten. Auch Kirchen, egal ob katholisch oder protestantisch, wurden nicht verschont und viele Kirchenbücher und Archive sollen dabei vernichtet worden sein, berichtet Bendel. Das erklärt auch, warum es nur sehr wenige Quellen aus der Zeit zuvor gibt.

1672 protestierte der Herzog vergeblich beim französischen König gegen diese Übergriffe. Der Herzog hatte keine Handhabe gegen die Franzosen, da er auf kein stehendes Heer zurückgreifen konnte. Deswegen griff die bergische Bevölkerung zur Selbsthilfe. Die Bauern bewaffneten sich mit Jagdgewehren und gingen gegen die marodieren Soldaten vor. Bei einem Gefecht in der Nähe des ebenfalls zum Amt Porz gehörenden Hebborn (nördlich von Bergisch Gladbach) fanden 15 Franzosen den Tod. Mit einem solchen Widerstand hatten die Truppen nicht gerechnet und zogen sich in ihre Quartiere zurück. Offenbar von der Entschlossenheit der Bevölkerung überrascht, hielten sich die Franzosen im weiteren Verlauf des Krieges zurück; Übergriffe wurden danach nicht mehr verzeichnet. Das Gefecht bei Hebborn ging als »Erste Franzosenjagd« in die bergische Geschichte ein.

Die Herrschaft Jan Wellems

Kaum ein anderer Herrscher wird mit dem Bergischen Land so eng in Verbindung gebracht wie Herzog Johann Wilhelm, der vom Volk »Jan Wellem« genannt wurde. Seine 36 Jahre dauernde Regentschaft setzte gleichzeitig den Höhe-, aber auch den Schlusspunkt des Herzogtums Jülich-Berg als europäischer Macht. Die Schlösser in Benrath und Bensberg sind sichtbare Zeichen seiner absolutistischen Herrschaft.

Jan Wellem mit seiner Frau Anna Maria Lovia von Toscana

Als Thronanwärter reiste Jan Wellem durch das Frankreich Ludwigs XIV. Dort wurde der Sonnenkönig zu seinem Vorbild. Er zeigte sich beeindruckt von dem neuen absolutistischen Staatssystem und dem damit verbundenen aufwändigen Repräsentationsstil, der ganz auf die Person des Fürsten zugeschnitten war. Jan Wellem wollte auch im Herzogtum Berg dieses politische System einführen. Nach seinem Amtsantritt wurden die Landstände (die Vertretung bergischer Adliger und Kleriker), die seit dem Mittelalter ein Gegengewicht zur Macht des Herzogs bildeten, entmachtet. Jan Wellem wurde damit uneingeschränkter Alleinherrscher. Seine Hauptresidenz behielt er während seiner gesamten Regentschaft in Düsseldorf, auch wenn er seit 1690 auch die politisch bedeutendere Kurwürde der Pfalz trug. Damit bekannte sich der Fürst zu seiner bergischen Heimat.

Porz im Spanischen Erbfolgekrieg

Wenige Jahre nach der »Ersten Franzosenjagd« wurde das Amt Porz erneut Kriegsschauplatz. Der französische König Ludwig XIV. versuchte während des Spanischen Erbfolgekrieges, den bergischen Herzog Jan Wellem für seine Seite zu gewinnen. Das französische Herrscherhaus der Bourbonen erhob nach dem Aussterben der spanischen Habsburger Anspruch auf die Herrschaft, den aber auch Kaiser Leopold I. (reg. 1658–1705) aus dem Haus der österreichischen Habsburger anmeldete.

Obwohl Jan Wellem persönliche Sympathien für den Sonnen-

Urbach: Die Frankfurter Straße, um 1726. (an der Kreuzung zur heutigen Kaiserstraße)

könig hegte, blieb er fest an der Seite des Reiches, während der Kölner Kurfürst Josef Clemens (reg. 1688–1723) sich offen auf die französische Seite schlug. Im Amt Porz befürchtete man nun einen Angriff kurkölnischer und französischer Truppen. Um dagegen gewappnet zu sein, bauten die Bewohner für ihre Dörfer Befestigungsanlagen, sogenannte Grengel. Pfälzische Truppen richteten bei Mülheim ein Heerlager ein, um ein Eindringen fremder Soldaten ins Bergische Land zu verhindern. Doch Anfang Oktober 1702 beging das pfälzische Heer einen taktischen Fehler: Es überschritt den Rhein, in der Absicht, die bei Bonn lagernden französischen Truppen abzudrängen. Der französische General Tallard nutzte nun die Gelegenheit, um bei Mondorf an der Siegmündung mit seinen Verbänden auf die rechte Rheinseite überzuwechseln und in das Herzogtum Berg einzudringen. Unterstützt wurde er dabei von kurkölnischen Soldaten. Von Süden her rückten die Verbände rasch Richtung Porz vor. Unter den Bewohnern breitete sich Furcht vor französischen Übergriffen aus, wie sie in den Kriegen zuvor an der Zivilbevölkerung verübt wurden. Viele flohen in den Königsforst und das bergischen Hinterland. Die französischen Soldaten konnten so ungehindert vorrücken und überschritten am 4. Oktober die Grenzen des Amtes Porz. Ohne Schwierigkeiten konnten sie, nachdem sie zuvor die Burg Lülsdorf abgebrannt hatten, die Orte Zündorf, Urbach und Porz plündern. Zugleich fielen kurkölnische Truppen in Mülheim ein, dass nach dem Abrücken der Pfälzer schutzlos geblieben war. Ziel des Angriffs der bischöflichen Soldaten waren vor allem die Hafen- und Wehranlagen, um den Handel zu unterbinden. Auf diese Weise wollte Kurköln den missliebigen Konkurrenten auf der rechten Rheinseite mit französischer Unterstützung erneut ausschalten. Drei Tage später gelang es der bergischen Landwehr bei Bechen in der »Zweiten Franzosenjagd«, den Vormarsch der Angreifer in das Bergische Land aufzuhalten. Die Männer der bergischen Landwehr kannten das hügelige Gelände bestens und hatten somit einen strategischen Vorteil gegenüber den Franzosen. So machte die Landwehr auch den Weg frei für ein rund 20 000 Mann starkes Heer der Pfälzer, das von Norden heran rückte und in kurzer Zeit das Amt Porz zurückeroberte.

Zwar dauerte dieser europäische Krieg noch bis 1714 an, aber Porz blieb nach dem Zurückdrängen der Franzosen von weiteren Kriegshandlungen verschont. Der pfälzische Kurfürst stand die ganze Zeit treu auf der Seite Kaiser Leopolds I. und seiner Nachfolger Josephs I. (reg. 1705–1711) und Karl VI. (reg. 1711–1740). Jan Wellem unterstützte die Habsburger weiterhin, in dem er sich finanziell an den Feldzügen beteilige und Soldaten aus dem Bergischen Land zur Verfügung stellte.

Ein Glanz von Versailles im Amt Porz: Der Bau des Schlosses Bensberg

In den Sommermonaten lud Jan Wellem Fürsten, Diplomaten und politische Freunde zur Jagd in den Königsforst. Der Herzog residierte dabei im alten Bensberger Schloss, dem Sitz des Porzer Amtmannes. Doch den Bau aus dem Mittelalter empfand Jan Wellem als nicht repräsentativ genug und gab dem italienischen Baumeister Alberti den Auftrag, ein neues Jagd- und Lustschloss für Bensberg zu erbauen. Vorbild hierfür war die Residenz des Sonnenkönigs in Versailles und als besonderer Clou sollte die Mittelachse der Bensberger Dreiflügelanlage exakt in der verlängerten Achse des unvollendeten Kölner Domes liegen. 1703, mitten im Spanischen Erbfolgekrieg, wurde mit den Bauarbeiten für dieses Schloss begonnen.

Neues Bensberger Schloss, Gemälde ca. 1820

Das Amt Porz erlebte durch den Bau einen wirtschaftlichen Aufschwung. Edle Baustoffe wurden von weit her über den Rhein nach Porz und Zündorf geliefert und über den Landweg nach Bensberg transportiert. Ausländische Arbeitskräfte, vor allem französische Steinmetze wurden, ungeachtet des Krieges gegen Frankreich, angeworben. Sie galten als hervorragenden Fachleute, da sie bereits in ihrem Heimatland am Bau von Schlössern mitgewirkt hatten und wohnten in einer eigens errichteten Siedlung nahe der Bensberger Kirche, die im Volksmund »Klein Frankreich« genannt wurde. Bisher im Porzer Raum nicht gekannte Luxusgewerbe, wie Goldschmiede, Stuckateure etc. siedelten

Das Schloss Bensberg, um 1714

sich an. Sogar eine Ziegelei wurde eigens für den Schlossbau angelegt, sowie ein eigener Steinbruch in der Nähe von Refrath. Noch heute trägt der Ort den Namen »Steinbreche«. Die Bauarbeiten erwiesen sich als aufwändig und zogen sich länger hin als ursprünglich geplant. Dennoch ließ es sich Jan Wellem nicht nehmen, bereits im Sommer 1705 zu Ehren des Herzogs John of Marlborough, der auf Seiten der Habsburger gegen Frankreich kämpfte, im unfertigen Schloss eine Jagdgesellschaft abzuhalten. Ein großes Festzelt wurde im Schlosshof errichtet, in dem die adligen Gäste bewirtet wurden. Die Vollendung des Schlosses erlebte Jan Wellem nicht mehr. Nach seinem Tod im Jahre 1716 wurden die Bauarbeiten eingestellt. Seine Nachfolger hatten keinen Bedarf mehr für ein Jagdschloss im Bergischen Land, denn sie verlegten ihre Residenz in das pfälzische Mannheim. Die kunstvolle Ausstattung und die Gemäldesammlung des Bensberger Schlosses wurde an den Hof nach Mannheim gebracht und befindet sich heute in der Alten Pinakothek in München. Das Gebäude diente in der Folgezeit anderen Zwecken: Während der Napoleonischen Besatzung und der Befreiungskriege befand sich darin ein Lazarett. In der Preußenzeit wurde in dem Schloss eine Kadettenanstalt eingerichtet, in deren Nähe der Schießplatz Wahn angelegt wurde. Nach dem Ersten Weltkrieg wurde es Hauptquartier der französischen Besatzungssoldaten im Rheinland, nach deren Abzug 1926 wurde hierin ein Obdachlosenheim eingerichtet. Während der NS-Herrschaft war im Schloss eine Nationalpolitische Erziehungsanstalt (NAPOLA) eingerichtet und nach dem Zweiten Weltkrieg diente es den belgischen Streitkräften als Kaserne. Heute befindet sich im Schloss ein Hotel.

Inschrift aus dem Jahr 1705, erinnert an den Bau des Schlosses

Der persönliche Lebensstil und die Kriegspolitik Jan Wellems waren äußerst kostspielig und verschlangen einen Großteil des bergischen Staatsetats. Dafür wurden der Bevölkerung große finanzielle Lasten abverlangt. Obwohl diese hohe Steuerlast die einfachen Bauern schwer drückte, wird die Ära Jan Wellem in der Literatur oft verklärt und unkritisch dargestellt. Jan Wellem war der letzte Herzog, der seinen Hauptsitz in Düsseldorf hatte. Mit ihm endete die Epoche Bergs als europäische Macht. Seine Nachfolger residierten zunächst in Mannheim und ab 1777 in München. Das Bergische Land wurde nun nur noch zu einem Nebenland der Pfalz bzw. Bayerns.

Die Karte des Herzgtums Berg, 1797

PORZ IN DER ZEIT DER FRANZÖSISCHEN BESATZUNG (1789 – 1815)

Die Französische Revolution erreicht das Rheinland

Rheinlaufkarte zwischen Niederkassel und Mülheim, 1780

Als 1789 auf den Pariser Straßen gekämpft wurde, hatten diese Ereignisse in den Dörfern des Amtes Porz noch keinerlei Auswirkung. Sicherlich brachten Handelsreisende neueste Nachrichten über die Revolution nach Porz, aber das alltägliche, vor allem von der Landwirtschaft geprägte Leben blieb davon unberührt. Erst 1792, nachdem Frankreich Österreich den Krieg erklärt hatte, wurden die Dörfer am Rheinbogen in die politischen Umwälzungen hineingezogen. Obwohl Karl Theodor (1724–1799), Herzog von Berg, zugleich Regent von Bayern und der Pfalz, für seine Herrschaftsgebiete die Neutralität erklärte, drangen etwa 4000 österreichische Soldaten in das Herzogtum Berg ein und errichteten im Amt Porz mehrere Quartiere und Depots, u.a. in Urbach und in Zündorf.

Die Anwesenheit österreichischer Truppen führte im Amt Porz erneut zu wirtschaftlichen Problemen, hatte sich doch dadurch die Bevölkerungszahl innerhalb weniger Wochen schätzungsweise fast verdoppelt. Obst, Gemüse, Getreide und andere Waren wurden auf den Porzer Märkten knapp. In der Hoffnung, ein gutes Geschäft zu machen, verlangten die örtlichen Bauern völlig überhöhte Preise, die die Österreicher ohne Weiteres zu zahlen bereit waren. Diese unbedachte Preispolitik der örtlichen Kaufleute führte im Amt Porz zu einer galoppierenden Inflation, da bald zuviel Geld für zu wenig Waren im Umlauf war. Die ansässige Bevölkerung litt derweil an Hunger, da für sie Grundnahrungsmittel fast unbezahlbar wurden.

Im Bensberger Schloss richteten die Österreicher unter General Karl Graf Clerfait ein Lazarett ein. Bedrohliche Enge – rund 1 000 verwundete kaiserliche Soldaten lagerten in den oberen Stockwerken – und katastrophale hygienische Zustände herrschten in dem Prunkbau. Medikamente und sanitäre Anlagen fehlten, sodass Krankheitskeime einen idealen Nährboden fanden. Im März 1793 brach daher im Schloss eine verheerende Typhusepidemie aus, die sich rasch im gesamten Amt Porz ausbreitete. Als die Totengräber mit den Bestattungen nicht mehr nachkamen, entschloss sich der Porzer Amtmann, im Milchborntal bei Bensberg Massengräber für die Seuchenopfer anlegen zu lassen, um der Lage Herr zu werden. Als die Epidemie einige Wochen später vorbei war, waren rund 3 000 Menschen an der Seuche gestorben.

Karl Clerfait hatte sein Quartier in Schloss Bensberg

Im Herbst 1794 rückten die revolutionären französischen Truppen trotz anfänglicher Rückschläge bis an den Rhein vor. Unter dem Jubel der Kölner Bürger marschierten sie am 6. Oktober ohne jeden militärischen Widerstand in die Stadt ein. Gleichzeitig verließen österreichische Verbände, die zumeist aus den habsburgischen Niederlanden (dem heutigen Belgien) stammten, das linke Rheinufer und rückten über zwei eigens errichtete Schiffsbrücken bei Stammheim und Mülheim in das Amt Porz ein. Während sich die hohen kaiserlichen Offiziere in verschiedenen Bürgerhäusern in Mülheim einquartierten, wurde für die einfachen Soldaten ein großes Lager zwischen Mülheim und Buchheim errichtet. Außerdem entstanden weitere kleinere Lager im gesamten Amt Porz.

Am 20. Mai 1795 wurde das **Inventar des Schlosses Bensberg** zunächst nach Denklingen, später nach München abtransportiert

Die Versorgungslage war nach wie vor angespannt, denn nun mussten auch diese Soldaten ernährt werden. Zudem herrschte im Amt Porz die Furcht vor einem französischen Angriff, denn von den früheren Übergriffen französischer Soldaten auf Zivilisten, zuletzt im Siebenjährigen Krieg (1756–1763), erzählten sich die Porzer immer noch. Nach dem Einzug der Franzosen in Köln hatte es bereits vereinzelte Scharmützel mit Österreichern gegeben. Entlang des Rheinufers zwischen Langel und Flittard standen in Rufweite Wachen, die nachts mit mächtigen Feuern den Fluss ausleuchteten. Der Holzverbrauch für diese Wachfeuer war so groß, dass der Gremberger Wald dafür nahezu vollständig gerodet wurde. Später holzte man auch den Mielenforst bei Dellbrück ab und schließlich gab der Porzer Amtmann nach langen Verhandlungen die Erlaubnis, sich im Königsforst zu bedienen.[1] Bedrohlich wurde die Lage im Winter 1794/95. Es war wochenlang so kalt, dass der Rhein zufror. Das vorhandene Brennholz wurde nach wie vor für die Wachfeuer verwendet, während die Bevölkerung der Kälte ausgeliefert war. Wochenlang mussten die Porzer am Rheinufer für die Österreicher Schanzen und Wälle bauen, da man glaubte, die Franzosen würden die Witterung für sich nutzen und zu Fuß den zugefrorenen Rhein überqueren. Doch der befürchtete Angriff blieb aus. Die Lage entspannte sich zunächst nach dem Sonderfrieden von Basel am 5. April 1795. Der Rhein wurde von allen Kriegsparteien als Demarkationslinie anerkannt. Die Österreicher blieben aber unter Verletzung der Neutralität im Herzogtum Berg und bauten die Verteidigungsanlagen am Rhein weiter aus. Bis in den Herbst des Jahres 1795 hielten sich die Kriegsparteien an die Friedensvereinbarungen.

Das Wappen des Großherzogtums Berg

Franzosen rücken in das Herzogtum Berg ein

Doch am 5. September 1795 brachen die Franzosen den Friedensvertrag, überquerten bei Uerdingen den Rhein und rückten mit rund 70 000 Mann auf die bergische Hauptstadt Düsseldorf zu. Im Amt Porz machte sich angesichts der französischen Übermacht Unruhe breit, denn in nur wenigen Tagen konnten diese Truppen hier sein. Da das Herzogtum Berg kein eigenes stehendes Heer hatte, organisierten sich die Bauern in einer Landwehr. Wenn sie schon nicht militärisch gegen die Franzosen vorgehen konnten, wollten sie wenigstens ihr Eigentum verteidigen.

Der Vormarsch der französischen Truppen durch das neutrale Herzogtum verlief zügig. Angesichts der französischen Überlegenheit kapitulierte die bergische Regierung und übergab Düsseldorf am 7. September kampflos an die Invasoren. Tags darauf nahmen die Truppen Elberfeld ein und einen weiteren Tag später überschritten mehrere französische Divisionen bei Opladen die Wupper und zogen damit in das Amt Porz ein. Während die Soldaten zwischen Deutz und Buchheim ein Heerlager einrichteten, rückten einzelne Vorposten sogar bis Poll und Vingst vor. Gleichzeitig kam es bei Flittard zu schweren Gefechten mit den österreichischen Truppen. Der nahegelegene Schönrather Hof im heutigen Höhenhaus ging in Flammen auf. Auch in Holweide, Dellbrück, Mielenforst und Paffrath plünderten die Franzosen Bauernhöfe, um sich mit Lebensmitteln zu versorgen. Bei Odenthal trafen die Franzosen auf erbitterten Widerstand der einheimischen Landwehr.[2]

General Jean Baptiste Kléber hatte sein Quartier in Mülheim

Der Magistrat der belagerten Stadt Mülheim verhandelte mit den anrückenden französischen Truppen, damit die Stadt nicht zerstört würde. Am 10. September einigte sich die Delegation um Christoph Andreae und Engelbert Rhodius mit General Jean Baptiste Kléber, nachdem sie die Zahlung einer nicht bekannten Summe zugesichert hatte. Die österreichischen Truppen hatten in der Zwischenzeit das Amt Porz über die Frankfurter Straße verlassen und zogen sich auf das südliche Sieg-Ufer zurück. So konnten die französischen Truppen die restlichen Orte im Amt Porz kampflos einnehmen. Bensberg fiel am 17. September in französische Hände. Das unter Jan Wellem erbaute Schloss eignete sich nach dem Geschmack des französischen Generals Bastoul als repräsentatives Hauptquartier und bot zudem noch ausreichend Raum in den Seitenflügeln für Waffen- und Verpflegungsmagazine. Zudem war auch Platz für ein Lazarett. Die im Schloss stationierte bergische Kompanie durfte zwar dort bleiben, blieb aber aufgrund der Neutralitätspolitik des Herzogs Karl Theodor völlig untätig.

Französischen Soldaten zogen währenddessen weiter plündernd durch die Dörfer und verlangten von der drangsalierten Bevölkerung auch noch Schutzgelder für die Einrichtung von Schutzwachen (sogenannte »sauvegardes«), die angeblich das Eigentum der Bevölkerung vor Übergriffen bewahren sollte. Darüber hinaus war die Bevölkerung gezwungen, eine genau festgesetzte Menge an Geld, Lebensmittel, Viehfutter, Brennholz usw. an die Besatzer abzuliefern. Um den Forderungen nach den Abgaben Nachdruck zu verleihen, nahmen am

11. September 1795 die Franzosen den Mülheimer Anwalt Ferdinand Stucker als Geisel. Die Bevölkerung des Amtes Porz richtete jetzt eine Eingabe an den im fernen München residierenden Landesherrn: »Wir sind mehr als 20 mal ausgeplündert worden, mehrmals in die Wildnis und Waldung verjagt worden und in solch erbärmlichen Zustand versetzt worden, dass wir ohne Unterschied mit aller Anstrengung nicht mehr imstande sind, unsere zahlreichen Familien zu ernähren. Ob jemand vordem noch so wohlhabend war, so müssen wir doch jetzt alle betteln.«[3]

Maximilian Joseph II., der letzte bergische Herzog

Bis zum 18. September eroberten französische Truppen das gesamte rechte Rheinufer bis hinauf zur Lahn und drängten die Österreicher nach Frankfurt zurück. Die kaiserlichen Truppen gaben sich aber nicht geschlagen. Am 11. Oktober 1795 begannen sie die Gegenoffensive und überschritten die Lahn in Richtung Norden. Rasch eroberten sie große Gebiete zurück. Am 21. Oktober zogen die Franzosen vor den anrückenden Österreichern von der Sieg ab. Der Rückzug verlief wenig geordnet und es kam erneut zu Plünderungen auf Porzer Gebiet. Bei Eil verschanzten sich die Franzosen, mussten diese Stellung aber nach vier Stunden Dauerbeschuss durch bergische Landwehr aufgeben und wurden Richtung Rheinbogen zurückgedrängt. Gleichzeitig rückten von Süden her die Österreicher rasch in das Amt Porz ein und zwei Tage später nahmen sie die Stadt Mülheim ein. Überstürzt verließen die Revolutionstruppen das rechte Rheinufer über die Deutzer Schiffsbrücke in Richtung Köln und entließen den in Mülheim festgehaltenen Ferdinand Stücker aus der Geiselhaft. Die Pontons der Deutzer Schiffbrücke fuhren die Franzosen nach Düsseldorf, da dort noch große Truppenteile lagerten. Dennoch hielten sich vereinzelte französische Kolonnen in Porz und in anderen Orten des Umlandes auf. Ein Boot mit mehreren französischen Soldaten lief bei Westhoven auf eine Sandbank fest. Wütend stürmten einheimische Bauern auf die Schiffbrüchigen zu, töten einen der Soldaten und verwundeten die anderen. Als Vergeltung wurde Westhoven vom Rodenkirchener Ufer aus in Brand geschossen.

Nach ihrem militärischen Erfolg zogen sich die Österreicher aus strategischen Gründen wieder bis an die Sieg zurück, während die Franzosen nun Boden gut machen konnten und zwischen Buchheim und Vingst ein Lager errichteten. Am 6. November marschierten sie erneut Richtung Süden: Das Gebiet des Amtes Porz erlebte die Gräuel des Krieges innerhalb weniger Wochen zum zweiten Mal. Stücker hatte in der Zwischenzeit einen Landsturm aus Zivilisten zusammengestellt und plante für den 18. November einen Vorstoß, um den kaiserlichen Truppen die Möglichkeit zu geben, verlorene Gebiete wieder zu besetzen. Ein Spion vereitelte aber dieses Vorhaben. Stücker wurde erneut verhaftet und nach einem Angriff kaiserlicher Husaren wenige Tage später wieder freigelassen.

Porz kommt unter französische Verwaltung

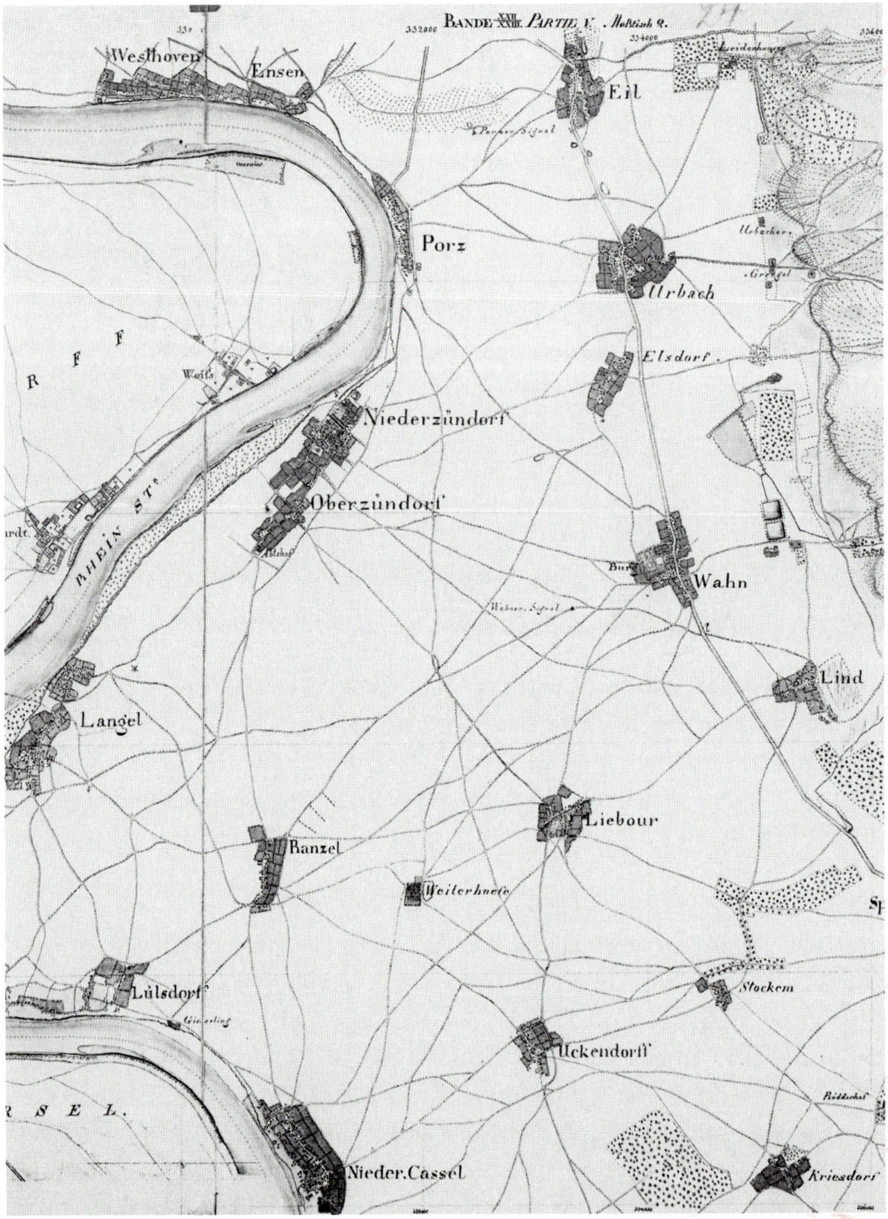

Der französische Kartograph Tranchot erstellte eine exakte Karte der Orte am Rheinbogen.

Am 21. Dezember 1795 schlossen die Kriegsparteien einen Waffenstillstand und das Herzogtum Berg wurde in 4 Zonen aufgeteilt: eine französische, eine österreichische, eine neutrale und eine bergische. Das Amt Porz gehörte zur neutralen Zone, die sich von der Wupper im Norden bis zur Agger im Süden erstreckte. Verwaltet wurde die Zone von Mülheim aus durch ein Gremium, das paritätisch mit je 7 Franzosen und Österreichern besetzt war. Südlich der Agger war das Gebiet österreichisch besetzt, nördlich der Wupper bis Düsseldorf französisch. Den Rest des Herzogtums verwaltete weiterhin die bergische Regierung, die ihren Sitz von Düsseldorf nach Barmen verlegen musste.

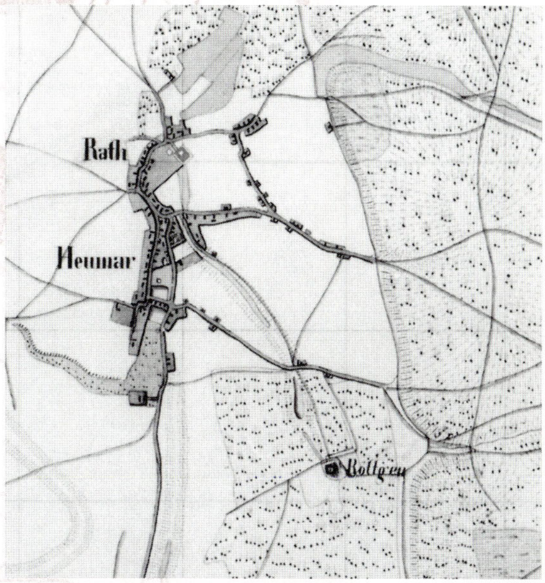

Der Königsforst mit den Ortschaften Rath, Heumar und dem Gut Röttgen

Die Porzer glaubten nun, dass der Krieg beendet sei. Deswegen kehrte die geflohene Bevölkerung in ihre Heimatorte zurück und richtete sich dort wieder ein. Höfe und Scheunen wurden repariert, Äcker und Weiden wieder bepflanzt. Doch am 31. Mai 1796 brachen die Revolutionstruppen den ausgehandelten Waffenstillstand erneut: Abermals marschierten sie durch das Amt Porz in Richtung Westerwald. Ferdinand Stücker, der in der Zwischenzeit von Kaiser Franz II. (reg. 1792–1806) zum Leutnant befördert worden war, versuchte mit seinen Truppen vergeblich, die Franzosen zurückzudrängen. Der Kriegszustand zog sich über mehrere Monate hin. Die mühsam wieder aufgebauten Höfe wurden ein weiteres Mal geplündert und die Äcker zerstört. Wieder drohte eine Hungersnot im Bergischen Land.

Erst am 27. Dezember 1796 einigten sich die Kriegsparteien auf einen erneuten Waffenstillstand. Das Amt Porz kam nun mit dem gesamten Bergischen Land unter französische Kontrolle, auch wenn das Herzogtum formell eigenständig blieb. Für die Porzer brachte dies eine Reihe von einschneidenden Änderungen mit sich, denn Frankreich setzte jetzt sein neues Staatssystem auch außerhalb seiner Grenzen durch. Zugleich sollten sich die Einwohner von Porz an eine neue Zeitrechnung gewöhnen. Der französische Revolutionskalender, der das Jahr 1792 zum »ersten Jahr der Freiheit« erklärte, bekam auch in Porz Gültigkeit. Dennoch hielten die Porzer am Gregorianischen Kalender fest. 1799 starb der bergische Herzog Karl Theodor in München. Sein Nachfolger wurde Maximilian Joseph (1756–1825) von Pfalz-Zweibrücken, der als franzosenfreundlich galt. Er sollte nach fast 800 Jahren der letzte bergische Herzog sein.

Napoleons Herrschaft im Rheinland und die Befreiungskriege

Porzer Schöffensiegel, ohne Tor und Löwe, 1806

Das Amt Porz war nach 1801 von fremden Truppen befreit und die alten politischen Verhältnisse wurden wieder hergestellt. Doch war für die Porzer Bevölkerung noch wichtiger, dass die Kriegsschäden behoben wurden. Die Hoffnung, dass endlich Frieden im Gebiet von Porz eingekehrt war, währte jedoch nur kurz. Denn nach dem Sieg Frankreichs in der Schlacht von Austerlitz 1805, wurden unter Federführung Napoleon Bonapartes (1769–1821) die Gebiete des Rheinbundes neu geordnet. Herzog Maximilian Joseph verlor seinen Anspruch auf Berg, wurde aber mit dem ehemals preußischen Ansbach und der bayerischen Königswürde entschädigt. Das Amt Porz gehörte zum neu geschaffenen Großherzogtum Berg, das in etwa die Hälfte des heutigen Nordrhein-Westfalen umfasste. Das ehemals kurkölnische Deutz wurde ebenfalls dem Großherzogtum zugeschlagen und somit unterstand erstmals in der Geschichte das gesamte heutige Kölner rechte Rheinufer von Langel bis Stammheim einem einzigen Hoheitsgebiet. Als Großherzog von Berg setzte Napoleon am 15. März 1806 seinen Schwager Joachim Murat (1767–1815) ein.

Murat begann mit einer umfassenden Gebietsreform nach französischem Vorbild. Alle Ämter wurden aufgelöst und in »Arrondissements« umgewandelt. Nach fast 700 Jahren bedeutete dies das Ende des Amtes Porz. Die alten Botenämter blieben jedoch für eine Übergangszeit bestehen und wurden dem neu geschaffenen »Arrondissement« Mülheim am Rhein eingegliedert. Es sollte später in ungefähr gleich große »Mairien« (oder auf deutsch »Munizipalitäten«) aufgeteilt werden. Murat plante eine »Mairie Porz«, die sich aus den Orten Porz, Eil, Elsdorf, Ensen, Heumar, Langel, Libur, Lind, Nieder- und Oberzündorf, Urbach, Wahn, Westhoven, sowie Altenrath und Scheiderhöhe, die heute zur Gemeinde Lohmar gehören, zusammensetzte.[4] Eine Volkszählung ergab, dass im alten Botenamt Porz insgesamt 4 229 Einwohner lebten.[5] Jedes Haus bekam erstmals eine eigene Hausnummer, zuvor hatte es nur Haus, Hof- und Flurnamen gegeben. Doch die Idee einer eigenen

Joachim Murat, Großherzog von Berg

»Mairie Porz« wurde nicht mehr realisiert. Napoleon setzte Murat zwei Jahre später als Großherzog wieder ab und machte ihn stattdessen zum König von Neapel. Der französische Kaiser übertrug das Amt des bergischen Großherzogs seinem vierjährigen Neffen Louis Bonaparte, er selber übernahm die Vormundschaft und somit die Regentschaft im Großherzogtum Berg.

Verwaltungsreform im Amt Porz nach französischem Muster

Siegel der Mairie Heumar, 1813. Das »N« mit der Krone deutet auf Napoleon Bonaparte hin.

Napoleon konnte nun die von Murat begonnenen Reformen nach seinen eigenen Vorstellungen beenden und teilte das Großherzogtum Berg nach französischem Vorbild in vier »Departements« auf. Diese wurden wiederum in »Arrondissements« geordnet, die ihrerseits in »Kantone« gegliedert waren. Kleinste Verwaltungseinheit war die »Mairie«. Die Einteilung der »Munizipalitäten« oder »Mairien« auf dem Gebiet des ehemaligen Amtes Porz erwies sich aber als schwierig, da es außer der Stadt Mülheim keine größeren zusammenhängenden Ortschaften gab. Ohne Rücksicht auf gewachsene Strukturen wurden jetzt verschiedene nebeneinander liegende Siedlungen zu einer »Mairie« zusammengelegt. Im Süden des alten Amtes Porz entstand aus den Dörfern Langel, Ober- und Niederzündorf, Wahn, Lind und Libur die »Mairie« Wahn. Die »Mairie« Heumar umfasste Westhoven, Ensen, Porz, Elsdorf, Urbach, Eil, Heumar sowie die ehemaligen Rittergüter Leidenhausen und Röttgen. Das mit Heumar zusammenhängende Rath aber wurde Teil der »Mairie« Merheim, zu der weit von einander liegenden Dörfer wie Brück, Dellbrück, Dünnwald, Stammheim und Flittard gehörten und die sichelförmig die Stadt Mülheim umgab. Im östlichen Teil des alten Amtes Porz entstanden u.a. die »Mairien« Bensberg, Bergisch Gladbach, Altenberg und Lohmar. Benannt wurden die neuen Gemeinden zumeist nach dem Amtssitz des »Maires« oder »Munizipaldirektors«.

Ein wichtiger Aspekt der Verwaltungsreform war die klare Trennung von Staat und Kirche. Bislang führten die Pfarrer neben ihren seelsorgerischen Tätigkeiten auch die Geburts-, Todes- und Heiratsregister. Außerdem verlasen sie offizielle Mitteilungen von den Kanzeln oder hefteten sie an die Kirchentür. Jetzt wurden die amtlichen Bekanntmachungen in Heumar und in Wahn am Wohn- und Amtshaus des Maires ausgehängt. Dort wurden auch die Personenstandsregister geführt. Die Einwohner von Porz mussten sich auch an die neue Zivilehe gewöhnen: Porzer Brautpaare gaben nun zuerst vor dem Bürgermeister in Heumar ihr Ja-Wort und anschließend durften sie auch in ihrer Kirchengemeinde den Bund fürs Leben schließen. Modernisiert wurde die Verwaltung auch durch ein einheitliches Kataster. Die neue Munizipalverfassung stellte sich als sehr effizient heraus, daher überdauerten die von Napoleon eingeführten Strukturen die Besatzungszeit und wurden 1815 von den Preußen mit nur wenigen Abstrichen übernommen. Erstmals wurde ein einheitliches Gesetzbuch eingeführt, der »Code Napoleon« (oder »Code Civil«), und zwar in deutscher Sprache. Alle Einwohner – egal ob arm oder reich, adlig oder nicht – waren nun vor dem Gesetz gleichgestellt. Zusätzlich wurden die Gerichte unabhängig, d.h. ein Richter durfte kein Amt als »Maire« ausüben und die Verhandlungen wurden öffentlich geführt. Per Dekret schaffte Napoleon auch das Feudal- und Lehnswesen auf dem Lande ab. Die Bauern, die auf den Rittergütern Leidenhausen, Röttgen oder Maarhausen lebten, waren ab sofort freie Bürger und brauchten keine Frondienste mehr zu leisten, wie es in Porz seit Jahrhunderten gängige Praxis gewesen war. Ferner wurde das Zunftwesen abgeschafft und Gewerbefreiheit garantiert. Der Wettbewerb auf den Porzer Märkten wurde durch diese Maßnahme erleichtert, da nun jeder Kaufmann auf eigene Rechnung arbeiten konnte. Zudem baute die Einführung des französischen Franc als einziges offizielles Zahlungsmittel Handelshemmnisse ab. Zuvor waren im alten Amt Porz insgesamt sechs verschiedene Währungen aus Nachbarterritorien im Umlauf, die nach einem komplizierten Umrechnungs-

Siegel der Municipalität Wahn, 1809

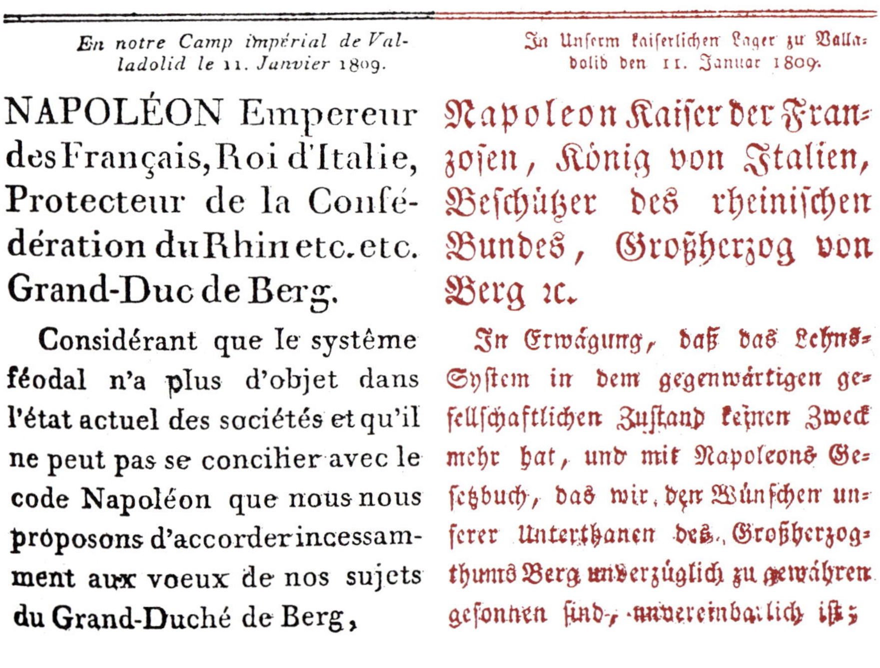

En notre Camp impérial de Valladolid le 11. Janvier 1809.

NAPOLÉON Empereur des Français, Roi d'Italie, Protecteur de la Confédération du Rhin etc. etc. Grand-Duc de Berg.

Considérant que le système féodal n'a plus d'objet dans l'état actuel des sociétés et qu'il ne peut pas se concilier avec le code Napoléon que nous nous proposons d'accorder incessamment aux voeux de nos sujets du Grand-Duché de Berg,

In Unserm kaiserlichen Lager zu Valladolid den 11. Januar 1809.

Napoleon Kaiser der Franzosen, König von Italien, Beschützer des rheinischen Bundes, Großherzog von Berg ꝛc.

In Erwägung, daß das Lehns-System in dem gegenwärtigen gesellschaftlichen Zustand keinen Zweck mehr hat, und mit Napoleons Gesetzbuch, das wir, den Wünschen unserer Unterthanen des Großherzogthums Berg unverzüglich zu gewähren gesonnen sind, unvereinbarlich ist;

Erlass Napoleons zur Abschaffung des Lehnswesen, 11. Januar 1809

kurs gewechselt wurden. Nun konnten die Kaufleute, die per Schiff oder auf dem Landweg durch Porz kamen, ohne Umrechnungsverluste in fast ganz Europa mit einer einzigen Währung zahlen.

Die Aufhebung des Stapelrechtes und die Erhebung hoher Steuern stieß dagegen auf den Unmut der Bevölkerung in den »Mairien« Wahn und Heumar. Weil Fernhändler nicht mehr in Zündorf Station machen mussten, verloren die beiden Porzer »Mairien« eine ihrer Haupteinnahmequellen. Besonders verärgert zeigten sich die Porzer über das französische Tabakmonopol. Auf dieses überaus beliebte Genussmittel legte Napoleon hohe Steuern, um seine Feldzüge zu finanzieren. Schwarzhandel und Schmuggel von Tabak waren daher an der Tagesordnung.

Großherzog Louis Napoleon

Neben den Kontributionen, die die französische Besatzung für die Kriegsführung kassierte, wurden in den »Mairien« am Rhein immer wieder Soldaten für Napoleons Kriege ausgehoben. Viele Porzer ließen auf diesen Feldzügen ihr Leben und immer mehr Männer desertierten aus der napoleonischen Armee. Nach dem verlorenen Russland-Feldzug des Jahres 1812 wollte der französische Kaiser erneut Truppen aus dem Bergischen Land anfordern. Doch am 22. Januar 1813 begannen einige mit Eisenstangen bewaffnete Arbeiter in Elberfeld einen Aufstand gegen die Besatzung, der sich rasch im gesamten Bergischen Land ausbreitete.[6] Preußen und Russland hatten sich inzwischen gegen Napoleon verbündet und damit den Anstoß für die Befreiungskriege gegeben. Die Nachricht vom Aufstand wurde von Dorf zu Dorf getragen und erreichte bald auch die Orte am Rhein. Die Bevölkerung solidarisierte sich mit den Aufrührern. Die Bereitschaft zum Widerstand wuchs mit der Hoffnung auf den baldigen Einzug österreichischer und russischer Truppen. In vielen Orten plünderten die Rebellen, die mittlerweile wegen ihrer Sympathie für den Zaren »Knüppel-Russen« genannt wurden, Geschäfte. Bevorzugte Ziele waren vor allem die von den Franzosen lizenzierten Tabakläden. In Bensberg kam es schließlich zu Kämpfen zwischen den Aufständischen und den napoleonischen Truppen. Am 2. Februar 1813 rückte ein Trupp französischer Soldaten von Mülheim aus in Bensberg ein und schlug den Aufstand blutig nieder. Wie in anderen bergischen Orten wurden auch hier die Anführer standrechtlich erschossen.[7] Vermutlich fand der Aufstand auch in den »Mairien« Heumar und Wahn statt, allerdings gibt es hierüber keine Quellen.

Spielkarten aus den Befreiungskriegen: Zar Alexander I., George III. von Großbritannien, Franz II. von Österreich, Friedrich Wilhelm III. von Preussen

Die Episode der Bergischen Nation

Mit der Niederlage der französischen Truppen in der Völkerschlacht bei Leipzig am 16. bis 19. Oktober 1813 wurde das Ende der Herrschaft Napoleons über Europa eingeläutet. Bis zum 10. November 1813 verließen die Franzosen endgültig das Großherzogtum Berg. Rasch rückten preußische und russische Truppen in das »Arrondissement« Mülheim vor und wurden auch in Porz als Befreier gefeiert. Auf dem Kölner Rheinufer leisteten die Franzosen dagegen weiterhin Widerstand. Ermutigt durch die erfolgreiche Rheinquerung des Generals Gebhard von Blücher und seiner Soldaten in der Neujahrsnacht 1813/14 bei Kaub, wollte der preußische General Ferdinand von Boltenstern es ihm drei Tage später bei Mülheim gleich tun. Er scheiterte jedoch und ertrank in den Fluten. Erst am 12. Januar 1814 konnte ein russisches Kontingent bei Düsseldorf den Rhein überqueren. Als die Kosaken zwei Tage später vor den Toren Kölns auftauchten, räumten die Franzosen kampflos die Stadt.[8] Die französische Besatzung des Rheinlandes wurde damit nach 19 Jahren beendet.

Justus Gruner, von Preußen eingesetzter Gouverneur des Generalgouvernement von Berg, 1913–1815

Nach der Rückeroberung des Rheinlandes entstand nun ein politisches Vakuum. Die Verbündeten der Befreiungskriege mussten entscheiden, was aus dem von den Franzosen geschaffenen Großherzogtum Berg und seinen Verwaltungsstrukturen werden sollte. Die ehemals preußischen Gebiete des Großherzogtums wurden sofort wieder dem Königreich angegliedert. Als Übergangslösung für das restliche Territorium setzte man eine Militärregierung ein. Preußen schlug Justus von Gruner (1777–1820) als Generalgouverneur vor, der am 25. November 1813 die Regierungsgeschäfte im jetzt als »Generalgouvernement Berg« bezeichneten Territorium übernahm. Gruner hatte zuvor im preußischen und im russischen Staatsdienst gestanden und erschien deswegen für das Amt des Generalgouverneurs als besonders geeignet. Zudem kannte er die Region gut, da er 1803 einen Reisebericht über Westfalen und das Rheinland veröffentlicht hatte.[9]

Der neue Generalgouverneur machte sich daran, verschiedene Reformen der Franzosen zu revidieren und die Stellung der Kirchen wieder zu stärken. Die Zivilehe schaffte er zwar nicht vollständig ab, aber die Pflicht zur Eheschließung beim Bürgermeister vor der kirchlichen Trauung entfiel. Fast unangetastet blieben, trotz aller antifranzösischen Ressentiments, die Rechts- und die Kommunalreform. Der Code Civil blieb weiterhin geltendes Recht und auch die französische Einteilung der Gemeinden wurde übernommen. Am 16. Dezember 1813 führte Gruner eine bergische Nationalkokarde ein und verbot gleichzeitig alle französischen Hoheitssymbole. Angelehnt an die alten Landesfarben und an die Symbole der Verbündeten des Befreiungskrieges hatte die Kokarde einen hellblauen Grund mit weißer Umfassung und schwarzem Rand. Damit bekam das Bergische Land den Rang eines Nationalstaates, wie Gruner es nannte, »mit deutscher Selbstständigkeit«.[10]

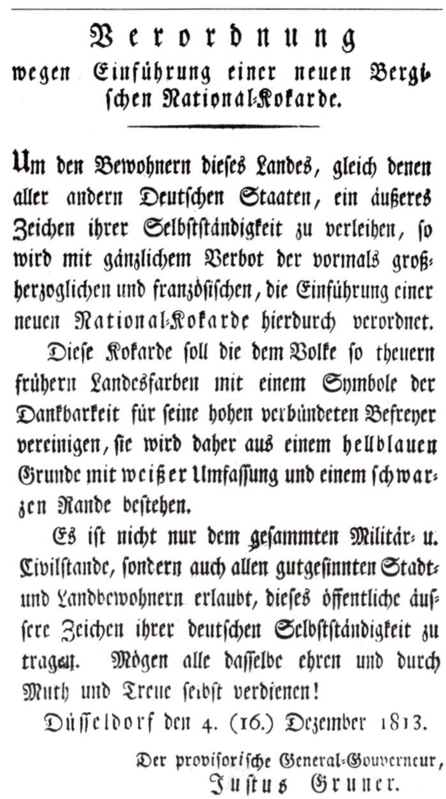
Verordnung
wegen Einführung einer neuen Bergischen National-Kokarde.

Um den Bewohnern dieses Landes, gleich denen aller andern Deutschen Staaten, ein äußeres Zeichen ihrer Selbstständigkeit zu verleihen, so wird mit gänzlichem Verbot der vormals großherzoglichen und französischen, die Einführung einer neuen National-Kokarde hierdurch verordnet.

Diese Kokarde soll die dem Volke so theuern frühern Landesfarben mit einem Symbole der Dankbarkeit für seine hohen verbündeten Befreyer vereinigen, sie wird daher aus einem hellblauen Grunde mit weißer Umfassung und einem schwarzen Rande bestehen.

Es ist nicht nur dem gesammten Militär- u. Civilstande, sondern auch allen gutgesinnten Stadt- und Landbewohnern erlaubt, dieses öffentliche äussere Zeichen ihrer deutschen Selbstständigkeit zu tragen. Mögen alle dasselbe ehren und durch Muth und Treue selbst verdienen!

Düsseldorf den 4. (16.) Dezember 1813.

Der provisorische General-Gouverneur,
Justus Gruner.

Verordnung Gruners zur Einführung der Bergischen Nationalkokarde, 16. Dezember 1813. Die Datierung ist sowohl nach julianischem als auch nach gregorianischem Stil aufgeführt.

Der Generalgouverneur erhöhte die Militärausgaben, denn das Bergische Land erschien als Grenzregion besonders gefährdet, wieder Kriegsschauplatz zu werden. Am 25. Dezember 1813 wurde die allgemeine Heerespflicht für Männer erlassen. Um die Versorgung zu sichern, waren allerdings Fabrikanten, Beamte und Arbeiter der Rüstungsindustrie vom Militärdienst befreit. In der Zeit nach dem Krieg konnte sich die Wirtschaft langsam erholen. Ungeachtet der neuen politischen Situation führte das Porzer Bürgertum auch weiterhin Handel mit Frankreich.

Die Epoche des Generalgouvernements Berg währte nur kurz. Am 18. Juni 1815 wurde es durch den Wiener Kongress aufgelöst und das gesamte Gebiet dem Königreich Preußen zugeordnet. Das Bergische Land als eigenständiger Staat verschwand nach fast 800 Jahren von der politischen Landkarte Europas. Von nun an war es nur noch eine geographische Bezeichnung.

Kaiser Wilhelm II
auf dem Weg zum
Schießplatz Wahn
an der Kreuzung
Frankfurter Straße/
Kaiserstraße in
Urbach am
8. August 1906

PORZ IN DER PREUSSENZEIT (1815 – 1918)

Von den Bauerndörfern zu Industriestandorten

St. Bartolomäus in Urbach, 2004

Jahrhundertelang hatte Landwirtschaft, Fischerei sowie die Rheinschifffahrt das Leben im Porzer Raum bestimmt. Das Erscheinungsbild der Ortschaften war seit dem Mittelalter nahezu unverändert. Doch die zahlreichen Kriegszüge, die durch die Dörfer am Rheinbogen liefen, machten eine wirtschaftliche Weiterentwicklung nahezu unmöglich. Nach jedem Krieg musste die Bevölkerung wieder von Neuem beginnen: Höfe, Scheunen und Ställe instand setzen und die verwüsteten Felder neu kultivieren. Auch waren nach jedem der Kriege zahllose Tote zu beklagen, so dass die Bevölkerung nicht wesentlich anwuchs.

Die Pfarrsprengel der katholischen Gemeinden blieben seit dem Mittelalter daher fast unverändert. Urbach war nach wie vor der zentrale Ort für die umliegenden Dörfer. Die Pfarrei St. Bartholomäus betreute weiterhin Gläubige aus den umliegenden Ortschaften Eil, Porz und Elsdorf. Die Porzer Katholiken zogen über die heutige Bahnhof- und Kaiserstraße, die Elsdorfer und Eiler über die Frankfurter Straße zum Gottesdienst. Die Kirche in Wahn blieb weiterhin eine Filiale der Gemeinde St. Martin in Oberzündorf, die auch die Gläubigen in Libur betreute. Lediglich Ensen erhielt 1773 mit St. Laurentius eine eigene Pfarrei, obwohl schon 1650 ein eigener Pfarrer erwähnt wurde. Vorher kamen die Ensener über die heutige Kölner Straße nach Niederzündorf zur Pfarrei St. Mariae Geburt. In Heumar herrschte über Jahrhunderte eine ungewöhnliche Situation. Die Kirche St. Cornelius lag genau an der Gemarkungsgrenze zwischen Rath und Heumar und war für beide Ortshälften zuständig. Erst 1955 bekam Rath eine eigene Kirchengemeinde.

Nach dem Wiener Kongress – Porz wird preußisch

Siegel der Gemeinde Heumar 1874

Nach der endgültigen Niederlage Napoleons bei Waterloo 1814 ordnete der Wiener Kongress auch für das Rheinland die politischen Verhältnisse neu. Das erst zwei Jahre zuvor ausgerufene Generalgouvernement Berg wurde aufgelöst. Damit verschwand das Bergische Land, das über Jahrhunderte eine bedeutende Rolle in der Politik des Reiches und Europas gespielt hatte, nach fast 800 Jahren von der politischen Landkarte des Kontinents. Der Name blieb aber als geographische Bezeichnung für das Gebiet zwischen Wupper und Rhein bis heute erhalten. Die bisherigen bergischen Gebiete wurden, wie auch das gesamte Rheinland dem Königreich Preußen zugeschlagen, das zu den Nutznießern des Wiener Kongresses gehörte. Damit bekamen auch die Gemeinden Heumar und Wahn einen neuen Landesherrn, der nicht mehr in Düsseldorf, sondern im fernen Berlin residierte.

Viele der von Frankreich eingeführten Strukturen und Reformen blieben weiter in Kraft. So blieb der von Napoleon eingeführte Code Civil für die ehemals französisch besetzten Gebiete gültig. Als besonders effizient hatte sich die französische Einteilung der Gemeinden und Kreise erwiesen, die Preußen fast ohne Abstriche übernahm. Sogar die Namen der von den Franzosen eingerichteten Gemeinden wurden beibehalten. Lediglich einige Begriffe wurden ins Deutsche übertragen: Das »Departement Rhine« wurde in »Rheinprovinz« umbenannt.[1] Die »Mairien« Heumar und Wahn erhielten die deutsche Bezeichnung »Bürgermeistereien«, und der »Kanton« Mülheim am Rhein wurde zum »Landkreis«. Um

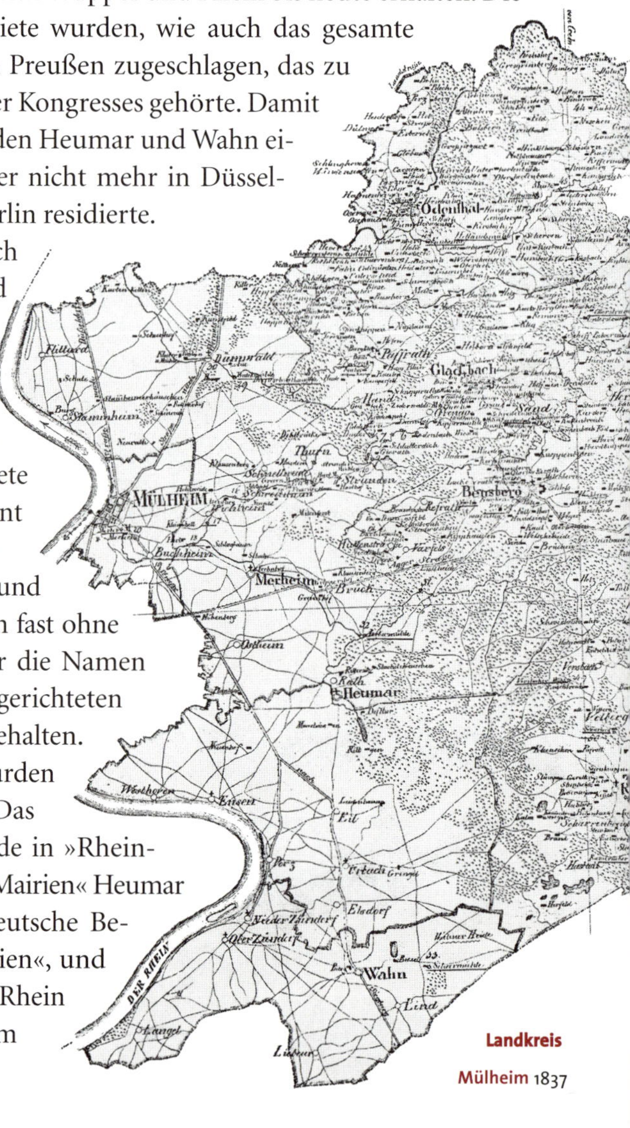

Landkreis Mülheim 1837

die Verwaltungsstrukturen zu vereinfachen, verwaltete ein Bürgermeister beide Porzer Bürgermeistereien in Personalunion. Faktisch wurde damit der Zusammenlegung der Gemeinden im Jahre 1929 vorgegriffen. Bis 1848 bestand diese Personalunion zwischen Heumar und Wahn, erst dann bekamen beide Bürgermeistereien einen eigenen Gemeindevorsteher. Ungewöhnlich war diese Praxis keineswegs, auch den beiden benachbarten Gemeinden Bergisch Gladbach und Bensberg stand in der ersten Hälfte des 19. Jahrhunderts zeitweilig ein gemeinsamer Bürgermeister vor. Erst im Jahre 1975 wurde die beiden Kommunen, nicht unumstritten, vereinigt.

Bislang waren die Dörfer jahrhundertelang fast ausschließlich von Landwirtschaft und Rheinschifffahrt geprägt. Doch innerhalb weniger Jahre traten die bisherigen Hauptwirtschaftszweige in den Hintergrund. Das Militär wurde in Wahn ein wichtiger Faktor und der Ort Porz wurde zu einem wichtigen Industriestandort in der Region.

Wahn wird Militärstandort

Viele preußische Beamte zogen von jenseits der Elbe an den Rhein, um die neuen Territorien des Königreichs zu verwalten. Doch nicht nur Zivilbeamte wurden von der Spree an den Rhein versetzt, sondern auch das preußische Militär, eine der wichtigen Stützen des Königreiches, prägte die Entwicklung der beiden Porzer Gemeinden im 19. Jahrhundert. Die Angst, erneut vom als »Erbfeind« bezeichneten Frankreich angegriffen zu werden, bestand weiterhin, und dem Rheinland kam als Grenzregion eine besondere strategische Bedeutung zu. Die gesamte Kölner Region wurde zu einem wichtigen preußischen Militärstandort ausgebaut. Rund um die Domstadt ließ die preußische Regierung, entlang der heutigen Militärringstraße, Sperranlagen errichten, um eine mögliche Einnahme der Stadt zu verhindern. Auf der rechten Rheinseite fand dieser Sperrgürtel seine Fortsetzung. Der Sperrgürtel zogen sich zwischen Poll und Westhoven und weiter nach Mülheim. Im Gremberger Wäldchen zwischen Westhoven und Ostheim, in Holweide und in Mülheim sind heute noch Reste dieser Forts zu sehen. Preußische Garnisonen zogen in die damals

Gaststätte am Schießplatz in Wahnheide, ca. 1910

eigenständigen Städte Deutz, Mülheim und Kalk, wo Kasernen erbaut wurden. Das ehemalige kurfürstliche Schloss Bensberg diente als Gebäude für die Offiziersausbildung und wurde Standort einer Kadettenanstalt. Doch brauchte die Armee nicht nur Unterkünfte für die Soldaten, sondern auch Gelände, auf dem sie exerzieren und Manöver durchführen konnten. Das ehemalige Jagdrevier der Herzoge von Berg in der Wahner Heide bot hierfür genügend Platz. Es lag zudem weit genug von der Wohnbebauung entfernt, so dass Zivilisten bei Schießübungen nicht zu Schaden kommen konnten.

Manöver auf dem Schießplatz Wahn
ca. 1910

Im Jahre 1817 rückten die ersten preußischen Soldaten zum Manöver in Wahn ein. Anfangs wurden die jungen wehrpflichtigen Männer, die aus allen Teilen des Königreichs nach Wahn kamen, in den benachbarten Garnisonsstandorten oder in Privatquartieren in Wahn untergebracht. Das freute natürlich die örtlichen Gastwirte, die mit dem Militär eine neue Einnahmequelle erhielten. Im Jahre 1865, kurz vor Ausbruch des deutsch-dänischen Krieges, begann man mit dem Bau von Fachwerkgebäuden auf dem Gelände des Schießplatzes. Ab 1870, vor Beginn des deutsch-französischen Krieges, baute das preußische Militär dann auch steinerne Kasernen. Dabei wurde nach und nach das Militärübungsgelände in Wahn vergrößert, da die technische Entwicklung der Artillerie immer größere Reichweiten möglich machte. Schon bald ging das Gebiet des Schießplatzes über die Grenzen der Zivilgemeinde Wahn hinaus und reichte bis in die benachbarte Orte Altenrath, Spich, Sieglar, Troisdorf, Lohmar und Hoffnungsthal hinein. Bis zur Jahrhundertwende hatte sich der Militärstützpunkt praktisch zu einer eigenen Stadt innerhalb der Bürgermeisterei Wahn entwickelt.

Besuch des sächsischen Königs in Wahn 21. Juni 1910. Auf dem Schießplatz wurde eigens ein Kleinbahnnetz eingerichtet.

Um die Bedeutung des Wahner Schießplatzes zu unterstreichen, kamen Mitglieder des deutschen Adels regelmäßig zu den in Wahn stationierten Soldaten. Im September 1842 besuchte König Friedrich Wilhelm IV. (1795–1861) ein Manöver. Der eigentliche Anlass seiner Reise war das Kölner Dombaufest, auf dem er den Grundstein zum Weiterbau der Kathedrale legen sollte. Das Fest sollte symbolisch den jahrelangen Streit zwischen dem Kölner Erzbischof und Preußischen Staats beenden, der über die Mischehen-Frage und über die Besetzung der Professoren an der katholische Fakultät der Universität Bonn geführt wurde. Doch der Regent machte keinen Hehl daraus, dass ihm der Besuch seiner Truppen in Wahn wichtiger war. Er hatte sogar den ursprünglich vorgesehenen Termin, den 15. August 1842, dem 592. Jahrestag der ersten Grundsteinlegung,

Straßennamen erzählen Geschichte

Die **Kaiserstraße** in Urbach erinnert an den Besuch Kaiser Wilhelms II. in Wahn. Der Monarch traf am 8. August 1906 am Porzer Bahnhof mit einem Sonderzug ein, um in Wahn eine Truppenparade abzunehmen. Das letzte Stück vom Bahnhof bis zum Schießplatz musste der Kaiser in einem Auto zurücklegen. Um ihm dabei die gebührende Ehre zu erweisen, benannten die Heumarer Ratsherren den Porz-Urbacher Kommunalweg, sowie die Viehgasse, die der Kaiser für die kurze Fahrt nutze, rechtzeitig in Kaiserstraße um. 1933 wurde der östliche Teil der Kaiserstraße in Hermann-Göring-Allee umbenannt und heißt heute Waldstraße.

abgesagt, und unterrichtete das Domkapitel darüber, dass er erst im September ins Rheinland zu reisen gedenke, um seine Truppen in Wahn zu besuchen. So wurde die Grundsteinlegung auf den 4. September 1842 verschoben.

Die Industrialisierung im Porzer Raum

Das Beispiel Felten & Guilleaume

In der zweiten Hälfte des 19. Jahrhunderts entwickelten sich Porz und Wahn zu Industrievororten Kölns und bewirkten einen fundamentalen Wandel in der Region. Köln war zwar nach wie vor Haupthandelsplatz für das Rheinland, aber die Stadt war noch immer von der mittelalterlichen Stadtbefestigung umgeben. Dort war kein Platz, um größere Betriebe und Fabriken anzusiedeln. Die Unternehmen wichen ins nahe Umland aus und so entstand um Köln herum ein Ring von modernen Industrieunternehmen. Im Landkreis Mülheim konzentrierte sich die industrielle Entwicklung zunächst auf die Stadt Mülheim und auf Bergisch Gladbach. In Porz begann die Industrialisierung zögerlich und erreichte in den 1870er Jahren seinen Höhepunkt.

Das erste Industrieunternehmen war die Drahtseil- und Kabelfabrik Felten und Guilleaume (F & G), die 1845 von Köln auf die nach dem Firmengründer benannten Theodorshöhe in Lind umzog. Jakob Theodor Felten und Franz Carl Guilleaume hatten 1826 ihr Unternehmen in Köln gegründet. Seit Ende der 1830er Jahre erlebte F & G einen rasanten Aufschwung. Drahtseile wurde nahezu überall in

der Industrie gebraucht, etwa im Bergbau, in der Schifffahrt oder im Brückenbau. Ein wichtiger Auftraggeber war das preußische Postministerium, das ein umfassendes Telegraphennetz aufbaute. F & G benötigte viel Platz für die Kabelproduktion, da die Maschinen für die Kabelherstellung überdurchschnittlich groß waren. Doch auf dem Kölner Firmengelände am Kartäuser Wall konnte die Firma nicht mehr expandieren. In Lind kaufte das Unternehmen ein preiswertes Grundstück, das wegen der kargen Beschaffenheit für die Landwirtschaft ungeeignet war und außerhalb der Wohnbebauung Wahns lag.[2] Doch zeigte sich bald, dass für die Ansprüche der aufkommenden Schwerindustrie die notwendige Infrastruktur nicht ausreichte, obwohl Anlegekais und Fernstraßen im Porzer Raum bereits vorhanden waren. Der Transport von Kabeltrommeln mit Pferdefuhrwerken durch die Dörfer bis um Zündorfer Hafen erwies sich als zu aufwändig. Deswegen verlagerte F & G 1874 die Produktion nach Mülheim. Dort verfügte sie über einen eigenen Schienenanschluss und einen eigenen Anlegekai am Rhein. Bis in die 1990er Jahre war F&G einer der größten Arbeitgeber in Mülheim.

Eisenbahnbau in Porz

Erst der Eisenbahnbau schaffte die nötigen Vorraussetzungen für die Industrialisierung des Porzer Raumes. Als erste Strecke auf Porzer Gebiet eröffnete die »Cöln-Mindener Eisenbahngesellschaft« im Jahre 1859 die Strecke Deutz – Hennef, die dann bis 1862 etappenweise bis nach Giessen verlängert wurde. 1870 erhielt Porz durch die »Rheinische Eisenbahngesellschaft« eine Verbindung

Die Drahtseil- und Kabelfabrik Felten und Guilleaume (F & G) in Lind 1845

über die rechte Rheinstrecke Richtung Koblenz.[3] Zunächst wollten die preußischen Behörden der rechtsrheinischen Trasse allerdings keine Konzession erteilen – die linke Rheinstrecke war bereits 1859 dem Verkehr übergeben worden – da es erheblichen Widerstand der einflussreichen Schifffahrtsgesellschaften gab, die die Konkurrenz des neuen Verkehrsmittel fürchteten.

Bahnhof Porz, (erbaut 1860) kurz vor dem Abriss 1995

Bahnhof Wahn, ca. 1905

In Porz waren nun endlich die Vorraussetzungen für eine Industrieansiedlung geschaffen worden. Die Gemeinden Heumar und Wahn verfügten jetzt mit der Eisenbahn über schnelle Verbindungen in fast alle Teile des Reiches. Innerhalb weniger Jahre wurde aus den seit Jahrhunderten von der Landwirtschaft und der Rheinschifffahrt geprägten Dörfer in den Gemeinden Heumar und Wahn Industrievororte der Stadt Köln und sie stiegen, zusammen mit der Stadt Mülheim, zum wirtschaftlichen Rückgrat des Landkreises Mülheim auf.

Die Eisenbahn ergänzte die bereits gut ausgebaute Infrastruktur mit dem Zündorfer Hafen und weiteren Anlegestellen in Porz, Ensen und Westhoven und den überregionalen Handelstraßen. Rund um den Ort Porz entstand so ein Verkehrsnotenpunkt, denn hier berührten sich Straße, Schiene und Wasserweg. Eine Reihe von Straßen entstanden auf den Feldern, die die Werke untereinander und mit den Hauptverkehrswegen verbanden. Noch heute erinnern die Straßennamen an die Fabriken, die hier standen.

Die Industrialisierung in den Orten Porz und Urbach

Schwerindustrie und Baustoffherstellung

Als erster großer Industriebetrieb im Ort Porz errichtete 1873 die »Gewerkschaft Carl Otto«, zu der verschiedene Betriebe der Erzverarbeitung im Bergischen Land gehörten, einen Hochofen mit dem Namen »Adelenhütte«. Der Firmenbesitzer Carl Otto Meurer und seine Ehefrau Adele waren hierfür die Namensgeber. Hier wurden Erze verarbeitet, die mit der Eisenbahn aus dem Sieg-, Lahn- und Dilltal, sowie aus dem Bensberger Revier nach Porz transportiert wurden. Der moderne Hochofen in Porz ersetzte die Mülheimer Pauli-

Die Porzer Uferpromenade

In Porz wurde kein eigener Hafen gebaut, stattdessen verbanden Stichstrecken die Hauptlinie der Eisenbahn mit den Anlegekais und den einzelnen Werken. Das Rheinufer selbst blieb von der Industrie unberührt. In den 1910er Jahren ließ Bürgermeister Rudolf Lütz das freie Rheinufer zu einer Uferpromenade als Naherholungsgebiet ausbauen. Im Laufe der Jahre gab es immer wieder Streit darüber, ob dieser Grünstreifen den expandierenden Industriebetrieben weichen sollte. Der Stadtplaner Fritz Schumacher, der im Auftrag Adenauers eine großräumige Planung für die Kölner Region erarbeitete, befürchtete sogar, dass der Ort Porz, »ganz von der Industrie aufgefressen« werde.[4] Das Rheinufer solle freigehalten und der Uferweg zwischen Poll und Zündorf nicht unterbrochen werden. Bis heute ist die von Bürgermeister Lütz angeregte Uferpromenade erhalten geblieben: eine zukunftsweisende Idee, von der die Porzer heute noch profitieren.

nenhütte, die kurz darauf stillgelegt wurde, da sie unrentabel arbeitete und technisch bereits veraltet war.[5] Rasch entwickelte sich die Adelenhütte zu deinem der größten Arbeitgeber in Porz.

Andere Branchen profitierten von dem Hochofen. So dienten die Schlacken, neben Ton und Erden, die zum Teil in den Kiesgruben in Ensen und als Nebenprodukte in den Erzgruben in Bensberg gefördert wurden, als Rohstoffe für die Bauindustrie. Ab 1875 siedelten sich im Umkreis der Adelenhütte mehrere Zementfabriken an und Ziegeleien entstanden fast überall im Landkreis Mülheim. Der größte Betrieb dieser Branche waren in Porz die »Rheinischen Portland-Cementwerke« (später »Rhenania Phosphat Werke«), deren acht Schlote weithin sichtbar waren und bis zu Stillegung der Fabrik 1928 als eines der Wahrzeichen von Porz galten. In der Nähe des Rheinufers, an der Kreuzung Bahnhofstraße / Ecke Hauptstraße lag der Standort der »Dampf-Falzziegelfabri-

Das Industriegebiet am Porzer Rheinbogen, ca. 1925

ken Heinrichs & Cie«. Heute befindet sich auf dem Grundstück die St. Josephs-Kirche. Im Jahr 1899 öffnete das »Tonröhrenwerk Wienecke & Co.« in Urbach, welche sich auf die Herstellung von Röhren für den Kanalisationsbau spezialisierte[6] und davon profitierte, dass in fast allen Städten Deutschlands nun moderne Abwasser-Kanäle entstanden.

Spiegelglaswerke Germania, ca. 1910

Glasindustrie

Zum wichtigsten und einzigem heute noch bestehenden Industriezweig entwickelte sich die Porzer Glasindustrie. Die Rohstoffe für die Herstellung von Glas, wie Sand, Soda und Dolomit kamen aus den nahegelegen Kiesgruben. Ursprünglich hatte der Schwerpunkt der europäischen Glasfabrikation vor allem in Belgien und Nordfrankreich gelegen und so errichtete 1890 die belgische Firma »Glaces Nationales Belges« zwischen Urbach und Porz die »Spiegelglasfabrik Germania«. Glasprodukte aller Art für privaten und industriellen Gebrauch gehörten zur Produktpalette. Mit der Fabrik kamen die ersten ausländischen Arbeiter nach Porz, die vor allem aus Belgien stammten und ihre Fachkenntnisse in der Glasfabrikation mitbrachten. Während viele Industriebetriebe in Porz mittlerweile stillgelegt und abgerissen wurden, pro-

Das **Phosphatwerk** und die **Adelenhütte**, kurz vor ihrem Abbruch 1929

duziert die Glasfabrik, die zwischen Germania- und Glasstraße liegt, heute noch. Name und Besitzer änderten im Laufe der Jahre mehrfach, heute gehört das Werk zum »Saint Gobain Glass«-Konzern. Im Laufe des 20. Jahrhunderts entwickelt sich Porz zu einem Zentrum der Deutschen Glasindustrie. Besonders nach dem Zweiten Weltkrieg boomte dieser Industriezweig und trug erheblich zum Wachstum der Stadt Porz bei. Bereits 1927 eröffnete die »Rheinische Ziehglas AG« (REZAG) in Porz ihr Werk. 1961 eröffnete die »Thermolux Glas GmbH«, 1965 die Deutsche Floatglas GmbH und kurz darauf die »Porzer Doppelglas GmbH« ihre Produktionsstätten am Rhein[8]. Der Saint Gobain Konzern kündigte Ende 2003 an, dass bis 2005 die Herstellung von Scheiben für Autos und Nutzfahrzeuge eingestellt und nach Polen verlagert werde. Bislang produzierte das Werk rund 480 000 Scheiben jährlich. Die Produktion von Glasbasisprodukten werde aber weiterhin in Porz bleiben, versprach die Konzernleitung.

Die Belegschaft der Schreinerei in der Glasfabrik, 1903

Straßennamen erzählen Geschichte

Die Straße **In der Adelenhütte**, die von der Porzer Hauptstraße abgeht, erinnert an den Standort des 1928 abgebrochenen Werks, der **Ziegeleiweg in Westhoven** an den Standort einer Ziegelei, möglicherweise an die »Dampf-Falzziegelfabriken Heinrichs & Cie.« Auch in Zündorf betrieb Jakob Immendorf ab 1849 eine Ziegelei sowie eine Bierbrauerei[7], an die die Straße **Am alten Brauhaus** erinnert. Die **Rezag-Straße** erinnert seit 1950 an den Standort des 1927 errichteten Werks der Rheinische Ziehglas AG (REZAG). Ebenso erinnerte im Ort Porz die Straße **Am Rheinbrauhaus** an eine Brauerei.

Lebensmittelindustrie

Die Industrialisierung veränderte immer mehr die Lebensverhältnisse jedes Einzelnen. Beispielsweise wurden, um die Versorgung zu sichern, im 19. Jahrhundert immer mehr Lebensmittel industriell zubereitet. Sie wurden dadurch länger haltbar und konnten schneller zubereitet werden als Frischwaren. Die »Vereinigten Conserven- und Weinessigfabriken« der Gebrüder Georg und Joseph Seidel stellte haltbare Speisen her und baute das Obst und Gemüse in eigenen Plantagen an, die sich in unmittelbarer Nähe der Werke befanden. Die gleiche Firma betrieb in Porz auch eine Sauerkrautfabrik. 1897 errichteten die »Deutsche Cotton-Oel-Werke« direkt am Rhein ein Werk, das Speiseöl aus Baumwollsamen herstellte. Auch Bier konnte seit dem 19. Jahrhundert industriell gebraut werden. Ein neues Kühlverfahren, nach seinem Erfinder »Linde-Kühlung« genannt, ermöglichte

Cotton-Oel Werke, Porz, Darstellung des Werkes aus dem Briefkopf

Porzer Frauen und Kinder konservieren Gemüse für die Vereinigte Konserven und Weinessigfabriken Seidel, 1916

es, Bier ganzjährig und in größeren Mengen herzustellen. Neu war dabei auch die Flaschenabfüllung. In der zweiten Hälfte des 19. Jahrhunderts entstanden im gesamten Kreis Mülheim einige Großbrauereien. Die Zündorfer »Germania-Brauerei« gehörte im Porzer Raum zu den Marktführern. Später wurde sie von der Balsam-Bergischen Löwenbrauerei aufgekauft und verlagerte die Produktion nach Mülheim.

Das Elektroisolierwerk in Wahn, ca. 1925

Chemische und Elektro-Industrie

Im ersten Jahrzehnt des 20. Jahrhunderts siedelten sich schließlich Betriebe der Chemischen und der Elektroindustrie in Porz an. 1901 errichteten die »Kölner Russfabriken«, die überwiegend Farben für industrielle Zwecke fertigten, in Porz ein Werk. Im gleichen Jahre zog auch die im Jahre 1893 in Köln gegründete Firma Max Meirowsky & Co. nach Urbach. Meirowsky hatte ein Verfahren für die Isola-

Die Belegschaft der Firma Meirowsky, ca. 1925

Straßennamen erzählen Geschichte

Ende der 1980er Jahre gab es eine rege Diskussion in der Porzer Bezirksvertretung um die Rückbenennung der heutigen **Ohmstraße**. Bis in das Jahr 1941 trug sie den Namen Meirowskystraße. Doch um diesen jüdischen Namen zu tilgen, wurde gleichzeitig mit der Umbenennung der Meirowsky-Werkes in »Dielektra« die Straße nach dem deutschen Physiker Georg Simon Ohm benannt. Ein Antrag in der Bezirkvertretung im Jahre 1988, den ursprünglichen Namen wieder einzusetzen, wurde abgelehnt, stattdessen beschloss die Bezirksvertretung im Jahre 1989 eine namenlose Planstraße in Eil Meirowskystraße zu nennen.

tion von Elektroleitungen entwickelt, das leistungsfähige Stromleitungen bis hin zur Überlandleitungen ermöglichte. Der Bedarf hierfür wuchs im ersten Drittel des 20. Jahrhunderts enorm an und die Firma Meirowsky & Co. entwickelte sich zu einem international führenden Unternehmen in der Elektroindustrie. Im Jahre 1941 wurde das Werk auf Druck der Nationalsozialisten in »Dielektra« umbenannt, um den Namen des jüdischen Firmengründers zu tilgen.

Textilgewerbe

Das Textilgewerbe war ein weiterer Wirtschaftszweig, der sich um die Jahrhundertwende in Porz ansiedelte, wenn er auch nicht so eine große Rolle spielte wie die anderen Branchen. Schwerpunkt der Bekleidungsherstellung blieb nach wie vor Mülheim. Bewusst versuchte dieser Gewerbezweig auch die französischsprachigen Arbeiter der Glashütten als Kunden zu gewinnen. So schaltete die Firma Stein, die auf der Bahnhofstraße 26 ihr Geschäft hatte, ihre Anzeigen im Porzer Volksblatt in Deutsch und Französisch.[9] Nach dem Zweiten Weltkrieg siedelten sich weitere Bekleidungswerke in Porz an, wie die Firma Herbert Blech, die aus Hoffnungsthal hierhin zog, und die Riffi-Textilfabrik, die 1862 in Sachsen gegründet wurde.

Der Wahner Schießplatz als Wirtschaftsfaktor

In der Gemeinde Wahn beherrschte der Schießplatz nicht nur die militärische, sondern auch die wirtschaftliche Entwicklung. Um den Militärstandort herum waren vor allem Gewerbe, die direkt oder indirekt vom Militär abhängig waren, ansässig. So entstanden in unmittelbarer Nähe des Schießplatzes einige

Sprengstofffabriken. Der hier hergestellte Sprengstoff wurde aber auch für zivile Zwecke genutzt. Ein wichtiger Abnehmer der Wahner Produkte waren u.a. die nahegelegenen Erzgruben im Bensberger Revier. 1882 baute die »Deutsche Sprengstoff AG« auf der Linder Höhe ein Werk. Mit Bedacht hatte die Firma diesen Standort gewählt, da er weit weg von jeder Wohnbebauung war, denn die Herstellung und Lagerung von explosivem Material war natürlich gefährlich und die Sicherheitsauflagen waren bei weitem nicht so ausgeprägt wie heute. Auch in den Nachbargemeinden wurden Munitionsfabriken errichtet: in Troisdorf befand sich »Dynamit Nobel« und in Bensberg betrieb die »Sprengstoffgesellschaft Kosmos« ein Werk. Am Hochkreuz in Eil entstand eine

Wahnheide

Im Laufe des 19. Jahrhunderts wuchs die Anzahl der unter Waffen stehenden Männer stetig an. Immer mehr Wehrpflichtige kamen für ihre militärische Ausbildung nach Wahn, so dass für ihre Unterbringung neue Quartiere errichtet werden mussten. Rund um den Schießplatz entstand die neue Siedlung Wahnheide, die zunächst als ein Weiler von Wahn galt. Hier wohnte auch ein Großteil der in den nahegelegenen Munitionsfabriken beschäftigten Arbeiter mit ihren Familien. Seine Anerkennung als eigenständiger Ortsteil bekam Wahnheide erst nach dem Ersten Weltkrieg.

Zünderfabrik.[10] Das in Wahn hergestellte Pulver wurde per Schiff nach ganz Deutschland verschickt. Pferdefuhrwerke brachten die brisante Fracht von Wahn quer durch die Dörfer zur Anlegestelle in Ensen. Wegen der großen Explosionsgefahr blieb dort der Uferabschnitt unbebaut. Über Unglücke innerhalb von Porz ist nichts bekannt. Doch kam es 1865 zu einem Unglück auf dem Rhein, als bei Emmerich ein aus Porz kommendes Schiff explodierte. Der Transport per Schiff wurde danach eingestellt und die Eisenbahn transportierte jetzt mit besonderen Kesselwagen das gefährliche Pulver in alle Teile des Reiches.

Auch in Heumar entstand, wenn auch verhältnismäßig spät, ein kleineres Industriegebiet. Größe Freiflächen waren zwar vorhanden, aber der Ort wurde erst 1910 an das Eisenbahnnetz angeschlossen. 1912 verlegte die bislang in Kalk ansässige Trieurfabrik Meyer & Cie. ihren Sitz nach Heumar. Das Unternehmen war spezialisiert auf die Herstellung von Lochsieben, die für die Getreidereinigung verwendet wurden und war damit Markführer in Europa. Weil sich der Betrieb in Kalk nicht mehr erweitern konnte, zog er nach Heumar um. 1994 meldete das Werk, das seit 1971 den Namen »MCK Maschinenbau GmbH und Co.« trug, Konkurs an.[11]

Sozialer Wandel

Die Industrialisierung brachte einen einschneidenden sozialen Wandel in den Gemeinden Heumar und Wahn mit sich. Innerhalb weniger Jahre änderte sich nicht nur das Ortsbild, sondern auch die Sozialstruktur der Bevölkerung. Neue Berufe entstanden und die Fabriken brauchten immer mehr Arbeitskräfte. Aus allen Teilen Preußens, aber auch aus Belgien und Frankreich kamen Arbeiter an den Porzer Rheinbogen. Die Aussicht auf höhere Löhne als in der Landwirtschaft veranlasste viele Männer dazu, in den Fabriken anzufangen.

Vor allem die Orte Porz und Urbach wuchsen rapide an. So zählte die Gemeinde Heumar im Jahr der Reichsgründung 1871 noch 3 849 Einwohner, 14 Jahre später waren es bereits 5 195 und im Jahre 1910 schon 9 454 Bewohner.[12] Die Zahl hatte sich also innerhalb von knapp 30 Jahren nahezu verdreifacht. Auch die Gemeinde Wahn wuchs: 1871 lebten dort 3 349 Menschen, 1895 3 940 und 1910 5 408. Hier hatte sich die Zahl der Einwohner fast verdoppelt. Für die neuen Einwohner mussten rasch neue Unterkünfte gebaut werden. Einige der großen Werke, wie die Germania Spiegelwerke errichteten eigene Siedlungen für die Beschäftigten. Das kurbelte nicht zuletzt die Porzer Bauindustrie an. Die wachsende Bevölkerung musste aber nicht nur einigermaßen vernünftig wohnen können, die Menschen brauchten auch genügend soziale und medizinische Einrichtungen.

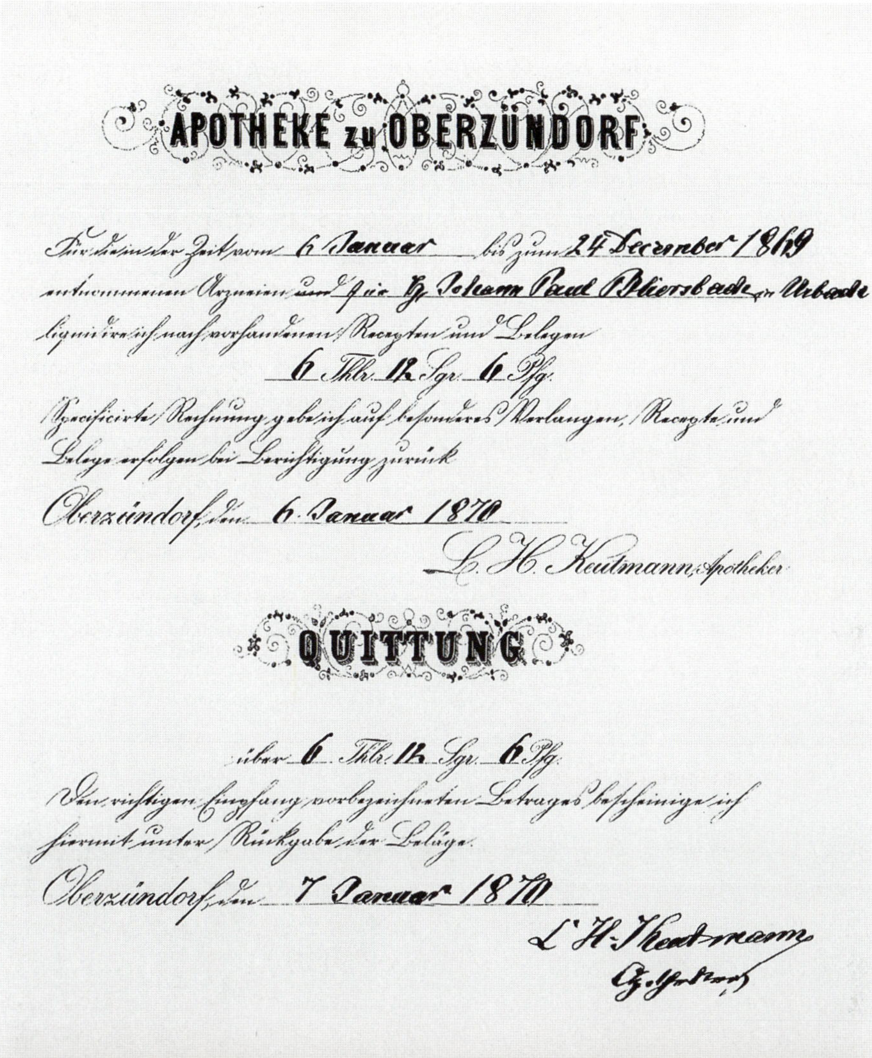
APOTHEKE zu OBERZÜNDORF

Für die in der Zeit vom 6 Januar bis zum 24 December 1869 entnommenen Arzneien für Hr. Johann Paul Bliersbach zu Urbach liquidire ich nach vorhandenen Recepten und Belegen
6 Thlr. 12 Sgr. 6 Pfg.
Specificirte Rechnung gebe ich auf besonderes Verlangen, Recepte und Belege erfolgen bei Berichtigung zurück.
Oberzündorf, den 6 Januar 1870
L. H. Keutmann, Apotheker

QUITTUNG

über 6 Thlr. 12 Sgr. 6 Pfg.
Den richtigen Empfang vorbezeichneten Betrages bescheinige ich hiermit unter Rückgabe der Belege.
Oberzündorf, den 7 Januar 1870
L. H. Keutmann

Straßennamen erzählen Geschichte

1836 war die erste Apotheke in Zündorf eröffnet worden[13], an die heute noch die Straße **Alte Apotheke** erinnert.

Quittung der Alten Apotheke in Zündorf, 7. Januar 1870: »Für die in der Zeit vom 6. Januar bis zum 24. Dezember 1869 entnommenen Arzneien für Hr. Johann Paul Bliersbach, zu Urbach liquidiere ich nach vorhandenen Recepten und Belegen 6 Th[ale]r 12 S[ilber] gr[oschen] 6 Pf[enni]g, specifivirte Rechnung gebe ich auf besonderes Verlangen, Recepte und Belege erfolgen bei Berichtigung zurück. Oberzündorf, den 6. Januar 1870, L.H. Keutmann, Apotheker. Quittung über 6 Thlr, 12 Sgr, 6 Pfg. von richtigen Empfang verbezeichneten Betrages bescheinige ich hiermit unter Rückgabe des Belegs, Oberzündorf, den 7. Januar 1870, L.H. Keutmann, Apotheker

Der Burgherr des Schlosses Wahn, Clemens von Eltz-Rübenach, stiftete der Kirche für den Bau eines Krankhauses ein Grundstück in Wahn, das am 30. Mai 1858 seine Pforten öffnete[14], und die Versorgung von Kranken und Verwundeten aus dem Porzer Raum mit zunächst 150 Betten gewährleistete.

Ein zweites Krankenhaus entstand 50 Jahre später in Ensen. Der Alexianer-Orden verlegte sein Krankenhaus für Nerven- und Gemütskranke von Köln nach Ensen.[15] Noch heute existiert dieses Krankenhaus und hat sich zu einer modernen Einrichtung für psychisch Kranke entwickelt.

Die Porzer Kirchengemeinden

Katholische Gemeinden

Um der raschen Bevölkerungsentwicklung Rechung zu tragen, teilte die katholische Kirche im Laufe des 19. Jahrhunderts die seit dem Mittelalter bestehenden Pfarrsprengel neu ein. Dabei bekamen einige Orte erstmals eine eigenständige Pfarrgemeinde. In der Zweiten Hälfte des 19. Jahrhunderts wurden zudem die aus dem Mittelalter stammenden Kirchenbauten zu klein für die wachsenden Gemeinden, daher wurden neue größere Gotteshäuser errichtet.

Die Hauptstraße in Zündorf, ca. 1900

Im Jahre 1835 wurden die beiden Zündorfer Gemeinden zusammengelegt. Damit wurde nun nach Jahrhunderten die von den Zündorfern als lästig empfundene Teilung des Ortes aufgehoben. Obwohl die Gemeinde nun über zwei Kirchengebäude verfügte, errichtete sie in den Jahren 1895 bis 1897 an der Hauptstraße die Backstein-Hallenkirche St. Mariae Geburt im neugotischen Stil. In der Gütergasse betrieb die Gemeinde das St. Josephs-Altenheim, das in den Jahren 1887 bis 1889 eine Kapelle bekam.

Mit der Zusammenlegung der Zündorfer Gemeinden bekam Wahn, das bislang von Oberzündorf aus betreut wurde, endlich eine eigene Pfarrei. Eine Kapelle existierte ja bereits seit dem Mittelalter in Wahn, die sich jetzt ebenfalls als zu klein erwies. Im gleichen Baustil wie die neue Zündorfer Kirche errichtete die Pfarrei in den Jahren 1883 bis 1885 die Kirche St. Aegidius an der Frank-

St. Michael in Eil
im Jahre 2004

furter Straße. Auch die Pfarrei in Ensen, die seit 1773 von Niederzündorf unabhängig war, errichtete zu dieser Zeit die Kirche St. Laurentius an der Kölner Straße.

Urbach hatte nach wie vor den größten Pfarrbezirk zu verwalten, denn die Orte Porz, Eil und Elsdorf gehörten weiterhin zur Gemeinde St. Bartholomäus. In den Jahren 1879/80 wurde eine neue Kirche errichtet, da das alte Gebäude zu klein wurde. Eil besaß seit 1656 eine Kapelle, die im Jahre 1856 erweitert wurde. Die Kapelle wurde 1928 abgebrochen. 1903/04 bekam der Ort ein eigenes neugotisches Kirchengebäude, doch erst 1917 wurde St. Michael in Eil zur Pfarrkirche erhoben. Der heutige Turm wurde 1956 an das Kirchengebäude angebaut. Auch die Porzer mussten noch bis Anfang des 20. Jahrhunderts zum Gottesdienst nach Urbach ziehen. Im Jahre 1901 wurde auf dem Gelände der Ziegelfabrik Heinrichs & Cie. an der Ecke Hauptstraße / Bahnhofstraße eine Notkirche errichtet. Der Ort Porz erhielt erst 1909 eine eigene Pfarrgemeinde. Kurz darauf begann der Bau der Josephskirche, der 1911 vollendet wurde.

Die Lukaskirche
in Porz,
ca. 1925

Evangelische Gemeinden

Protestanten lebten schon seit der Reformation im Bergischen Land, vor allem in der Stadt Mülheim. In den Porzer Orten gab es nur eine Handvoll Protestanten, die von der evangelischen Gemeinde in Mülheim und ab 1872 durch die Gemeinde in Kalk betreut wurden[16]. So lebten 1876 in der Gemeinde Wahn 22 und in Heumar nur 8 Protestanten. Doch durch den Zuzug preußischer Beamten und durch die rasch wachsende Industrie zogen immer mehr Protestanten vor allem aus Pommern, West- und Ostpreußen nach Porz. Otto Meurer, der Besitzer der Adelenhütte, stiftete 1883 Bauland und Material für den Bau des ersten evangelischen Gotteshauses in

Porz, das an der heutigen Brückenstraße stand. Doch bereits zur Jahrhundertwende erwies sich Kapelle mit 96 Plätzen als zu klein, denn im Jahre 1901 war die evangelische Gemeinde schon auf 400 Seelen angewachsen. 1902 übernahm Ernst Mühlendyck (1874–1958) das Amt des evangelischen Pastors in Porz, das er bis 1945 inne hatte. Bis 1905 hatte sich die Anzahl der Protestanten noch einmal fast verdoppelt, aber erst während des Ersten Weltkrieges entstand an der Mühlenstraße die heute noch stehende Lukaskirche.

Straßennamen erzählen Geschichte

Die **Ernst-Mühlendyck-Straße** in Porz, sowie das Ernst-Mühlendyck-Altenheim in Finkenberg erinnern an den ersten Evangelischen Pfarrer in Porz.

Jüdisches Porz

Die Geschichte des jüdischen Porz reicht bis das 14. Jahrhundert zurück. In der Liburer Kirchhofsmauer befindet sich der erste Beleg für die Anwesenheit von Juden im Amt Porz. Dort wurde ein Grabstein, auf dem in hebräischer Schrift das Jahr 1365/66 angegeben ist, als Baumaterial verwendet. Unklar ist allerdings, woher der Grabstein stammt.[17] Nach der ersten Pestepidemie 1349 und dann nach der zweiten Welle 1424 endgültig waren alle Juden aus der Stadt Köln vertrieben worden und hatten sich im Kölner Umland angesiedelt.[18] Es spricht somit einiges dafür, dass der Stein zumindest aus dem Herzogtum Berg stammt.

Vermutlich lebten schon in der frühen Neuzeit jüdische Kaufleute in Zündorf, jedoch fehlen dazu die Quellen. Rund um die Gütergasse in Zündorf hatte sich eine kleine Kolonie jüdischer Familien angesiedelt. Der erste sichere Beleg stammt aus dem Jahr 1708. Ein aus Zündorf stammender Mann namens Isachar wurde am 2. Juli 1708 auf dem Deutzer Judenfriedhof beigesetzt.[19] Im Jahre 1718 stellte der Zündorfer Kaufmann Andreas Salomon die Stube seines Wohnhauses als Synagoge zur Verfügung. 1784 erhielt Zündorf ein eigenes Synagogen-Gebäude.[20] Offiziell wurden die Gläubigen vom Oberrabbinat in Düsseldorf und von 1817 an aus Bonn betreut.

Im Jahr 1811 zählte die Zündorfer Gemeinde 31 Mitglieder und richtete 1816 sogar eine eigene Schule für jüdische Kinder ein, die aber 1824 wieder geschlossen wurde. In der ersten Hälfte des 19. Jahrhunderts wuchs die Gemeinde in Zündorf weiter an und ihre Mitglieder beteiligten sich maßgeblich an der Gründung einer eigenen jüdischen Gemeinde für den Landkreis Mülheim, die auf der Mülheimer Freiheit ihre Synagoge bekam. Zündorf bekam den Status einer Spezialgemeinde innerhalb der Mülheimer Gemeinde, die 1882 ein eigenes Synagogengebäude in der Zündorfer Hauptstraße eröffnete. Die Einweihung fand mit einem großen Festumzug durch Zündorf statt, bei dem die Thora-Rollen durch die Straßen getragen wurden. Der Chronist der Pfarrei St. Mariae Geburt berichtete: »Die Juden hatten ihre Häuser beflaggt, dasselbe war auch an einzelnen christlichen Häusern der Fall, an denen der Zug vorbei ging«.[21] Der namentlich nicht bekannte Chronist machte aus seiner anti-jüdischen Haltung allerdings keinen Hehl und merkte an: »Die Juden (…) hätten tüchtig Bowle getrunken«, und zog aus seinen Beobachtungen den Schluß: »alter und veralteter Plunder, neu aufgefirnißt und öffentlich gezeigt. Die Toten mögen die Toten begraben«.

Für die Industrialisierung des Porzer Raumes spielte das jüdische Bürgertum eine wichtige Rolle. Im Jahr 1900 eröffnete in Porz das Dampfhobel- und Sägewerk der Gebrüder Dülken seine Pforten und expandierte zu einer der wichtigsten Holzgroßhandlungen in der Region. Ein Jahr später eröffnete Max Meirowsky in Urbach sein Werk, das Elektro-Isolatoren herstellte und im ersten Drittel des 20. Jahrhunderts zu einem international führenden Unternehmen in der Elektroindustrie aufstieg. Auch nach dem Ersten Weltkrieg gehörten die beiden Unternehmen zu den wichtigsten Arbeitgebern in Porz. Im Jahre 1927 betreute die Zündorfer Gemeinde 115 Gläubige, davon 75 in der Gemeinde Wahn und 40 in Heumar. Mitte der 1920er Jahre richtete die jüdische Gemeinde einen eigenen Friedhof in Wahn (an der heutigen Poststraße) ein; bis dahin hatten Beisetzungen in Deutz stattgefunden. Die jüdischen Porzer galten als integriert. Der Zündorfer Metzgermeister Albert Tobias hatte in den Jahren 1926 bis 1933 das Amt des Kommandanten der Porzer Schützengilde inne und gehörte somit zu den angesehenen Porzer Kreisen. Ab 1933 waren die Porzer mit jüdischem Glauben zunehmender Diskriminierung ausgesetzt und ihre Geschäfte wurden boykottiert. Ein Großteil der jüdischen Porzer mussten in den Jahren nach der »Machtergreifung« der Nationalsozialisten die alte Heimat verlassen.

Koschere Metzgerei Max Weber in der Porzer Hauptstraße, ca. 1890

Die wenigen verbliebenen Porzer Juden, die nicht emigriert waren, wurden in den folgenden Jahren in die Vernichtungslager deportiert und ermordet. Am 1. November 1942, dem Tag, an dem die Zündorfer Gemeinde aus dem Vereinsregister getilgt wurde, galt Porz als »judenfrei«.

1952 wurde in Köln die Synagogengemeinde wieder eingerichtet, die auch die Betreuung für das gesamte Kölner Umland übernahm. Der jüdische Friedhof in Wahn wurde zunächst durch die britische Militärregierung verwaltet und 1953 an die Jewish Trust Corporation for Germany übergeben. 1960 wurde er Eigentum der Kölner Synagogengemeinde. Eine eigene jüdische Gemeinde gibt es derzeit ist in Porz nicht, aber rund 540 Mitglieder der Kölner Gemeinde leben in Porz. (Stand 2003)

Die politische Entwicklung in Porz

Mit der Revolution von 1848 wuchs das politische Bewusstsein auch in der Bevölkerung in Porz. Über Ereignisse der Revolution in Porz gibt es keine zeitgenössischen Zeugnisse. Bekannt ist nur, dass die Revolution das Rheinland am 3. März 1848, dem Karnevalsfreitag, erreichte. Zum Schutz vor möglichen Ausschreitungen ließ der Bürgermeister von Heumar, Theodor Forsbach, eine Bürgerwache aufstellen. Im September 1848 bildete sich auf Kreisebene der liberale »Mülheimer Demokratenverein«. Ungefähr zeitgleich trat erstmals in Mülheim ein Arbeiterverein an die Öffentlichkeit. In fast allen Gemeinden des Kreises entstanden Ortsgruppen, jedoch nicht in Heumar und in Wahn. Der Wahner Bürgermeister Ludwig Süren brüstete sich gegenüber dem Landrat: »Diejenigen Vereine, welche hier in einer unruhigen Zeit, und in nicht gesetzlichen Richtungen auftauchten (…), wurden von mir selber zu Boden gehalten…«.[22] Allerdings bleibt unklar, was dort genau geschehen ist.

Das Siegel der Gemeinde Heumar (ca. 1880) benutzt schon den Namen »Porz«, obwohl er erst 1928 offiziell wurde.

Politische Ideen erreichten vor allem durch Zeitungen die Bevölkerung. Seit 1846 erschien im Landkreis Mülheim zweimal in der Woche das »Kreisblatt für Mülheim und Sieg«. Zunächst bestand das Blatt lediglich aus Anzeigen, amtlichen Bekanntmachungen und Unterhaltung, doch stellte es sich 1848 auf die Seite der Revolution und verbreitete deren Ideen in den Dörfer zwischen Rhein und Wahner Heide. Zwar wurde das Blatt nach dem Scheitern der Revolution nicht verboten, aber ihm wurde die wirtschaftliche Grundlage entzogen, als keine amtlichen Anzeigen mehr geschaltet wurden. Außerdem verlor die Zeitung die Lizenz für den Postvertrieb und musste 1851 ihr Erscheinen einstellen.[23] Auch andere politische Strömungen hatten seit den 1850er Jahren ihre Zeitung im Kreis. Den politischen Katholizismus vertrat vor allem das »Mülheim-Sieger Kreisblatt«, das ab 1855 im Landkreis Mülheim erschien, aber 1868 eingestellt wurde. Als dessen Nachfolger erschien dann der »Mülheimer Anzeiger« ab den 1870er Jahren. Die Arbeiterschaft hatte keine eigene Regionalzeitung, sondern las die »Neue Rheinische Zeitung«, die seit 1848 in Köln erschien und Nachfolgeorgan der von Karl Marx begründeten »Rheinischen Zeitung« war. 1878 musste das Blatt aufgrund der Sozialistengesetze ein-

An die Wähler des Reichstagswahlkreises

Mülheim, Wipperfürth, Gummersbach.

Nur noch etliche Tage, und die Arbeiter, Handwerker und Kleinbauern haben wiederum ihre Stimmen abzugeben an der Wahlurne. Ein Jeder wird sich nun fragen, welcher von den Kandidaten vertritt meine Interessen am besten? Der liberale Kandidat kann unmöglich die Interessen der kleinen Leute vertreten, weil er die Interessen des Großkapitals vertritt; aber auch der Zentrumskandidat Dr. Moufang vertritt unsere Interessen nicht, sondern diejenigen der Großgrundbesitzer und Kapitalisten. Warum hat man Dr. Moufang, der bis vor 3 Jahren beständig in Mainz, einer durch und durch katholischen Stadt, gewählt wurde, hier aufgestellt? Nun, weil man wußte, daß man denselben hier blindlings wählen würde, bloß weil er Mitglied der Zentrumspartei ist, ohne zu untersuchen, inwieweit er die Rechte des Volkes vertritt. In Mainz wollten die katholischen Arbeiter den Dr. Moufang nicht mehr, weil er für die indirekten Steuern, für Kornzölle eingetreten war. Wenn man sich überhaupt die Frage vorlegt, hat das Zentrum die Rechte des Volkes, der Arbeiter gewahrt? so muß mit einem entschiedenen Nein geantwortet werden. Schon die Zusammensetzung des Zentrums muß dem Blödesten die Augen öffnen, daß man von Grafen, Baronen, Freiherrn, Advokaten, Juristen u. s. w. nicht erwarten kann, daß sie für die Arbeiter, Handwerker und Kleinbauern eintreten, es fehlt das Gefühl und das Verständniß für die Wünsche des Arbeiterstandes; so lange wie man das nicht selbst erlebt, kann man kein richtiges Herz dafür haben, und in's eigene Fleisch schneidet man sich nicht gern.

Um dies zu beweisen, braucht man bloß auf die Abstimmungen des Zentrums im Reichstage zurück zu blicken, um sofort zu finden, daß das Zentrum den gerechten Forderungen der Arbeiter stets entgegen getreten ist; wir erinnern blos an die Abstimmungen über das Sozialistengesetz, Krankenkassengesetz, Unfallversicherungsgesetz und die Innungsfrage. Trotzdem das Zentrum Jahrzehnte lang unter einem Ausnahmegesetze schmachtete, trotzdem die sozialistischen Abgeordneten immer und zu jeder Zeit gegen diese Ausnahmegesetze gestimmt, hatte man die Karakterlosigkeit im Zentrum soweit getrieben, 39 Mann abzukommandiren, um die Verlängerung des Sozialistengesetzes zu ermöglichen. A. Bebel, dem Arbeitervertreter, welcher in einer seiner besten Reden 1871 gegen die Ausweisung der Jesuiten geeifert, wurde mit dieser Abstimmung des Zentrums der Dank abgestattet. Bei der Krankenversicherung waren es ebenfalls die arbeiterfeindlichen Paragraphen, welche die Zustimmung des Zentrums fanden. Bei der Unfallversicherung war das Zentrum noch schlimmer als die Regierung, es stimmte für dreizehnwöchentliche Karenzzeit. Arbeiter, wißt Ihr auch, was es heißt, dreizehnwöchentliche Karenzzeit? es heißt einfach die Hauptlasten der Versicherung auf die Schultern der Arbeiter abwälzen. Ihr erhaltet dann erst Eure Unfälle vergütet, wenn Ihr Krüppel oder todt seid, denn welcher Unglücksfall dauert länger als 13 Wochen, wo das hier Gesagte nicht einträte. Als die Regierung dem Arbeiter auch einige Rechte resp. Vertretung bei der Verwaltung der Unfallversicherung sichern wollte, da war es wiederum das Zentrum, welches dies zu nichte machte; da war es der Führer des Zentrums, Dr. Windthorst, der von der Tribüne des Reichstages herab erklärte, daß, wenn dies durchginge, also eine Vertretung der Arbeiter, sie dies Gesetz zu Falle bringen würden. Und einem solchen Kandidaten soll ein Arbeiter seine Stimme geben? nie und nimmermehr; er wüthet dann gegen sich selbst. Wie kann ein Arbeiter, ein Handwerker, ein Kleinbauer u. s. w. einem Kandidaten seine Stimme geben, der für die Prügelstrafe schwärmt, für Verschärfung der Strafgesetze, für Neubelebung der längst begrabenen Innungen, für dreifache Kornzölle, für Kornzölle, dessen Vortheile nur dem Großgrundbesitzer zu Gute kommen, nimmermehr aber dem Kleinbauern, geschweige denn einem Arbeiter. Bei allen Arbeiterforderungen, als da sind: Normalarbeitstag, Regelung der Lohnverhältnisse, Beschränkung oder Abschaffung der Frauen- und Kinderarbeit, Regelung der Produktionsweise und der jetzigen schrankenlosen Konkurrenz, hat das Zentrum immer ein Wenn und Aber, es möchte gerne, doch darf es den Herren Kapitalisten nicht zu hart dran gehen, es sind ja auch von ihren Freunden dabei. Den passendsten Vergleich findet man: man denke sich eine reich mit den Genüssen dieser Erde bedeckte Tafel, woran sich die Reichen dieser Erde niedergelassen. Das Volk drängt sich in den Thüren und bittet, ein wenig mit genießen zu dürfen von dieser Tafel; zuerst wollen die Reichen nicht, schließlich einigt man sich, dem Volke etwas Dessert zu überlassen, man giebt ihm eine saure Traube, hängt dieselbe jedoch so hoch, daß Einer auf des Andern Schultern stehen muß um sie zu erlangen.

Man wirft uns vor, wir wollten die Religion vernichten, wir, die überzeugt sind, daß keine Religion, keine Meinungsäußerung sich mit Gewalt vernichten läßt; wir, die zu jeder Zeit eingetreten sind für die freie Entfaltung jeder Meinungsäußerung, jeder Ueberzeugung. Wir sagen blos, mit unseren gerechten Forderungen, die wir an die Gesellschaft stellen, hat Religion nichts zu schaffen. Will jemand seine religiösen Gebräuche beibehalten, so mag er es ja thun, kein Mensch wird ihn daran hindern, mag sich jeder damit abfinden, wie er will; wir begreifen aber nicht, was dieses mit Normal-Arbeitstag, Erhöhung der Löhne u. s. w. zu schaffen hat. Es ist das böse Gewissen, welches unsere Feinde diesen Trumpf ausspielen läßt, denn diejenigen, welche dieses thun, und zu diesen gehört das Zentrum, suchen unsere Köpfe zu verwirren.

Was kümmert es uns, zu welchem Bekenntniß der Kandidat gehört, wenn er nur voll und ganz für die Armen und Unterdrückten eintritt, wenn er zu jeder Zeit unentwegt den Großen dieser Erde den Spiegel der Wahrheit vor Augen hält, und das thut Herr August Bebel, der Kandidat der Arbeiter, Handwerker und Kleinbauern. Schlagt die Geschichte nach, forscht in den Annalen des Reichstages, Blatt um Blatt, Ihr findet ihn zu jeder Zeit, die Rechte des unterdrückten Volkes mit markiger Beredtsamkeit vertheidigend. Selbst ein Sohn aus dem Volke, hat er nie gewankt, ist er geblieben, was er immer war, der Anwalt des armen Mannes. Auf denn, Arbeiter, Handwerker und Kleinbauern, wer eine Besserung seiner Lage erstrebt, der gebe seine Stimme dem

Drechslermeister August Bebel

in Plauen bei Dresden.

Das Arbeiterwahlkomité.

Druck und Verlag von J. H. W. Dietz in Stuttgart.

Wahlaufruf der SPD
aus dem Jahre 1884

gestellt werden. Ab 1892 gab die SPD dann wieder die überregionale »Rheinische Zeitung« heraus.

Parteien im heutigen Sinne gab es noch nicht, vielmehr gab es Wahlvereine und Zusammenschlüsse von Bürgern, die Kandidaten für Wahlen aufstellte. So traten im Landkreis Mülheim einige katholische Vereine, die der preußischen Regierung kritisch gegenüber standen, in Erscheinung. Jedoch ist auch hier die Quellenlage recht dürftig. Bekannt ist ein katholisches Kasino, das 1874 in Wahn eröffnet wurde.[24] Hier trafen sich in der Regel katholische Bauern, offiziell zur

Martin Jacobs,
Bürgermeister von Heumar 1885–1907

Belehrung und Unterhaltung, doch der eigentlich Zweck war der Protest gegen die preußischen Kirchengesetze. Deutschland befand sich zu dieser Zeit mitten im sogenannten »Kulturkampf«, seitdem die preußische Regierung der katholischen Kirche einige Rechte im Schulwesen oder der universitären Priesterausbildung versagte und den Jesuitenorden in Preußen aufgelöste. Reichskanzler Otto von Bismarck sah die politische Ordnung im Reich durch die Vertreter der katholischen Kirche bedroht. Ebenfalls in Wahn bildeten sich in den 1880er Jahren einige katholische Gesellenvereine, die sich aber eher für soziale und moralische Belange einsetzten und sich als unpolitisch begriffen. Diese katholischen Vereinigungen fanden sich dann später in der Zentrumspartei zusammen. Jedoch gibt es keine Zeugnisse darüber, wann ein Wahner oder Porzer Ortsverband der Zentrumspartei gegründet wurde.

Bernhard Sternenberg, Bürgermeister von Heumar 1851–1875

Im Kreis Mülheim trat erstmals 1876 ein Sozialistischer Arbeiterverein in Erscheinung. Wann die ersten Sozialdemokratischen Vereine in Wahn und Heumar gegründet wurden, ist heute nicht mehr bekannt. Während des Verbotes sozialistischer und sozialdemokratischer Vereine und Parteien in den Jahren 1878 bis 1890 tarnten sich diese Vereinigungen als Sportclubs oder Gesangsvereine. Inmitten des katholisch-konservativen Milieus des Bergischen Landes, das vor allem durch das Zentrum repräsentiert wurde, entwickelten sich während dieser Jahre in den Industriestandorten Porz, Urbach und Wahn »rote« Hochburgen. Besonders nach der Novemberrevolution 1918 bekamen linken Parteien bei Wahlen hohe Stimmenanteile, während sie in den ländlich geprägten Orten des Kreises Mülheim kaum Einfluss hatten, da sie fest in der Hand des Zentrums waren.

Emigration

Amerikakreuz auf dem Ensener Marktplatz

Im Laufe des 19. Jahrhunderts wanderten viele Deutsche nach Amerika aus, meist um der drohenden Armut zu entfliehen. Genaue Zahlen, wie viele Porzer ihr Glück in der Neuen Welt suchten, sind nicht bekannt. Jedoch es gibt ein bemerkenswertes Beispiel von Heimatverbundenheit eines Auswanderers aus Ensen. Der Tischler Balthasar Schmitz verließ 1859 seine Heimat und siedelte sich in Houston, Texas an. Dort kaufte sich der Rheinländer ein Stück Land, um Wein anzubauen. Regelmäßig schrieb er Briefe an seine in Ensen verbliebenen Verwandten und berichtete über die Ereignisse im fernen Amerika. Aus erster Hand erfuhren die Ensener so Neuigkeiten über die Ereignisse des amerikanischen Bürgerkriegs. Allerdings waren die Nachrichten etliche Wochen unterwegs, da sie mit der Postkutsche von Houston nach New

Postkarte aus Ensen, ca. 1900

York, und dann per Schiff nach Europa gebracht wurden. Von einem der großen Überseehäfen, wie Hamburg oder Bremen, aus legten die Briefe den Rest der Reise per Bahn zurück, und kamen dann erst zu den Postboten, der sie auslieferte. Aufgewachsen im katholischem Rheinland, blieb Schmitz auch in Amerika seinem Glauben treu. Aus Dankbarkeit, sein Glück in Amerika gefunden zu haben, stiftete der Ensener seinem Geburtsort im Jahre 1869 einen Bildstock, der heute noch im Volksmund »Amerikakreuz« genannt wird.[25]

Die Anfänge der Luftfahrt in Wahn

Recht bescheiden waren die Anfänge der Luftfahrt in Wahn in der Wahner Heide. Im Jahre 1904 setzte das Militär erstmals Fesselballons ein, um Schießübungen von oben zu beobachten.[26] Die Bedeutung der militärischen Luftfahrt wuchs in den ersten Jahren des 20. Jahrhunderts rasch an. Luftkampfmanöver fanden am Himmel über Wahn statt, bei denen Zeppeline mit Maschinengewehren bestückt wurden, die aus der Luft auf Ziele am Boden oder auf andere Luftschiffe feuerten. Die »fliegenden Zigarren« hatten in Wahn allerdings keine feste Ankerhalle, sondern waren am Butzweiler Hof und in Spich stationiert. Morgens fuhren die Luftschiffe mit ihrem markanten Brummen über die Porzer Dörfer zum Schießplatz und kehrten am Abend dann wieder zu den Ankerhallen zurück. Im Ersten Weltkrieg erwiesen sich die bewaffneten Zeppeline als völlig ungeeignet für den Luftkrieg. Sie waren nur langsam zu manövrieren und boten der gegnerischen Artillerie ein leichtes Ziel.

Landung des ersten Flugzeugs in Wahn am 5. April 1913

Fesselballon im Ersten Weltkrieg

Großes Aufsehen erregte das erste Flugzeug, das am 8. August 1912 über das Gebiet von Porz hinwegflog. Der Eindecker hatte kurz zuvor den Kölner Flugplatz in Ossendorf verlassen und flog nach Hangelar. Eine Landung war in Wahn zu diesem Zeitpunkt noch nicht möglich, denn eine entsprechende Landebahn war noch nicht vorhanden. Doch ein Jahr später richtete das Militär auf dem Schießplatz Wahn eine Außenstelle des Flughafens Butzweiler Hof ein. Das erste Flugzeug landete dort am 5. April 1913. Bescheiden waren die Anfänge des heutigen Airports: lediglich zwei Bretterbuden, eine als Aufenthaltsraum für die Besatzung und eine als Hangar für zwei Flugzeuge, standen auf dem Schießplatz für den Luftverkehr zur Verfügung. Eine 150 Meter lange Lehmpiste diente als Startbahn. Werkstätten und Tanklager gab es in Wahn nicht, bei Bedarf mussten die Flugzeuge zum Butzweiler Hof zurückkehren.

Der Erste Weltkrieg in Porz

Der Ausbruch des Ersten Weltkrieges am 1. August 1914 war in Wahn besonders zu spüren. Tausende in Wahn stationierter Männer zogen unter großem Jubel zum Bahnhof, um von dort an die Kriegsschauplätze zu fahren, im Glauben, der Krieg sei in wenigen Wochen siegreich beendet. Das Ritual der abfahrenden Soldaten sollte in Porz und Wahn in den nächsten vier Jahren zum Alltag gehören. Viele junge Männer aus den Dörfern am Rhein wurden »für Kaiser, Volk und Vaterland« eingezogen. Einige der in Wahn erprobten bewaffneten Luftschiffe kamen zum Kampfeinsatz an der Westfront, erwiesen sich aber als untauglich, da sie aufgrund ihrer langsamen Geschwindigkeit ein leichtes Ziel der gegnerischen Artillerie waren. Von den Kampfhandlungen bekam man in Porz zwar wenig mit, aber die Folgen des Krieges bekam auch die Zivilbevölkerung zu spüren. Manch junger Mann aus Porz blieb auf den Schlachtfeldern Flanderns oder an der Ostfront tot zurück. Andere kehrten versehrt oder psychisch krank vom Militärdienst heim nach Porz. Der Jubel war der Bevölkerung schon nach wenigen Wochen vergangen. Frauen mussten nun für die eingezogenen Männer die Arbeit übernehmen, vor allem in der Sprengstofffabrik in Wahn. Je länger der Krieg dauerte, desto schlechter wurde die Versorgungslage der Zivilbevölkerung. Viele Porzer starben in den Kriegsjahren in der Heimat an Hunger und Kälte. Lebensmittel und Brennmaterial mussten streng rationiert werden. Das knappe Mehl etwa wurde mit Sägespänen gestreckt, bevor es zu Brot verarbeitet wurde.

Kampfdoppeldecker des Ersten Weltkriegs

Margarete Zündorf, arbeitete im Ersten Weltkrieg als Straßenbahnschaffnerin in Porz.

Traurige Berühmtheit bekam der Schießplatz Wahn im Sommer 1917. Im August 1917 trat in Wilhelmshaven die Besatzung des Schiffes »Prinzregent Luitpold« in den Streik, um ein Signal für eine baldige Beendigung des Krieges zu setzen. Streikführer waren die beiden Matrosen Albin Köbis (1893–1917) und Max Reichpietsch (1892–1917), die der USPD nahe standen und von der Besatzung zu ihren Sprechern gewählt wurden. Die USPD

Buch über die beiden in der Wahner Heide hingerichteten Matrosen **Köbis und Reichspietsch**

trat für einen sofortigen Waffenstillstand ein und hatte sich kurz zuvor von der SPD abgespalten. Die beiden jungen Männer wurden wegen Hochverrats vor ein Kriegsgericht gestellt und am 25. August zum Tode verurteilt. Anschließend wurden sie von der Marineleitung heimlich nach Wahn verschleppt, um keinen Aufstand unter den Matrosen zu provozieren. In den frühen Morgenstunden des 5. September 1917 wurden die beiden Männer in der Wahner Heide erschossen. Ein letzter Wunsch sowie geistlicher Beistand wurde ihnen verweigert, auch durften sie keine Briefe mehr an ihre Angehörigen schicken. Die Eltern erfuhren von der Deportation nach Wahn erst nach der Hinrichtung. Nach der Novemberrevolution 1918 bekamen die beiden Matrosen auf dem Schießplatz ein Ehrengrab.

Straßennamen erzählen Geschichte

Die **Albin-Köbis-Straße** und die **Max-Reichpietsch-Straße** befinden sich in unmittelbarer Nähe des Schießplatzes Wahn. Die Bezirkvertretung Porz benannte 1997 zwei neu angelegte Straßen in Wahn nach den beiden in Wahn hingerichteten Matrosen.

Die Straßenbahn in Wahn und Porz

Mitten im Ersten Weltkrieg, im Jahre 1916, begannen die Rheinisch-Westfälischen Elektrizitätswerke AG (RWE) mit dem Bau einer Straßenbahn durch Wahn. Diese nur rund drei Kilometer kurze Strecke, die den Wahner Reichsbahnhof über die Heidestraße mit dem Schießplatz und der Dynamitfabrik

Straßenbahn und Depot in Porz, ca. 1909

Kriegsgefangene aus den französischen Kolonien in Wahn

auf der Linder Höhe verband, mit Anschluss Richtung Siegburg, galt als kriegswichtig.[27] Doch geriet der Bau im harten Winter 1916/17 immer wieder ins Stocken, daher zogen die RWE 50 französische Kriegsgefangene zum Bau heran, die in Wahn interniert waren. Am 6. Mai 1917 wurde die Strecke dann der Öffentlichkeit übergeben. Die Infrastruktur Wahns wurde durch diese Bahnverbindung deutlich verbessert. Um schnell nach Porz und nach Köln zu gelangen, waren die Wahner auf die Reichsbahn angewiesen und gelangten mit der Straßenbahn schnell zum Bahnhof. Einrückende Soldaten konnten nun innerhalb von 10 Minuten vom Bahnhof zur Kaserne fahren, auch die Arbeiterinnen gelangten nun schneller zur Munitionsfabrik, die von der Kaserne nur 2 Minuten Fahrzeit entfernt war. Die Strecke diente aber nicht nur dem Personenverkehr, sondern auch Güter wurden mit der Straßenbahn von den Munitionsfabriken zum Reichsbahnhof transportiert. An der Linder Höhe hatte die Bahn Anschluss an die Kleinbahn nach Sieglar und weiter nach Siegburg. Jedoch wurde die kurze Strecke von Wahn nach Zündorf, wo Anschluss zu den am Rhein gelegenen Orten von Porz und nach Köln bestand, niemals geplant. Nur in einem großen Umweg erreichte man von Wahn den Nachbarort Zündorf. Von Sieglar aus fuhr die »Kleinbahn Siegburg – Zündorf«, (KSZ), die von der Bevölkerung auch »Rhabarberschlitten« genannt wurde, über Mondorf, Niederkassel, Langel nach Zündorf. Von Köln aus fuhr die Linie E, später umbenannt in Linie P, über Poll, Westhoven, Ensen und Porz nach Zündorf. Beide Linien trafen sich an dem Endpunkt, hatten aber zunächst keine Verbindungsgleis.

Fahrkarten der Wahner Straßenbahn, 1950er Jahre

Für Soldaten bestand in der Straßenbahn ein ausdrückliches Verbot, geladene Gewehre mit sich zu führen, offensichtlich war das vorher üblich gewesen. Im ersten Betriebsjahr, dem Kriegsjahr 1917/18 beförderte die Bahn die unvorstellbare Menge von vier Millionen Fahrgästen (bei knapp 6 000 Einwohnern der Gemeinde Wahn) und legte dabei 225 219 Wagenkilometer zurück. Erst 1964 wurde der Bahnbetrieb eingestellt.

Straßenbahnunglück der Linie E, ca. 1910

Inflationsgeld der Spiegelglaswerke Germania 1923

PORZ WÄHREND DER WEIMARER REPUBLIK (1918 – 1933)

November-Revolution und Besatzung

Stempel des Arbeiter- und Soldatenrates Porz 1918

Am 29. Oktober 1918 weigerten sich in Kiel und Wilhelmshaven Matrosen, zu einem neuen Kampfeinsatz auszulaufen, der an der drohenden Niederlage Deutschlands nichts mehr ändern konnte. Das war das Signal für den Umsturz im Deutschen Reich: An der deutschen Nord- und Ostsee-Küste übernahmen in den folgenden Tagen Matrosenräte die Macht und forderten einen sofortigen Waffenstillstand sowie die Abdankung des Kaisers. Abordnungen der Räte reisten in die Garnisonsstädte des ganzen Reichs, um die Revolution weiter zu tragen. Am 7. November erreichten rund 200 Matrosen mit der Eisenbahn die Stadt Köln. Vergeblich hatte Oberbürgermeister Konrad Adenauer versucht, den Zug aus Kiel aufhalten zu lassen. Als ihm mitgeteilt wurde, dass die Ankunft nicht mehr zu verhindern sei, arrangierte er sich mit der neuen politischen Situation und hieß die Matrosen mit einem Empfangskomitee am Kölner Hauptbahnhof willkommen. Als der Sozialdemokrat Wilhelm Sollmann dabei die Abdankung des Kaisers forderte, kam es in der Kölner Innenstadt zur Tumulten. Sollmann rief darauf hin zur Gewaltlosigkeit auf. Einen Tag später wurde auch in Köln ein Arbeiter- und Soldatenrat gegründet. Adenauer stellte sogar Räume im Rathaus zur Verfügung, unter der Vorraussetzung, selber den Vorsitz im Wohlfahrtsauschuss zu übernehmen.

Am gleichen Tag erreichte die Revolution den Truppenübungsplatz Wahn, wo ebenfalls ein Soldatenrat das Regiment übernahm. Unter dem Motto »Rettet das Volksvermögen« duldete er Plünderungen in den Kasernen durch Soldaten und Zivilisten. Die kaiserlichen Militär- und Zivilbehörden mussten diesem Treiben tatenlos zusehen. Hohe Offiziere flohen von Wahn nach Kassel, die niedrigeren Ränge gaben ihre Abzeichen freiwillig ab und solidarisierten sich mit den Aufständischen. Kampfhandlungen gab es in Wahn, im Gegensatz zu vielen anderen Orten in Deutschland, jedoch nicht. Aber es gab ein verheerendes Unglück in Wahn, als am 9. November 1918 die Dynamitfabrik auf der Linder Höhe explodierte. 200 bis 300 Menschen – hier nennen zeitgenössische Quellen unterschiedliche Zahlen – fanden dabei den Tod, es waren überwiegend Frauen. Das Gerücht, es habe sich hierbei um einen Sabotageakt gehandelt, hielt sich hartnäckig, aber die Ursache der Explosion wurde niemals aufgeklärt.

Kanadische Truppen in Urbach, Frankfurter Straße 1919

Auch in der Bürgermeisterei Heumar wurden Arbeiter- und Soldatenräte gegründet. Am 10. November fand in der Gaststätte »Porzer Hof« am Rheinufer eine Volksversammlung statt. Mehrere Redner forderten eine enge Zusammenarbeit mit den Arbeiter- und Soldatenräten in Wahn und Köln. Dabei wurde eine freiwillige Eingemeindung der Gemeinde Heumar nach Köln erörtert.[1] Ein Ausschuss, der sogenannte »Siebenerrat«, der aus 6 Vertretern der SPD und einem Zentrumsmitglied bestand, übernahm die Verwaltung.[2] Um nach außen hin geschlossen aufzutreten, bedrängten die sechs Sozialdemokraten den Zentrumsvertreter, sich ebenfalls der SPD anzuschließen. Dieser beugte sich und wechselte die Partei, um die Arbeit für die Gemeinde nicht zu blockieren. Auch in der Zivilgemeinde Wahn bildete sich bis zum 15. November ein einheitlicher Arbeiter- und Soldatenrat.

Derweil kehrten die deutschen Soldaten von den Fronten in die Heimat zurück und mussten, wie die ortsansässige Bevölkerung, mit dem Lebensnotwendigsten versorgt werden. Die Hauptaufgabe der Arbeiter- und Soldatenräte lag jetzt darin, eine gerechte Verteilung von Lebensmitteln an die Bevölkerung sicher zu stellen. Dafür durften die Räte bei Bauern, Bäckern und Metzgern Lebensmittel beschlagnahmen und sie an Bedürftige weiter verteilen.

Die in Wahn einsitzenden Kriegsgefangenen sollten rasch in ihre Herkunftsländer zurückkehren können. Die Arbeiter- und Soldatenräte organisierten einen geregelten Abzug. Die französischen Kriegsgefangenen marschierten in langen Kolonnen zur Anlegestelle in Porz und fuhren von dort mit insgesamt 20 Personendampfern den Rhein Richtung Frankreich hinauf. Die Soldaten, die für die britische Krone gekämpft hatten – dabei waren nicht nur Engländer, sondern Männer aus fast allen Ländern des britischen Empire (Iren, Kanadier, Australier, Inder etc.) – fuhren mit umgebauten Lastwagen über die Niederlande und Belgien zu den Häfen am Ärmelkanal, um von dort nach England verschifft zu werden.[3]

Nur wenige Wochen später, am 12. Dezember 1918 kehrten Truppen der Entente-Staaten nach Wahn zurück, diesmal aber als Besatzer. Weil der Krieg mit der Niederlage des Deutschen Reiches endete, musste das Rheinland auf Anordnung der Sieger entmilitarisiert und die Arbeiter- und Soldatenräte in Heumar und Wahn aufgelöst werden. Die Verwaltung in den Bürgermeistereien Heumar und Wahn übernahmen kanadische Einheiten. Gemäß den Bestimmungen des Versailler Vertrages wurden im Februar 1920 die Besatzungszonen im Rheinland neu eingeteilt. Die Gemeinde Heumar wurde nun britisch verwaltet, Wahn fiel unter französische Administration. Die französischen Soldaten bezogen die Wahner Kasernen, in denen zuvor Kanadier stationiert waren und die französische Militärführung richtete ihr Quartier im Schloss Bensberg ein. Der Grenzverlauf zwischen der britischen und der französischen Zone verlief zwischen Elsdorf und Wahn in Höhe des Bahnpostens 12, der sich am Bahnübergang Poststraße befand.[4] Der Weg über die Frankfurter Straße kam einer Auslandsreise gleich, denn die Porzer mussten zeitraubende Pass- und Zollformalitäten über sich ergehen lassen, wenn sie nach Wahn wollten – und umgekehrt. Zwischen den französischen Besatzern und den Wahner Bürgern gab es, anders als zu den Briten in Porz, ein gespanntes Verhältnis, das später noch eskalieren sollte.

Commission Internationale Permanente d'Armistice

Commission Interalliée de Navigation de Campagne

Laisser-Passer: No N. I. 19123 (strictement personnel)

Mr Cornelius Schlimbach, propriétaire d'un bachot né le 21. 11. 89 à Langel

appartient à [illegible]

Langel – Lürth

(Personnel des voies de communication — Note annexe 2 article de la Convention d'armistice.)

Dans son service et en dehors du service, il lui est dû protection pour sa personne et ses biens. —

Il est sous la protection des Armées Alliées et ne peut être arrêté ou interné, si ce n'est pour les motifs qui, à l'égard des sujets alliés, entraineraient l'arrestation. —

Il ne peut être fait prisonnier et doit être bien traité.

Permanent International Armistice Commission

Interallied Field Navigation Commission

Pass: No N. I. 19123 (strictly personal)

Mr. Cornelius Schlimbach, owner of a ferry-boat born 21th 11. 89 at Langel

belongs to the government ferry-boat Langel – Lürth

(Staff of the ways of communication—Annexed note article 2 of the armistice Convention.)

While on duty or not on duty he is entitled to protection for himself and his belongings.

He is under protection of the Allied Armies, and cannot be arrested or imprisoned, unless he commits an offence which would warrant his arrest as an allied subject.

He cannot be taken prisoner and must be well treated.

Ständige Internationale Waffenstillstands-Kommission

Interalliierte Binnenschiffahrts-Kommission

Passierschein: Nr. N. I. 19123 (streng persönlich)

Herr Cornelius Schlimbach, Fährbesitzer geb. 21. 11. 89 zu Langel

gehört zur [illegible]

Langel – Lürth

(Personal der Verbindungswege — Anhang Notiz Artikel 2 des Waffenstillstandsvertrages.)

In seinem Dienst und außerhalb seines Dienstes wird ihm jeder Schutz für seine Person und sein Eigentum gewährleistet. Er steht unter dem Schutz der verbündeten Armeen.

Er kann nicht verhaftet oder interniert werden, es sei denn aus Gründen, die auch bei verbündeten Untertanen Verhaftung zur Folge haben würden.

Er darf nicht gefangen genommen und muß gut behandelt werden.

Le Colonel Président de la Commission Interalliée de Navigation de Campagne.

Ausweispapier in den drei Sprachen der Ständigen Internationalen Waffenstillstands-Kommission für den Fährmann Cornelius Schlimbach aus Langel. Fährleute galten als Personal für die Verkehrswege. Der Ausweis schützte den Fährmann vor Verhaftungen durch die Besatzer, 1919

Erich Kästner als Soldat in Wahn

Der Schriftsteller Erich Kästner (1899–1974) leistete während des Ersten Weltkrieges einen Teil seines Wehrdienstes auf dem Truppenübungsplatz in Wahn ab. Dort absolvierte er Licht- und Schallmesskurse. Kästner sah seine Dienstzeit in Wahn nach eigenen Angaben als eine Art naturwissenschaftliches Studium an. Aufgrund eines Herzleidens konnte er nicht zum Kampfeinsatz geschickt werden. Diese Erkrankung war Folge des »Schliffes« in der Grundausbildung, in der Kästner durch einen vorgesetzten Offizier misshandelt worden war. Diese Übergriffe beschrieb Kästner später in dem Lyrikband »Lärm im Spiegel« unter dem Titel »Sergeant Waurich«.

Erich Kästner (Mitte), bei einer Militärübung in Wahn

Der aus Dresden stammende Erich Kästner war Zeuge der Novemberrevolution in Wahn und der verheerenden Explosion in der Dynamitfabrik Wahn. Darüber hinaus ist bekannt, dass der Licht- und Schallmesstrupp, dem Kästner angehörte, einen Soldatenrat wählte.[5] Ob der Schriftsteller selber Mitglied dieses Rates war, ist nicht belegt.

Im allgemeinen Chaos verließ Kästner kurz nach der Explosion den Schießplatz Wahn und kehrte in seine Heimatstadt Dresden zurück. Dort gab er dann seine Waffen und die Uniform ab. Die Erlebnisse der Militärdienstzeit hatten den Dichter geprägt. Er wurde überzeugter Pazifist und setzte sich gegen Militarismus und Krieg ein. Seine Bücher wurden am 10. Mai 1933 durch die Nationalsozialisten öffentlich verbrannt.

Die Ereignisse in Wahn beschrieb der Dichter aus Anlass einer Lesereise im Jahr 1930 in dem Gedicht »Brief aus Köln«[6]

Brief aus Köln

»Diesmal luden sie mich als Verfasser
zeitgenössischer Gedichte ein
1918 lag die Sache krasser.
Und das Volk sprach, wenn auch langsam: Nein.
Doch seitdem floß sehr viel Kölnisch-Wasser
durch den Rhein

Damals war ich eine Art Gefreiter
bei der deutschen Fuß-Artillerie ...
Auf dem Schießplatz Wahn als Meldereiter ...
Kölner Mädchen... »Ganze Batterie!«
19-jährig ... herzkrank usw. ...
Die bekannte junge Herrenpartie

Mit 300 Fraun und viel Geprassel
ging die Wahner Dynamitfabrik verschütt.
Später kam der übrige Schlamassel.
Später Kaiser Wilhelms Übertritt.
Die Soldaten türmten Richtung Kassel.
Und die Offiziere türmten mit.

Deutschland, heißt es, übt sich im Genesen.
Und wir wären quasi mitten drin
Alles ist, als war es nie gewesen.
Die Vergangenheit hat wenig Sinn
Und ich will hier Kriegsgedichte lesen,
weil ich dazu hergekommen bin!

Viele Leute sind so gern versöhnlich.
Und sie werden fett vor Zuversicht.
Viele Leute finden es gewöhnlich,
wenn man heute noch von gestern spricht.
Doch zu ihnen zähle ich persönlich
nicht«[7]

Die politische Entwicklung in Heumar und Wahn in den Jahren der Weimarer Republik

Die ersten Wahlen in Deutschland nach der Abdankung des Kaisers fanden am 19. Januar 1919 in einem politisch unruhigen Klima statt.[8] Das Volk wählte, erstmals auch die Frauen, die verfassunggebende Nationalversammlung, die in Weimar tagte. Stärkste Partei in den Gemeinden Heumar und Wahn wurde jeweils das Zentrum, das vor allem bei der ländlichen, katholischen Bevölkerung Unterstützung fand. Die Dominanz der SPD in den Arbeiter- und Soldatenräten von Wahn und Heumar blieb damit nur eine Episode. Die Sozialdemokraten wurden in beiden Bürgermeistereien nur zweitstärkste Kraft. In Heumar lag dabei die Unterstützung für die SPD höher als in Wahn, da in den Industrievororten am Rhein wesentlich mehr Arbeiter wohnten als in dem ländlichen Wahn. Der Trend bestätigte sich bei der Wahl zur preußischen Landesversammlung in der Woche darauf. Die große Akzeptanz lag an den seit der Kaiserzeit gewachsenen Strukturen der beiden Parteien. Andere Parteien waren bislang in Heumar und Wahn kaum präsent gewesen, deswegen erhielten sie bei den Wahlen nur eine Handvoll Stimmen. Deutlich zeichneten sich in beiden Gemeinden zwei politische Lager ab, die grundsätzlich die neue Staatsform der Republik stützten. Radikale Kräfte spielten in den Gemeinden Heumar und Wahn zunächst keine Rolle.

Sozialdemokratische Partei Wahn.
Oeffentliche
Volksversammlung
am Sonntag, den 13. Februar, vormittags 10 3/4 Uhr im Lokale Mermagen-Wahn.
Referent: Herr Böckler-Köln
Gewerkschaftssekretär.
Die kommenden Preußenwahlen.
Freie Aussprache für jedermann.
Der Vorstand.

Ankündigung der Wahner SPD zur preußischen Landtagswahl 1921

Die ersten Kommunalwahlen nach dem Krieg fanden erst am 16. November 1919 statt, da die Besatzungsbehörden sie vorher nicht genehmigen wollten. Dabei wurde das politische Kräfteverhältnis, das sich bereits zur Wahl zur Nationalversammlung abzeichnete, bestätigt: Das Zentrum errang in Heumar 14 und in Wahn 13 Sitze, die SPD erhielt in Heumar 9 Mandate bzw. 5 in Wahn. Zusätzlich errang die Wählergruppe »Mittelstandsvereinigung« einen Sitz in Heumar. Der Wahner Bürgermeister Bruno Oedekoven (Zentrum), der seit 1909 im Amt war, blieb auch nach der Wahl Gemeindeoberhaupt.

Lokales.
Große
Wahlversammlung
der Zentrumspartei
der Bürgermeisterei Heumar.
Dienstag abend findet zu Porz im Kölner Hof um 6 Uhr eine große Wahl-Versammlung der Zentrumspartei statt, zu der hervorragende Redner gewonnen sind. Auch an die Frauenwelt geht diesmal der Ruf bei dieser Versammlung zu erscheinen, da die Rede der Frau Dr. Lauer sich besonders an die Frauen richten wird.
Erscheint alle, erscheint in Massen!

Ankündigung des Zentrum, besonders an die »Frauenwelt« gerichtet (Datum unbekannt, möglicherweise Landtagswahl 1921)

Rudolf Lütz, Bürgermeister von Heumar 1907–1919

In Heumar hingegen gab es erbitterten Streit um die Neubesetzung des Postens. Bereits vor der Kommunalwahl kam es vereinzelt zu Protesten von Zentrumsanhängern gegen den protestantischen Bürgermeister Lütz, der seit 1907 die Geschicke der Gemeinde leitete.[9] Die letzte Ratssitzung leitete Lütz am 28. Februar 1919. In der folgenden Sitzung am 25. April vertrat ihn der Beigeordnete Bernhard Sternenberg, da Lütz »wegen Krankheit beurlaubt« war.[10] Als er offiziell am 19. August 1919 in den Ruhestand trat, wurden seine Verdienste – er hatte u.a. den Bau des neuen Rathauses und der Kanalisation veranlasst, sowie die Rheinuferpromenade gestalten lassen – weder in den Gemeinderatsprotokollen, noch in den örtlichen Zeitungen gewürdigt.[11] Neuer Gemeindevorsteher sollte Wilhelm Schmitz-Hübsch (Zentrum) werden, der bereits als stellvertretender Bürgermeister die Amtsgeschäfte führte. Doch der Rat weigerte sich, ihm das Amt auch formell zu übertragen. Mehrere Anläufe, Schmitz-Hübsch zu wählen, scheiterten am Widerstand der Sozialdemokraten. Die SPD wandte ein, dass die neue preußische Gemeindeordnung noch nicht in Kraft getreten sei und daher sei der Rat nicht berechtigt, die Wahl auf die Tagesordnung setzen. Zudem befürchteten die Genossen, dass der Kandidat des Zentrums nicht überparteilich sei. Erst am 11. Oktober 1921 wurde Schmitz-Hübsch mit 13 zu 8 Stimmen zum Bürgermeister gewählt. Seine Anstellung als hauptamtlicher Bürgermeister wurde am 21. Februar 1922, fast 3 Jahre nach dem Ausscheiden von Lütz aus dem Amt, ausgesprochen.

Deutsche Volkspartei

Ortsgruppe Porz und Umgegend.

Mitgliederversammlung

am Montag, den 7. Februar 1921, abends 7 Uhr im Restaurant „Zur guten Quelle" von Barthel Baedorf in Wahn-Schießplatz.

Tagesordnung:

1. Vortrag des Herrn Hestermann über: „Die kommenden Wahlen"
2. Aussprache.

Der Vorstand.

Deutschnationale Volkspartei.

Ortsgruppe Porz.

Sonntag, den 6 Februar nachmittags 5 Uhr im Restaurant Schützenhof (Zauer)

Wahlversammlung

Redner Parteisekretär Weckmann.

Das Erscheinen aller Mitglieder ist Ehrenpflicht Alle Wähler unserer Partei sind freundlichst eingeladen 220

Ankündigung der Porzer DVP und der DNVP zur preußischen Landtagswahl 1921

Trotz eines klaren Bekenntnisses zur Republik ließ sich der Heumarer Rat Zeit, die kaiserlichen Hoheitszeichen in der Gemeinde entfernen zu lassen. Erst 1922 wurde ein entsprechender Beschluss gefasst. Flaggen in schwarz-rot-gold, die zu feierlichen Anlässen an den Porzer Schulen gehisst werden sollten, wurden gar erst 1925 bestellt.[12] Zum Gedenken an die Opfer des Ersten Welt-

Kriegsdenkmal an der Porzer Uferpromenade

krieges beschloss der Rat 1923 die Errichtung eines Denkmals an der Rheinpromenade vor dem Rathaus. Ein schlafender Bergischer Löwe thronte auf einem Sockel mit der Inschrift: »Hier spricht der Stein – es hört der Rhein / von unseren Helden allen / ein deutscher Kern ist heimatfern / für uns im Krieg gefallen / die dankbare Gemeinde Heumar«. Später wurde der eingemeißelte Schriftzug »Heumar« mit Zement unlesbar gemacht und an diese Stelle der Schriftzug in »Porz« geändert. Der von SPD geforderte Zusatz »Nie wieder Krieg« wurde im Gemeinderat abgelehnt.[13] Auch der Antrag der Sozialdemokraten, die Kaiserstraße in Bebelstraße, nach dem aus Köln-Deutz stammenden Gründer der SPD, umzubenennen, scheiterte.

Wahn während des Ruhrkampfes

Im Januar 1923 besetzten französische und belgische Truppen das Ruhrgebiet, um die geforderten Reparationszahlungen durchzusetzen. Der parteilose Reichskanzler Wilhelm Cuno rief die Bevölkerung zum passiven Widerstand gegen die Besatzer auf. Es kam zum Generalstreik an der Ruhr. Die Konfrontation zwischen französischen Besatzern und der deutschen Bevölkerung erreichte auch die französisch verwaltete Gemeinde Wahn. Am 2. März 1923 übernahm die französische Besatzung in ihrer Zone die Eisenbahn, die auch »Regiebahn« genannt wurde. Während dieser Zeit fuhr das Reichsbahnpersonal mit den Zügen von Köln auf der rechtsrheinischen Strecke Richtung Troisdorf nur bis zur Zonengrenze am Posten 12 in Elsdorf. Dort wurden die Züge von französischen und belgischen Eisenbahnern bis Troisdorf übernommen. Aufgrund des Aufrufes der Reichsregierung zum passiven Widerstand wurde diese »Regiebahn« weitgehend von der Wahner Bevölkerung boykottiert. Der Wahner

Inflationsgeld der Spiegelglaswerke Germania 1923

Bahnhof, der üblicherweise für Fahrten nach Porz und nach Köln genutzt wurde, kam völlig zum Erliegen. Stattdessen transportierten private Droschken die Wahner zum Posten 12, wo sie dann auf die Reichsbahn umstiegen.

Auch der Güterverkehr auf dieser »Regiebahn«-Strecke wurde weitgehend boykottiert. So verlagerten die Wahner den Güterverkehr auf die Wahner Straßenbahn und die Kleinbahn Siegburg-Zündorf (KSZ). Über den Umweg über Sieglar, Mondorf, Niederkassel und Langel gelangte die Güterwaggons nach Zündorf. Um den Frachtverkehr von Wahn nach Köln zu gewährleisten, genehmigte der Regierungspräsident Hans Elfgen am 16. März 1923 den Bau eines Verbindungsgleises zwischen der KSZ und der Linie P, die von Zündorf nach Köln verlief.[14]

Auch die Stichstrecke der Eisenbahn zum Schießplatz und zur Dynamitfabrik wurde von der »Regiebahn« betrieben. Hier kam es im August 1923 zu einem Zugunglück. Ein Güterzug, der zur Dynamitfabrik fahren sollte, bog aufgrund einer falsch gestellten Weiche auf das Übergangsgleis zur Wahner Straßenbahn ein, das aber für einen solchen Zug völlig ungeeignet war. In einer engen Kurve am Mauspfad entgleiste die Lokomotive und drohte zu explodieren. Nur durch beherztes Eingreifen gelang es der örtlichen Feuerwehr, eine Katastrophe zu verhindern. Ob dies auf menschliches Versagen oder einen Sabotageakt zurückzuführen war, wurde niemals geklärt.[15]

Bruno Oedekoven (Zentrum), Bürgermeister von Wahn 1904–1929

In Wahn griff die französische Besatzung hart gegen die Gemeindeverwaltung durch, nachdem sich der Wahner Beigeordnete Peter Schumacher geweigert hatte, Verlautbarungen der Franzosen öffentlich auszuhängen. Über Schumacher wurde daraufhin ein Aufenthaltsverbot in der Gemeinde Wahn verhängt. Daraufhin rief der Wahner Bürgermeister Bruno Oedekoven (Zentrum) die Bevölkerung zum Boykott gegen die Militärverwaltung auf. Oedekoven wurde vor einem französischen Militärgericht wegen Sabotage angeklagt und zu einem halben Jahr Gefängnis und zwei Millionen Mark Geldstrafe – was allerdings mitten in der Inflationszeit 1923 eine bedeutungslose Summe war – verurteilt. Als im September der Ruhrkampf beendet wurde, kehrten Schumacher und Oedekoven nach Wahn zurück und führten ihre Ämter weiter.

Letzte getrennte Wahlen

1924 wurden letztmalig zwei getrennte Gemeinderäte für Wahn und Heumar gewählt. Das Zentrum behielt in beiden Kommunen die Oberhand. Die Partei lag deutlich mit zehn Sitzen in Heumar bzw. elf in Wahn vorn. Drastische Verschiebungen gab es innerhalb des linken Lagers. Die SPD verlor sowohl in Heumar als auch in Wahn drei Sitze und kam nur noch auf fünf bzw. zwei Mandate. Nutznießer war die seit 1920 mit Ortsgruppen in fast allen Porzer Ortsteilen präsente KPD. Sie konnte aus dem Stand in beiden Gemeinden mit der SPD gleichziehen. Damit gab es im Arbeiterlager einen deutlichen Linksruck, hatte doch die Vorläuferpartei USPD bei den ersten reichsweiten Wahlen 1919 nur 13 Stimmen

Aufruf der Bürgerlichen Vereinigung zur Kommunalwahl 1924

Politische Vertretung Mandatsverteilung im Gemeinderat 1919 bis 1933

	1919 Heumar	1919 Wahn	1924 Heumar	1924 Wahn	1929	1933[1] eigentliche Sitzverteilung	1933[2] tatsächliche Sitzverteilung[4]
Zentrum	14	13	10	11	10	9	9
SPD	9	5	5	2	6	4	0
KPD	-	-	5	2	2	2	0
NSDAP	-	-	0	0	0	8	11
Mittelstand[3]	1	0	4	0	4	1	0
DVP	0	0	0	1	1	0	0
DNVP	-	-	0	0	1	1	1
Vereinigte Arbeiterpartei		-	-	2	-	-	-

1 Sitzverteilung gemäß des Wahlergebnisses
2 Vor der konstituierenden Sitzung traten die Verordneten der KPD und der Bürgerlichen Arbeitsgemeinschaft zur NSDAP über. Die SPD nahm an der Sitzung nicht teil. Nach und nach wurden alle Verordneten widerrechtlich durch NSDAP-Mitgliedern ersetzt.
3 Diese Wählergruppe trat 1919 unter dem Namen »Mittelstandsvereinigung« an, 1924 unter »Bürgerliche Vereinigung«, 1929 und 1933 unter »Bürgerliche Arbeitsgemeinschaft«.
4 Das Ergebnis wurde durch die NSDAP nachträglich geändert.

in Heumar, in Wahn sogar nur eine einzige erreicht. Bei den Reichstagswahlen 1920 war dann die USPD zur drittstärksten Kraft aufgestiegen. Kurz darauf traten fast alle Porzer USPD-Mitglieder in die KPD über.[16]

In Wahn teilte sich die Arbeiterschaft gar – wohl einmalig im Deutschen Reich – in drei fast gleichstarke Parteien. Neben SPD und KPD zog eine nicht näher bekannte »Vereinigte Arbeiterpartei« ebenfalls mit zwei Sitzen in den Gemeinderat ein und lag mit der Stimmenzahl sogar noch vor der KPD. Zur Wahl 1929 trat diese Partei allerdings nicht mehr an. Die Mittelstandsvereinigung, die nur in Heumar antrat, konnte ihr Ergebnis von einem auf vier Mandate erhöhen, in Wahn errang die DVP einen Sitz. Die NSDAP spielte weder in Wahn, noch in Heumar eine Rolle; sie errang im Ortsteil Eil nur eine einzige Stimme.

Siedlungsbau in den Zwanziger Jahren: die »Gartenstädte« Gremberghoven und Grengel

Der Rangierbahnhof Gremberg, mit dessen Bau bereits 1917 begonnen wurde, wuchs in den 1920er Jahren zu einem der größten Güterbahnhöfe im Deutschen Reich an. Im Krieg war geplant, von hier aus den Nachschub für die

Westfront zu koordinieren. In Gremberg sollten die Züge mit Truppen und Kriegsgerät zusammengestellt werden und dann über die rechtsrheinische Strecke und über die Remagener Brücke zur Front fahren. Dazu kam es aber nicht mehr.

Gremberghoven aus der Luft, deutlich erkennbar die charakteristische runde Form des Ortskerns und die Grünflächen zwischen den einzelnen Gebäuden

Bahnhof Gremberg aus der Luft (ca. 1980)

Bis 1924 wurde Gremberg zu einem der größten Verschiebebahnhöfe des Deutschen Reiches ausgebaut. Auf 196 Gleise mit 160 Kilometern Schienenlänge und 425 Weichen wurden täglich bis zu 6 000 Güterwaggons abgefertigt.[17] Die Gemeinde Heumar erhielt durch den Rangierbahnhof einen wichtigen wirtschaftlichen Impuls und zahlreiche neue Arbeitsplätze wurden hier durch die Deutsche Reichsbahn geschaffen. Viele Eisenbahner zogen mit ihren Familien nach Porz. Für sie baute die Reichsbahn ab 1919 eine neue Siedlung auf den Feldern zwischen Ensen und Eil in unmittelbarer Nähe des neuen Verschiebebahnhofs Gremberg. Architektonisch bedeutete diese Siedlung, die nach den Modellen der Gartenstadtbewegung des englischen Architekten Ebenezer Howard geplant wurde, eine wichtige Neuerung. Charakteristisch für solche Gartenstädte war zumeist ein rundes mit Grünflächen durchsetztes Ortszentrum. Zwischen den Häusern, die maximal zwei Stockwerke hoch waren, wurde viel Raum für Grünflächen gelassen, die zur Erholung, aber auch zur Selbstversorgung mit Obst und Gemüse dienten.[18] In Gremberghoven wurde das runde Ortszentrum auch als

Volldampf für Gremberg, ca. 1952

Abbild einer Drehscheibe für Lokomotiven angesehen, womit die Gestaltung der Siedlung Bezug auf den nahegelegenen Güterbahnhof nahm. Die Verwaltung der Gemeinde Heumar sah die neue Siedlung als Ortsteil von Ensen an, so wurde die Ortschaft intern als »Neu-Ensen« oder »Ensen-Ost« bezeichnet. Die offiziell jedoch immer noch namenlose Eisenbahnersiedlung sollte einen eigenen Haltepunkt für Personzüge, neben den bereits bestehenden Bahnhöfen Porz-Urbach (heute Porz/Rhein) und Wahn, erhalten.[19] Die Reichsbahn sah für diese Station den Namen »Gremberg« vor. Doch sowohl die Bevölkerung des neuen Ortsteils, als auch die Gemeindeverwaltung protestierten gegen diesen Namen, da es leicht zu Verwechslungen mit dem Kölner Stadtteil gleichen Namens kommen konnte.[20] Auch mit dem Name »Neu-Ensen« bzw. »Ensen-Ost« waren die Bewohner der Siedlung nicht einverstanden. Die Gleise des Güterbahnhofs trennte die Eisenbahnersiedlung deutlich von Ensen, zudem liefen die Verkehrsverbindungen in Richtung Porz und Urbach und nicht Richtung Ensen. 1922 bekam der neue Ort nach langen Diskussionen endlich seinen Namen: Gremberghoven. Mit diesem Namen wurde Bezug auf den Güterbahnhof Gremberg hergestellt, ohne das es nun zu Verwechslungen mit dem Ort Köln-Gremberg kam.

Grengel, Kiefernweg (1961)

Die Endsilbe -hoven leitete sich von dem benachbarten Westhoven ab. Während der gesamten 1920er Jahre wuchs Gremberghoven weiter an. Erst im Jahr 1928 war die Entwicklung des neuen Porzer Ortsteils abgeschlossen.

Bei der Planung einer neuen Siedlung am Rande von Wahn Ende der 1920er Jahre flossen, ähnlich wie in Gremberghoven, die Ideen der Gartenstadtbewegung ein. Die »Siedlung am Grengel« wie der Ortsteil ursprünglich genannt wurde, war zunächst als eine Erweiterung des Ortes Wahn, ähnlich wie Wahnheide, gedacht. Den Name Grengel leitete man von einer Flurbezeichnung am Mauspfad ab. Hier hatte sich offenbar im Mittelalter eine Zollstation mit einem Schlagbaum (mittelhochdeutsch = Grengel) befunden, an der die Transitmaut für die Benutzung des Mauspfades zu entrichten war. Grengel wurde erst nach dem Zweiten Weltkrieg zu einem eigenen Stadtteil von Porz, nachdem der Ort durch regen Wohnungsbau anwuchs.

Heumar und Wahn wachsen zusammen

Abbruch der traditionsreichen **Adelenhütte** 1929

Die beiden Gemeinden Heumar und Wahn hatten wirtschaftlich an den Folgen des Ersten Weltkrieges und der Entmilitarisierung des Rheinlandes schwer zu tragen. Viele Betriebe in Wahn und Heumar waren während des Kaiserreiches direkt oder indirekt vom Militär abhängig gewesen. Besonders die Sprengstofffabriken gehörten zu den wichtigsten Arbeitgebern in der Region. Nun mussten sie mangels Nachfrage die Produktion zurückfahren. Die Linder Dynamitfabrik meldete 1926 sogar Konkurs an. Auch die Adelenhütte am Rheinufer, die zuvor Stahl für die Rüstungsproduktion verarbeitete, musste mangels Aufträgen stillgelegt werden. Große Arbeitslosigkeit und Armut waren die Folgen des Niedergangs der Porzer Industrie. 1926 zogen die Besatzer, wie im Jahr zuvor im Vertrag von Locarno vereinbart worden war, aus dem Rheinland ab. Wie fast überall im Rheinland wurde dieses Ereignis von den Heumarern und ganz besonders von den Wahnern groß gefeiert.

In die von den Besatzern geräumten Kasernen zogen nun Arbeits- und Obdachlose mit ihren Familien ein, die vor allem aus der benachbarten Domstadt stammten. Nun musste die Gemeinde Wahn auch die Kosten für die Fürsorge der neuen Bürger übernehmen, was die ohnehin angespannte Finanzlage zusätzlich belastete, da die Stadt Köln keinen einzigen Pfennig dazu gab. Ange-

Ensen im Winter 1927/28: starker Eisgang auf dem Rhein

sichts dieser schlechten wirtschaftlichen Lage wurde die Forderung der Vereinigung von Wahn und Heumar zu einer einzigen Gemeinde laut. Damit erhofften sich die Gemeinderäte eine Reduzierung der Verwaltungskosten. Aus dem gleichen Grunde wurden fast überall im Reich in den Zwanziger Jahren Gemeinden und Landkreise neu zugeschnitten.

In Wahn und Heumar wurden dadurch jedoch Befürchtungen geweckt, Teil der benachbarten Metropole Köln zu werden, die nicht unberechtigt waren. Denn die Stadt Köln hatte sich seit 1888 explosionsartig in das Umland ausgedehnt und ihr Stadtgebiet um das Zweiundsechzigfache von 405 auf 25346 Hektar vergrößert.[21] Nachdrücklich beanspruchte der Kölner Oberbürgermeister Konrad Adenauer auch noch weitere Gebiete des Kölner Umlandes, unter anderem auch einen Großteil des Landkreises Mülheim. Mit einer vereinigten Porzer Gemeinde glaubte die Verantwortlichen sich den Plänen Adenauers besser widersetzen zu können.[22] Innerhalb weniger Jahre hatte sich die öffentliche Meinung in Porz völlig verändert, denn noch 1918 hatte man diskutiert, sich sogar freiwillig an die Stadt Köln anzugliedern.

1928 hatte der Rat die Gemeinde Heumar umbenannt und trug nun auch offiziell den Namen »Porz«, der im Volksmund bereits lange geführt wurde, denn schon 1875 war der Verwaltungssitz von Heumar an den Rhein verlegt worden. Kurz nach der Umbenennung fanden erste informelle Gespräche von Vertretern beider Gemeinden mit dem Mülheimer Landrat Matthias Eberhard statt, der die Zusammenlegung der Gemeinden ausdrücklich unterstützte. Schnell wurden sich alle Beteiligten einig und 1929 konnte die Vereinigung zur

»Gemeinde Porz« vollzogen werden. Die Idee einer einheitlichen Porzer Gemeinde war nicht neu: Bereits 1806 hatte der Bergische Großherzog Joachim Murat eine Munizipalität Porz geplant. Wenige Jahre später, nachdem Porz unter preußische Herrschaft gekommen war, wurde eine Zusammenlegung der beiden Gemeinden faktisch vorweg genommen, indem sie zwischen 1816 und 1848 durch einen gemeinsamen Bürgermeister verwaltet wurden.

Wilhelm Schmitz-Hübsch (Zentrum), Bürgermeister von Heumar 1922–1929, danach Bürgermeister der Gemeinde Porz bis zu seiner Absetzung durch die Nationalsozialisten 1933

1929 wurde erstmals ein Rat für die neue Gemeinde Porz gewählt. Das Zentrum behauptete mit zehn Sitzen seine Position als stärkste Partei in der neuen Gemeinde. Die Sozialdemokraten blieben weiterhin zweitstärkste Kraft mit sechs Sitzen, gefolgt von der Porzer Mittelstandsvereinigung mit vier Mandaten. Die KPD errang zwei, DVP und DNVP jeweils einen Sitz. Die NSDAP trat gar nicht erst zur Kommunalwahl an, denn die Hitler-Partei hatte bei den Reichstagwahlen im Jahr zuvor ein katastrophales Debakel in Porz erlebt. Sie erhielt damals keine einzige Stimme. Damit war das Wahlergebnis in Porz ein deutliches Bekenntnis zur Weimarer Verfassung und eine Absage an radikale Kräfte. Der bisherige Heumarer Gemeindevorsteher Wilhelm Schmitz-Hübsch wurde vom Rat zum Bürgermeister der vereinigten Kommune gewählt. Vergessen war der lange Streit um seine Amtseinführung in Heumar in den Jahren 1919 bis 1922.

1932 wurde der Landkreis Mülheim aufgelöst. Diese Reform war längst überfällig gewesen, denn seit 1901 gehörte die Stadt Mülheim gar nicht mehr ihrem eigenen Landkreis an und verlor 1914 durch die Eingemeindung nach Köln ihre Selbständigkeit. Dennoch behielt der Kreis für weitere 19 Jahre seinen alten Namen. Der Verwaltungssitz befand sich weiterhin auf der Mülheimer Freiheit 69 und damit auf Kölner Stadtgebiet. Die beiden alten Landkreise Mülheim und Wipperfürth wurden 1932 zusammengelegt. Damit entstand ein einheitlicher Landkreis für das Bergische Land, mit Bergisch Gladbach als zentral gelegenem Verwaltungssitz. Der vorgeschlagene Name »Bergischer Kreis« fand aber in der am Rhein gelegenen Gemeinde Porz wenig Gegenliebe. Der geographischen Lage des Kreises sollte nach Ansicht des Porzer Bürgermeisters Schmitz-Hübsch Rechnung getragen werden und er setzte schließlich durch, dass der Kreis den Namen »Rheinisch-Bergischer Kreis« erhielt.[23]

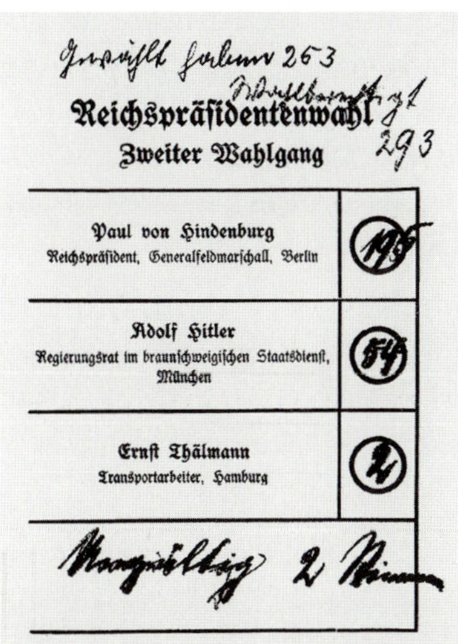

Reichspräsidentenwahl

Zweiter Wahlgang

Paul von Hindenburg Reichspräsident, Generalfeldmarschall, Berlin	195
Adolf Hitler Regierungsrat im braunschweigischen Staatsdienst, München	54
Ernst Thälmann Transportarbeiter, Hamburg	2

Wahlzettel für den zweiten Wahlgang der Präsidentenwahl am 10.4.1932. Der Wahlvorstand hat hier das Ergebnis von Libur notiert

Propagandagemälde des Malers Kurt Derckum (1937). Das Motto »Jede Gemeinde ist das wert, was sie aus sich macht!« stammt von Bürgermeister Oedekoven. Die Figuren im Vordergrund personifizieren den »Porzer Dreiklang: Landwirtschaft, Industrie und Wehrmacht«, im Hintergrund Blick vom Porzer Rheinbogen zur Mittelterrasse des Bergischen Landes. Oben links sind neben dem Reichsadler mit Hakenkreuz die Wappen der Rheinprovinz und der Gemeinde Porz zu sehen.

»GROSSGEMEINDE PORZ« – DIE ZEIT DES NATIONALSOZIALISMUS (1933 – 1945)

Die »Machtergreifung« in der Gemeinde Porz

Der Landkreis Mülheim galt während der Weimarer Republik als »nationalsozialistische Diaspora«.[1] Die Reichstagswahlen waren für die NSDAP in den Gemeinden Heumar und Wahn ein einziges Debakel, 1924 erhielt die Partei nur eine einzige Stimme in Eil, 1928 war es sogar keine einzige. Im gesamten Landkreis Mülheim war das Ergebnis so gering, dass es in Prozentzahlen nicht auszudrücken war (114 Stimmen). Die wenigen bergischen Anhänger der NSDAP waren in der Regel mittelständische Protestanten. Die ländliche katholische Bevölkerung stand fast geschlossen hinter der Zentrumspartei, während die Industriearbeiter sich den beiden Arbeiterparteien SPD und KPD zuwandten. Das führte dazu, dass sich nach der Reichstagswahl 1928 verstärkt Kader der NSDAP in Porz ansiedelten, um auch hier eine Parteistruktur aufzubauen.

Vor 1933 stellte die NSDAP im gesamten Kreis nicht einen einzigen Gemeindevertreter. Erst nach den Kommunalwahlen am 12. März 1933, also gut 6 Wochen nach der »Machtergreifung« im Reich, zogen die Nationalsozialisten erstmals in die Gemeindevertretungen des Rheinisch-Bergischen Kreises ein. Zuvor, am 4. Januar 1933, hatte sich Adolf Hitler heimlich in Wahn aufgehalten, als er auf dem Weg zu einem konspirativen Treffen mit dem ehemaligen Reichskanzler Franz von Papen war, um seine Regierungsübernahme vorzubereiten. Ort dieses Treffens war die Villa des Kölner Bankiers Kurt von Schroeder am Stadt-

Wahlzettel der letzten Porzer Gemeinderatswahl am 12. März 1933, notiert wurde das Wahlergebnis in Libur

Gemeinderatswahl

Gemeinde Porz

1	Nationalsozialistische Deutsche Arbeiterpartei (Hitlerbewegung) Reuter — Müseler — Trompetter — Wittauer	1	68
2	Sozialdemokratische Partei Deutschlands Berger — Decker — Brätter — Kreitz	2	2
3	Kommunistische Partei Deutschlands Herkenrath — Winkelmann — Theilig — Griesberg	3	5
4	Zentrumspartei Hermanns — Söntgerath — Lob — Dr. Thelen	4	173
5	Kampffront Schwarz-Weiß-Rot Schermeng — Sturm — Mahlert — Schramm	5	3
30	Bürgerliche Arbeitsgemeinschaft Krämer — Sost — Engelberth — Lohmar	30	4

waldgürtel in Köln. Um kein Aufsehen zu erregen, musste sich Hitler vor dem Treffen an einem abgeschiedenen Ort aufhalten. Sein Gastgeber war der Hausherr des Schlosses Wahn und »Trommler der Bewegung«[2] im Bergischen, Kuno von Eltz-Rübenach.

Zwischen der »Machtergreifung« am 30. Januar und der Kommunalwahl am 12. März ergab sich ein Machtvakuum in Porz. Die Gemeindevertretung bestand weiterhin ausschließlich aus Vertretern der Weimarer Parteien. Die Nationalsozialisten hatten, trotz der Regierungsübernahme im Reich, nicht einmal Zugang zum Porzer Rathaus. Doch die Porzer SA nahm die »Machtergreifung« Hitlers zum Anlass, auf den Straßen von Porz politische Gegner zu terrorisieren, wobei es vereinzelt sogar zu Schießereien zwischen SA-Männern

Porzer SA und SS auf dem Weg zum Reichsparteitag in Nürnberg 1933. Das Foto wurde als Postkarte für eine »Kampfspende« von 50 Pfennig verkauft.

und Kommunisten oder Sozialdemokraten kam. Dennoch ließ die eigentliche Machtübernahme im Gemeinderat von Porz bis nach den Reichstags- und Kommunalwahlen auf sich warten. Am Rosenmontag, dem 27. Februar 1933, einem Tag, an dem laut »Volkszeitung an Rhein und Sieg« in Porz »eitel Freude und tolle Stimmung« herrschte,[3] brannte in Berlin der Reichstag. Dieses Ereignis nahmen die neuen Machthaber zum Anlass, elementare, von der Verfassung garantierte Grundrechte außer Kraft zu setzen. Das bekamen auch die Einwohner von Porz zu spüren. Am Aschermittwoch wurde auch in Porz eine »Hilfspolizei« aufgestellt, die im wesentlichen aus Mitgliedern der SA, SS und des »Stahlhelms« bestand. Der Straßenterror der nationalsozialistischen Schlägertrupps wurde damit sozusagen legalisiert.

Der Wahlkampf verlief alles andere als demokratisch. KPD, SPD und Zentrum wurden massiv gehindert, ihre Kampagnen durchzuführen. Das Zentrum versuchte noch, auf eine »vaterländische Linie« einzuschwenken, um Repressionen weitgehend zu vermeiden. SPD und KPD war es verboten worden, Flugblätter zu drucken und einige Porzer Aktivisten dieser Parteien kamen in sogenannte »Schutzhaft« in den Kölner Klingelpütz. Die NSDAP hingegen nutzte ihre neue Position und baute Lautsprecher auf, um Hitler-Reden auf den Porzer Straßen direkt zu übertragen.

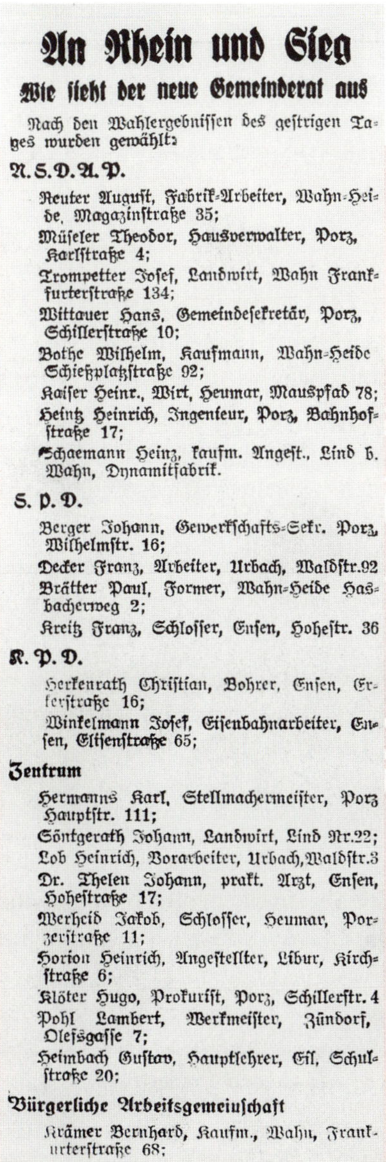

An Rhein und Sieg

Wie sieht der neue Gemeinderat aus

Nach den Wahlergebnissen des gestrigen Tages wurden gewählt:

N.S.D.A.P.

Reuter August, Fabrik-Arbeiter, Wahn-Heide, Magazinstraße 35;
Müseler Theodor, Hausverwalter, Porz, Karlstraße 4;
Trompetter Josef, Landwirt, Wahn Frankfurterstraße 134;
Wittauer Hans, Gemeindesekretär, Porz, Schillerstraße 10;
Bothe Wilhelm, Kaufmann, Wahn-Heide Schießplatzstraße 92;
Kaiser Heinr., Wirt, Heumar, Mauspfad 78;
Heintz Heinrich, Ingenieur, Porz, Bahnhofstraße 17;
Schaemann Heinz, kaufm. Angest., Lind b. Wahn, Dynamitfabrik.

S.P.D.

Berger Johann, Gewerkschafts-Sekr. Porz, Wilhelmstr. 16;
Decker Franz, Arbeiter, Urbach, Waldstr.92
Brätter Paul, Former, Wahn-Heide Hasbacherweg 2;
Kreitz Franz, Schlosser, Ensen, Hohestr. 36

K.P.D.

Herkenrath Christian, Bohrer, Ensen, Erkerstraße 16;
Winkelmann Josef, Eisenbahnarbeiter, Ensen, Eltsenstraße 65;

Zentrum

Hermanns Karl, Stellmachermeister, Porz Hauptstr. 111;
Söntgerath Johann, Landwirt, Lind Nr.22;
Lob Heinrich, Vorarbeiter, Urbach, Waldstr.3
Dr. Thelen Johann, prakt. Arzt, Ensen, Hohestraße 17;
Werheid Jakob, Schlosser, Heumar, Porzerstraße 11;
Horion Heinrich, Angestellter, Libur, Kirchstraße 6;
Klöter Hugo, Prokurist, Porz, Schillerstr. 4
Pohl Lambert, Werkmeister, Zündorf, Olefsgasse 7;
Heimbach Gustav, Hauptlehrer, Eil, Schulstraße 20;

Bürgerliche Arbeitsgemeinschaft

Krämer Bernhard, Kaufm., Wahn, Frankfurterstraße 68;

Die Meldung über die Zusammensetzung des neuen Gemeinderates im Porz-Urbacher Volksblatt vom 13. März 1933 entspricht nicht den Tatsachen. Von den zehn errungenen Mandaten der SPD werden sechs unterschlagen.

Das Zentrum konnte seine Position als stärkste Partei in der Gemeinde trotz allen Behinderungen bei den Reichtagswahlen am 5. März 1933 behalten und erreichte 33,4 Prozent. Die NSDAP konnte zwar ihr Ergebnis von 17,2 Prozent im November 1932 auf 29,2 Prozent steigern, musste sich aber mit dem zweiten Platz begnügen. Eine Woche später, am 12. März, fand die letzte halbwegs demokratische Gemeinderatswahl statt. Anschließend wollten die Nationalsozialisten auch in Porz endgültig die Macht übernehmen. Zu diesem Zweck wurden an öffentlichen Gebäuden und Schulen Hakenkreuzflaggen gehisst, um die Bevölkerung entsprechend auf das neue Regime einzustimmen. Bei dieser Wahl behauptete das Zentrum erneut seine Spitzenposition und errang zehn Mandate, die NSDAP bekam acht, SPD vier, KPD zwei und die Bürgerliche Arbeitsgemeinschaft einen Sitz.

Allerdings hatte dieses Ergebnis keinerlei Bedeutung mehr für die tatsächlichen Machtverhältnisse. Die beiden Ratsherren der KPD, der Dreher Christian Herkenrath aus Ensen und der Eisenbahnarbeiter Josef Winkelmann aus Gremberghoven, traten aus nicht bekannten Gründen zur NSDAP über und durften sogar ihre Mandate im Gemeinderat behalten, obwohl alle im Reich für die KPD gewonnen Mandate für unwirksam erklärt worden waren.[4] Damit verstieß die Porzer NSDAP gegen die von ihrer eigenen Regierung in Berlin beschlossenen Gesetze. Der Abgeordnete der

Bürgerlichen Arbeitsgemeinschaft trat von seinem Amt zurück, sein Nachfolger wechselte ebenfalls zur NSDAP über. Die SPD-Fraktion wurde nun von der NSDAP-Mehrheit als »unerwünscht« angesehen. Die Sozialdemokraten warfen resigniert das Handtuch und ließen sich nur noch als »entschuldigt fehlend« in die Ratsprotokolle eintragen.[5] Die verbliebenen Zentrums-Verordneten behielten zunächst ihre Mandate und beantragten die Gastmitgliedschaft in der NSDAP-Fraktion. Als diese aber abgelehnt wurde, legten auch sie die Mandate nieder. Ihre Nachfolger wurden durch die NSDAP bestimmt. So hatten die Nationalsozialisten auf kaltem Wege alle Mandate des Gemeinderates übernommen.

Die Absetzung des Bürgermeisters Schmitz-Hübsch

Hermann Oedekoven (NSDAP), Porzer Bürgermeister 1933–1941

Der Porzer Bürgermeister Wilhelm Schmitz-Hübsch (Zentrum) wurde von den neuen Machthabern zum Rücktritt gedrängt. Sein Nachfolger sollte der aus Lindlar stammende Hermann Oedekoven[6] werden. Als einer der sogenannten »Alten Kämpfer« – er war bereits seit den 1920er Jahren Parteimitglied – sollte er mit einem Posten bedacht werden. Er hatte bis 1927 in der Gemeindeverwaltung Lindlar gearbeitet, wurde dann aber, nach seinen eigenen Angaben aus politischen Gründen, entlassen. Danach leitete er eine Art Beratungsstelle für Handwerker, die sich aber auch zu politischen Fragen äußerte. Die NSDAP wollte Oedekoven unbedingt als Bürgermeister durchsetzen, da er aufgrund seiner Erfahrungen im Gemeindedienst auf der Liste der Bürgermeisteranwärter stand und es in Porz keine »verdienten« Nationalsozialisten gab, die für dieses Amt in Frage kamen. So griff man auf den Lindlarer Oedekoven zurück.

Der noch amtierende Porzer Bürgermeister Schmitz-Hübsch bekam nun den Straßenterror der SA am eigenen Leib zu spüren.[7] Zwei Tage nach der Wahl, am 14. März, tauchte eine Abordnung der NSDAP im Porzer Rathaus auf und drängte den Bürgermeister, unter Androhung von körperlicher Gewalt, aus dem Amt zu scheiden, damit Oedekoven diesen Posten übernehmen konnte. Die SA bezog lautstark vor dem Porzer Rathaus Stellung, um Schmitz-Hübsch mürbe zu machen. Am Tag darauf suchte er Landrat Matthias Eberhard in dessen Dienstsitz, der Bergisch Gladbacher Villa Zanders, auf

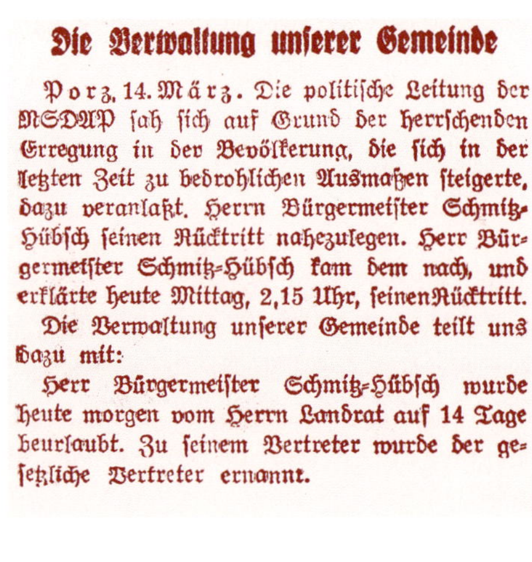

Die Verwaltung unserer Gemeinde

Porz, 14. März. Die politische Leitung der NSDAP sah sich auf Grund der herrschenden Erregung in der Bevölkerung, die sich in der letzten Zeit zu bedrohlichen Ausmaßen steigerte, dazu veranlaßt, Herrn Bürgermeister Schmitz-Hübsch seinen Rücktritt nahezulegen. Herr Bürgermeister Schmitz-Hübsch kam dem nach, und erklärte heute Mittag, 2,15 Uhr, seinen Rücktritt.

Die Verwaltung unserer Gemeinde teilt uns dazu mit:

Herr Bürgermeister Schmitz-Hübsch wurde heute morgen vom Herrn Landrat auf 14 Tage beurlaubt. Zu seinem Vertreter wurde der gesetzliche Vertreter ernannt.

Meldung über die angebliche Beurlaubung des Bürgermeisters im Porz-Urbacher Volksblatt am 14. März 1933; erst am 19. März schied Schmitz-Hübsch aufgrund des Straßenterrors der SA aus dem Amt.

und flehte ihn – am Rande eines Nervenzusammenbruchs – um Hilfe an. Gesundheitlich angeschlagen, könnte er dem Druck der Nationalsozialisten nicht mehr standhalten. Eberhard stellte sich daraufhin hinter Schmitz-Hübsch und weigerte sich, Hermann Oedekoven zum Bürgermeister von Porz zu ernennen. Einen Tag später erschien der Kreisleiter der NSDAP, Walter Aldinger, mit einigen Getreuen unangemeldet im Landratsamt und verlangte von Eberhard ultimativ, die Beurlaubung von Schmitz-Hübsch auszusprechen und unverzüglich die Amtsgeschäfte an Oedekoven zu übergeben. Doch Eberhard hielt Aldinger entgegen, der Kandidat der NSDAP habe sich während seines Dienstes bei der Gemeindeverwaltung Lindlar nicht bewährt und sei deshalb im Jahre 1927 entlassen worden. Oedekoven sei für das Amt des Bürgermeisters nicht geeignet.

Matthias Eberhard, Landrat des Kreises Mülheim 1918–1932, danach Landrat des Rheinisch-Bergischen Kreises bis zu seiner Absetzung durch die Nationalsozialisten 1933

Erst als Schmitz-Hübsch der fortwährenden Drangsalierung durch die SA nervlich nicht mehr standhalten konnte, bat er »freiwillig« aus gesundheitlichen Gründen um seine Beurlaubung. Oedekoven übernahm am 20. März 1933 zunächst kommissarisch das Amt des Bürgermeisters. Als eine seiner ersten Amtshandlungen ernannte Oedekoven Porz zur »Großgemeinde«, ein Titel, den es in der Gemeindeordnung gar nicht gab. Dennoch wurde alle offiziellen Schreiben mit dem von Oedekoven erfundenen Titel versehen. Am Tag darauf feierten die Porzer Nationalsozialisten ihre Machtübernahme in der Gemeinde und im Reich. In den mit Hakenkreuzen beflaggten Schulen verfolgten die Schüler zur gleichen Zeit die Rundfunkübertragung der Reichstagssitzung aus der Potsdamer Garnisonskirche, in der gerade das »Ermächtigungsgesetz« debattiert und verabschiedet wurde. Deutschland wurde zur Diktatur, die Nationalsozialisten hatten jetzt die gesamte Macht in ihren Händen.

Erst am 30. Juni 1933 wurde Oedekoven offiziell durch den nur noch aus Nationalsozialisten bestehenden Gemeinderat in seinem Amt bestätigt. Die Mandatsträger der NSDAP hatten allerdings kaum kommunalpolitische Erfahrungen, deswegen versuchten sie, erfahrene Verwaltungsbeamte für sich zu gewinnen. So blieb der Dezernent Melchior Kurth, der 1910 seinen Dienst bei der Gemeindeverwaltung in Wahn begonnen hatte, auch nach der »Machtergreifung« im Amt. Nur der Beigeordnete Johann Berg (SPD) weigerte sich, mit Oedekoven zusammenzuarbeiten, obwohl der neue Porzer Bürgermeister ihm das verlockende Angebot machte, mit weitaus besseren Bezügen im Amt zu bleiben. Doch Berger wollte nicht seine »dreißigjährige Tätigkeit in der Arbeiterbewegung mit einem Pfund Schmierseife abwaschen«.[8]

In den Nachbargemeinden gab es ähnliche Probleme. In Rösrath amtierte Bürgermeister Max Steinsträßer, der bislang dem Zentrum angehörte, weiter,

Blick auf das Rathaus 1935

da es keinen geeigneten Parteigänger in der Gemeinde gab. Landrat Eberhard wurde im April 1933 aus dem Amt entlassen und durch den Nationalsozialisten Julius Menniken ersetzt.

Bei der Reichstagswahl im November 1933 erzielte die Einheitsliste der NSDAP in Porz das »beste Ergebnis« im gesamten Rheinisch-Bergischen Kreis.[9] Fünf Jahre zuvor hatte in Porz noch niemand für die Nationalsozialisten gestimmt …

Politische Verfolgung in Porz: Das »Wilde Lager« am Hochkreuz

Wie überall im Deutschen Reich hatte es auch in Porz von Beginn der nationalsozialistischen Diktatur bis zu deren Ende im April 1945 Verfolgung gegeben. Als ein Beispiel von vielen steht das sogenannte »Wilde Lager« am Eiler Hochkreuz für die Brutalität, die die neuen Machthaber ausübten.

Der neue Bürgermeister Oedekoven machte sich nach seiner Amtsübernahme sofort daran, die neue Staatsordnung auch in Porz umzusetzen und begann mit der Verfolgung von politischen Gegnern. Schon am Aschermittwoch, dem 1. März 1933, waren Männer aus SA, SS und »Stahlhelm« zu Hilfspolizisten ernannt worden und konnten nun völlig legal ihre politischen Gegnern verfolgen. Dennoch tauchten immer wieder Flugblätter der mittlerweile illegalen KPD auf, die sich gegen das Nazi-Regime wandten. Großen Anhang hatte die KP vor allem in den Notunterkünften der Wahner Kasernen. Oedekoven ordnete daher an, die Gemeinde solle »kommunistenrein« gemacht werden.

In der Nacht vom 14. auf den 15. Juli 1933 führte die SA eine große Verhaftungswelle gegen Porzer Kommunisten durch. Dabei brach sie in die Wohnungen ihrer Gegner ein und verschleppten sie in eine ehemalige Zünderfabrik am Eiler Hochkreuz. Dort hatte Oedekoven insgeheim ein Gefängnis einrichten lassen. Da dies ohne Genehmigung der zuständigen Behörden geschah, bezeichnete man es als »wildes Lager«. Einige ehemalige arbeitslose SA-Männer fanden dort eine neue Arbeit als Wärter. In einem schallisolierten Raum, der die Aufschrift »F.K.« für »Folterkammer« hatte, wurden die Insassen von dem SA-Wachpersonal brutal zusammenschlagen und misshandelt.[10] Doch nach außen durfte nicht erkennbar sein, wofür diese Gelände genutzt wurde.

Ehemalige Zünderfabrik am Hochkreuz. 1933 als »wildes« KZ genutzt

Tür zur Folterkammer des Hochkreuz-Lagers, deutlich mit den Buchstaben »F.K.« markiert

Bekannt wurden die Fälle erst, als Gefangene in den Kölner Klingelpütz oder andere Gefängnisse verlegt wurden und der Staatsanwaltschaft über die Zustände im Hochkreuz-Lager berichteten. Zunächst erschienen die Angaben der Häftlinge unglaubwürdig, aber als sich die Aussagen häuften, eröffnete die Staatsanwaltschaft mehrere Verfahren wegen Körperverletzung gegen die SA-Aufseher. Einige dieser Männer wurden daraufhin vom Dienst suspendiert. Diese Verfahren dienten weniger der Bestrafung wegen Körperverletzung, sondern vielmehr der Disziplinierung der SA, da sie zu Verhören von Häftlingen gar nicht befugt war. Verhöre waren ausschließlich der Polizei und der Gestapo vorbehalten, die allerdings die Gefangenen ebenfalls misshandelten.

Doch die Brutalitäten am Hochkreuz gingen auch nach den Strafverfahren weiter. Am 12. November 1933 ließ Hitler über einen neuen Reichstag abstimmen, wobei nur die Einheitsliste der NSDAP zugelassen war. In Oedekovens Heimatort Lindlar gab es eine nicht geringe Anzahl von »Nein«-Stimmen.[11] Darauf hin ließ Oedekoven Kommunisten aus dem Oberbergischen ins Hochkreuzlager bringen, wo sie schwer misshandelt wurden. Damit hatte Oedeko-

Straßenumbennungen während des »Dritten Reiches« in Porz

Während des »Dritten Reiches« erhielten zahlreiche Straßen in Porz neue Namen. Zumeist wurden dabei Namen von Personen gewählt, die ihr Leben »für die Bewegung gelassen haben und sich zweifellos verdient gemacht [haben]«, so Bürgermeister Oedekoven in der Ratssitzung am 15. Juli 1935.[12] Als erstes erhielt die Uferstraße am Porzer Rathaus den Namen Adolf-Hitler-Straße (heute Friedrich-Ebert-Ufer).

Ort	alter Name	neuer Name	heutiger Name
	Mauspfad	wird in einzelne Abschnitte unterteilt	
Ensen	Mittelweg	Servatzky-Straße	Mittelstraße
Ensen	Zündorf-Wahner-Weg	Ludwig-Knickmann-Straße	Elisenstraße
Libur	Wahner Straße	Schlageter-Straße	Wahner Straße
Porz	Uferstraße	Adolf-Hitler-Ufer	Friedrich-Ebert-Ufer
Urbach	Kaiserstraße (östlicher Teil)	Hermann-Göring-Allee	Waldstraße
Urbach	Dorfplatz	Dietrich-Eckart-Straße	(keinen eigenen Namen, Teil der Frankfurter Straße)
Urbach	Meirowskystraße	Georg-Ohm-Straße	Ohmstraße
Urbach	Maarhäuser Weg	Peter-Hermann-Straße	Maarhäuser Weg
Urbach	Peter-Hermann-Straße (Rückbenennung 1941)	Maarhäuser Weg	Maarhäuser Weg
Wahn	Schießplatzstraße	Adolf-Hitler-Straße	Heidestraße
Wahn	Platz der Republik	Adolf-Hitler-Platz	(Kasernenvorplatz ohne eigenen Namen)
Wahn	Parkweg	Horst-Wessel-Weg	(liegt im Kasernengelände ohne Namen)
Wahn	Leichenweg	Erich-Hellwig-Straße	(liegt im Kasernengelände ohne Namen)
Zündorf	Keimergasse	Ludwig-Knickmann-Straße	Keimerweg
Zündorf	(neue Planstraße)	Richthofenstraße	Richthofenstraße
Zündorf	(neue Planstraße)	Albert-Leo-Schlageter-Straße	Zollturmstraße
Zündorf	(neue Planstraße)	Herbert-Norkus-Straße	Zum Stumpfen Kreuz
Zündorf	(neue Planstraße)	Litzmannstraße	Wolff-Metternich-Straße
Zündorf	(neue Planstraße)	Claus-Clemen-Straße	An St. Marien

Viele Straßen wurden auch ohne formellen Beschluss des Gemeinderates durch Bürgermeister Oedekoven umbenannt, sodass die Liste nicht vollständig ist. Während des Zweiten Weltkrieges bekamen einige Straßen ihren ursprünglichen Namen wieder zurück. Offenbar hatte sich die Bezeichnung im Volksmund erhalten. Nach dem Zweiten Weltkrieg bekamen die meisten Straßen wieder ihren alten Namen zurück. Ausnahmen waren die Richthofenstraße in Zündorf, was vor allem von der KPD im Gemeinderat kritisiert wurde. Auch die Ohmstraße behielt ihren Namen bis heute.

ven aber den Bogen überspannt und seine Kompetenzen weit überschritten, zumal die Häftlinge gar nicht aus Porz kamen. Nun wurde auch gegen den Porzer Bürgermeister ermittelt, weil er diese Misshandlungen persönlich angeordnet hatte. Doch wurden alle Verfahren gegen ihn und die anderen Beteiligten eingestellt. Der Porzer Bürgermeister stand als »Alter Kämpfer« unter der besonderen Gunst des NSDAP-Kreisleiters für den Rheinisch-Bergischen Kreis Walter Aldinger. Außerdem gab es in Porz zunächst niemanden, der nach Ansicht er NSDAP für das Amt des Bürgermeisters in Frage gekommen wäre. Das Lager am Hochkreuz wurde 1934 wieder aufgegeben, aber dies bedeutete keineswegs ein Ende der Verfolgung von Porzern aus politischen, religiösen oder rassischen Gründen. Allerdings wurden Verfolgte jetzt nach Köln in den Klingelpütz oder in die Gestapo-Zentrale im EL-DE-Haus gebracht.

Paul von Eltz-Rübenach, Reichspost- und Verkehrsminister, 1932–1937

Zwei Porzer Karrieren: Paul und Kuno von Eltz-Rübenach aus Wahn

Das Anwesen um Schloss Wahn gehört seit 1820 dem katholischen Adelsgeschlecht der von Eltz-Rübenach[13], das ursprünglich von der Burg Eltz in der Nähe von Koblenz stammte. Zuvor war das Schloss über mehrere Jahrhunderte im Besitz der Familie von Zweiffel. Zwei Vertreter der Familie Eltz-Rübenach machten in der NS-Zeit zwei unterschiedliche politische Karrieren: Paul und sein Neffe Kuno.

Paul Freiherr von Eltz-Rübenach wurde 1875 auf Schloss Wahn geboren[14] und wuchs mit sieben Geschwistern auf. Nach dem Abitur studierte er in Aachen und Berlin Maschinenbau und machte Karriere bei der Reichsbahn. Im Ersten Weltkrieg wurde er Chef des Feldeisenbahnwesens und organisierte den Kriegseinsatz der Eisenbahn in Belgien, Bulgarien und Polen. Nach dem Kriege wurde er aufgrund seiner Fachkenntnisse Referent bei der Reichsregierung. Reichskanzler Franz von Papen holte den streng katholischen und parteilosen Fachmann 1932 in das »Kabinett der Barone«, das fast nur aus Adeligen bestand, und übertrug ihm das Post- und Verkehrsministerium. Nach dem Rücktritt von Papens behielt Eltz-Rübenach auch unter Kanzler Kurt von Schleicher sein Ressort und amtierte auch nach der »Machtergreifung« der NSDAP am 30. Januar 1933, obwohl er weiterhin parteilos blieb. Das neue Regime wollte auf den Fachmann nicht verzichten. Allerdings wurde Hitlers Prestigeobjekt, der Bau der Reichsautobahnen, aus dem Verkehrsministerium ausgegliedert. Der »Führer« übergab den Autobahnbau zunächst in die Hände der Deutschen Reichsbahn, später unterstand er der

Schloss Wahn. Adolf Hitler war hier am 4. Januar 1933 heimlich Gast bei Kuno von Eltz-Rübenach.

nach dem Reichsminister für Bewaffnung und Munition benannten »Organisation Todt«.

Nach eigenen Angaben lehnte Eltz-Rübenach 1937 aus Protest gegen die Schließung katholischer Schulen im Reich die Ehrenmitgliedschaft in der NSDAP ab und legte sein Ministeramt nieder. Es soll bei seinem Rücktritt zu einer lautstarken Auseinandersetzung mit Hitler gekommen sein. Um diesen Eklat vor der Öffentlichkeit geheimzuhalten, wurde das Ausscheiden von Eltz-Rübenach aus dem Kabinett offiziell mit der Aufteilung des Ministeriums in zwei Ressorts begründet. Eltz-Rübenach zog sich nach Linz am Rhein ins Privatleben zurück, aber Hitler ließ ihm die Pension sperren, so dass er auf finanzielle Zuwendungen von Freunden und Verwandten angewiesen war. Erst auf Betreiben des Reichsfinanzministers Johann Graf Schwerin von Krosigk kam Eltz-Rübenach wieder in Genuss seiner Bezüge. Am 27. August 1943 starb Paul Freiherr von Eltz-Rübenach in Linz am Rhein.

Sein Neffe Kuno, der 1904 ebenfalls auf Schloss Wahn geboren wurde, machte eine völlig andere berufliche und politische Karriere.[15] Als Sohn des ältesten Bruders von Paul, Klemens Joseph Hubertus von Eltz-Rübenach, war er Erbe des Wahner Anwesens und stieg in den landwirtschaftlichen Betrieb des Vaters ein. Ab 1923 engagierte sich Kuno in völkischen Gruppierungen gegen katholische Jugendorganisationen. Kuno von Eltz-Rübenach attackierte in scharfen Reden die katholische Zentrumspartei, ohne dabei die Amtskirche anzugreifen, offenbar aus Rücksicht auf seine Familie. Wegen seiner rhetorischen Begabung wurde Kuno als »Trommler der Bewegung«[16] im Bergischen Land bekannt. Nach dem Wahldebakel der NSDAP zur Reichstagwahl 1928 in Porz, als die NSDAP keine einzige Stimme erhielt, wurde der mittlerweile zum Bonner Ortsgruppenleiter aufgestiegene Kuno von Eltz-Rübenach mit dem Aufbau nationalsozialistischer Strukturen im Kreis Mülheim betraut. Immer wieder trat er als Redner auf Versammlungen auf und griff die Republik und deren Vertreter mit groben Beleidigungen an. Dies zog eine Reihe von Strafverfahren nach sich. 1932 unterbreitete er dem späteren »Reichsbauernführer« Walter Darré den Vorschlag, eine schlagkräftige NS-Bauernorganisation aufzubauen. Eltz-Rübenach glaubte, dadurch die ländliche Bevölkerung im Bergischen besser für den Nationalsozialismus gewinnen zu können. Im gleichen Jahr erhielt Eltz-Rübenach ein Mandat im Preußischen Landtag und wurde, nach dem Tod seines Vaters, Gutsbesitzer des Schlosses Wahn. Als Hausherr beherbergte Kuno von Eltz-Rübenach dort am 4. Januar 1933 heimlich Adolf Hitler, der auf dem Weg zu einem konspirativen Treffen nach Köln mit dem ehemaligen Reichskanzler Franz von Papen war, um die »Machtergreifung« der Nationalsozialisten im Deutschen Reich vorzubereiten.[17]

Kuno von Eltz-Rübenach, »der Trommler der Bewegung«

Nachdem die NSDAP schließlich auch die Macht im Porzer Rathaus an sich gerissen hatte, wurde Eltz-Rübenach unter Hermann Oedekoven Erster Beigeordneter. Gleichzeitig zog er in den Reichstag ein und wurde »Landesbauernführer« mit Amtssitz in Bonn. Der »Reichsführer SS« Heinrich Himmler und »Reichsbauernführer« Walter Darré gehörten zu seinen persönlichen Förderern und machten ihn zum Brigadeführer im »Rasse- und Siedlungshauptamt der SS«. Während des Zweiten Weltkrieges stieg er zum stellvertretenden Leiter der Militärverwaltung in Italien auf, wo er seine Aufgaben nach eigenen Worten mit »charmanter Brutalität« ausübte.[18] Sein lockeres Mundwerk wurde ihm jedoch zum Verhängnis. In Verona machte er vor Wehrmachtsangehörigen abfällige Bemerkungen über die Führung der NSDAP. Die Soldaten machten daraufhin Meldung bei ihren Vorgesetzten und Eltz-Rübenach wurde an die Ostfront zur Waffen-SS strafversetzt. Am 30. Januar 1945 wurde Kuno von Eltz-Rübenach bei Kampfhandlungen in Ungarn getötet.

Einweihung der Unverzagt-Kaserne in Westhoven, 1936

»Der Porzer Dreiklang: Industrie, Wehrmacht, Landwirtschaft«

Industrie, Landwirtschaft und das Militär waren bereits im 19. Jahrhundert die wichtigsten Wirtschaftszweige in Porz. Die Landwirtschaft hatte nach wie vor einen wichtigen Stellenwert für die Porzer Wirtschaft, während die Porzer Industrie, vor allem die vom Militär abhängigen Produktionsanlagen, seit dem Ersten Weltkrieg stark gelitten hatten und einige Werke sogar schließen mussten. Das lag vor allem daran, dass Porz nach den Bestimmungen des Versailler Vertrages zur entmilitarisierten Zone des Rheinlandes gehörte und daher kein Militärstandort mehr sein durfte. Der ehemalige Schießplatz war inzwischen renaturiert worden und hatte sich zu einem beliebten Ausflugsziel der Porzer entwickelt. Seit die Franzosen 1926, gemäß dem Locarno-Vertrag, abgezogen waren, lebten in den Wahner Kasernen sozial schwache Familien, die von der restlichen Porzer Bevölkerung nicht sehr geschätzt waren.

Doch nach der »Machtergreifung« hatte es sich die NSDAP zum Ziel gesetzt, die Bestimmungen des von ihnen als »Friedensdiktat« bezeichneten Versailler Vertrages einseitig aufzuheben. Porz sollte wieder Garnisonsstandort werden. Da damit aber Völkerrecht gebrochen wurde, musste dies zunächst verdeckt geschehen. Im Sommer 1933 sperrte die Gemeindeverwaltung die Wahner Heide für die Bevölkerung, erklärte sie offiziell zum Polizeiübungsgelände und begann mit umfangreichen Rodungsarbeiten. In Westhoven ent-

Militärparade auf der Porzer Hauptstraße, 1936

standen neue Kasernen, die, wie es offiziell hieß, Verwaltungsgebäude für den »Reichsnährstand«, der NS-Bauernorganisation, werden sollten. Viele arbeitslose Porzer fanden durch diese umfassenden Bauarbeiten in der Gemeinde eine neue Stelle, ohne zu ahnen, dass diese Projekte der Vorbereitung des bevorstehenden Einmarsches der Wehrmacht in das Rheinland dienten. Die Bewohner der Wahner Kasernen wurden gezwungen, die Gebäude zu räumen. Damit schlug Oedekoven gleich zwei Fliegen mit einer Klappe, denn er zerschlug mit der Umquartierung die Strukturen der illegalen KPD, die von Wahn aus operierte und machte zugleich Platz für die Soldaten der Wehrmacht, die diese Unterkünfte bald benötigten. Am 7. März 1936 marschierte die Wehrmacht unter dem Jubel der Bevölkerung in das Rheinland ein. Von einem auf dem nächsten Tag wurde Porz wieder zum Garnisonsstandort. Der Porzer Bürgermeister Hermann Oedekoven erließ einen neuen Leitspruch für die Gemeinde: »Der örtliche Dreiklang: Industrie, Wehrmacht, Landwirtschaft«.

Strategisch spielte Porz eine wichtige Rolle, denn hier lag der Ausgangspunkt für einen möglichen Angriff auf die westlichen Nachbarstaaten. Schon lange vor Kriegsbeginn, im Jahre 1936, begann der Bau der Reichsautobahn und der Rodenkirchener Brücke, die für einen Feldzug in den Westen eine günstige Infrastruktur schafften. Noch heute sieht man an den Treppenaufgängen der Brücke

Bau der Rodenkirchener »Adolf-Hitler-Brücke« 1939/40

die Reichsadler prangen. Nach dem Krieg wurden nur die Hakenkreuze herausgemeißelt. Auf dem Schießplatz Wahn richtete die Wehrmacht einen kleinen Fliegerhorst ein, der den bereits vorhandenen Flugplatz in Ostheim sowie den Kölner Flughafen am Butzweiler Hof ergänzte.

Auch die Stadt Köln sah in der neuen strategischen Lage erneut die Möglichkeit, sich in das Umland auszudehnen. Um Köln zu einem »starken Mittelpunkt der deutschen Wehrmacht«[19] zu machen, wollte die Kölner Stadtverwaltung alle Truppenteile derselben Kommandogewalt unterstellen. Allerdings

Hitler-Jugend auf dem Schießplatz Wahn, März 1939

lagen viele Truppenunterkünfte nicht innerhalb Kölns, sondern in den umliegenden Gemeinden. Die Planung für wichtige militärischen Straßen und Einrichtungen sollte aber in eine Hand gelegt werden, betonte die Kölner Stadtverwaltung. Eine solche Maßnahme sei nur durch Eingemeindungen möglich.

Kurz nach der Besetzung des Rheinlandes wurden Pläne der Wehrmacht bekannt, den Schießplatz Wahn als sogenannten »Heeresgutsbezirk« aus der Gemeinde Porz herauszulösen.[20] Alle auf diesem Platz befindlichen Liegenschaften sollten somit dem Heeresfiskus unterstellt werden und ausschließlich militärischen Zwecken dienen.[21] Bisher hatte es solche gemeindefreien Gutsbezirke nur in Ostpreußen gegeben. Das Gebiet des geplanten Gutsbezirkes Wahn sollte weit über das Gebiet des eigentlichen Truppenübungsplatzes hinausgehen. Nicht nur Porz wäre davon betroffen gewesen, sondern auch die gesamte Gemeinde Altenrath, sowie Teile von Spich, Sieglar, Troisdorf, Lohmar und Hoffnungsthal. Die Bürgermeister der anliegenden Gemeinden reagierten empört und lehnten eine solche Maßnahme ab. Besonders Oedekoven sah darin einen Prestigeverlust für die Gemeinde Porz und betonte die außerordentliche Bedeutung des Schiessplatzes für die Gemeinde. Zahlreiche Gutachten wurden erstellt, Briefe geschrieben und Beschwerden eingelegt. Bis weit in den Zweiten Weltkrieg hinein führten die bergischen Gemeinden diesen Streit mit der Heeresleitung, bis sich der Reichsinnenminister Frick am 9. Februar 1942 in die Debatte einschaltete und per Erlass die Diskussion beendete, da diese nicht kriegswichtig sei.[22]

Der Streit um die Grenzziehung in Rath/Heumar

Grenzmarkierung in Heumar, Rösrather Straße (um 1951)

Die Grenze zwischen Porz und Köln verlief mitten durch den Ortskern des Doppelortes Rath/Heumar. Rath, die nördliche Hälfte, gehörte bis 1914 zur Bürgermeisterei Merheim, die ebenso wie die Gemeinde Heumar Teil des Landkreises Mülheim war. 1914 wurde Rath aus dem Landkreis Mülheim herausgelöst und der Stadt Köln zugeschlagen, während Heumar im Landkreis verblieb. Jede Ortshälfte unterstand nun einer anderen Kreisverwaltung. So gab es fast alle öffentlichen Einrichtungen gleich zweimal:[23] zwei Polizeiposten, zwei Feuerwehren oder zwei Schulen, wenngleich die Rather Schule auf Heumarer Gebiet lag. Die Einwohner von Heumar gehörten einer anderen Steuerklasse an als die von Rath. Die Straßenbahnlinie K, die Rath/Heumar mit Köln verband, kreuzte gleich mehrfach die Stadtgrenze. Zwei Haltestellen lagen auf Porzer Gebiet, während die Endhaltestelle wieder in Köln lag. Für diese Strecke war, anders als auf anderen grenzüberschreitenden Straßenbahnlinien, nur der Kölner Stadttarif zu entrichten. Obwohl der Ort zwischen zwei Kommunen aufgeteilt war, gab es für beide Ortshälften nur eine einzige gemeinsame Kirchengemeinde.

Während der nationalsozialistischen Diktatur kam es zu einem erbitterten Streit zwischen den beteiligten Seiten, der sich über Jahre hinzog. 1934 schlug die Porzer Gemeindeverwaltung ohne Absprache mit dem Landratsamt vor, den Kölner Ortsteil Rath nach Porz einzugemeinden. »Die Bevölkerung in Rath ist durchweg mit der Bevölkerung in Heumar verwandt oder verschwägert«, hieß es in einem Verwaltungsgutachten. So könne »ein längst als Unrecht empfundenes Uebel aus der Welt geschaffen« werden.[24] Die politische Einstellung in beiden Ortsteilen sei gleich. Das habe die letzte Reichstagswahl am 12. November 1933 bewiesen (bei der nur die NSDAP antrat), denn beiderseits der Stadtgrenze habe es den selben Anteil an »Nein«-Stimmen gegeben.[25] Allerdings gab die Gemeindeverwaltung zu bedenken, dass sich der Fahrpreis für die Straßenbahn verteuern würde, da dann nicht mehr der Kölner Stadttarif gelte.

Der Vorschlag, Rath zu einem Ortsteil von Porz zu machen, ließ Befürchtungen laut werden, die Stadt Köln würde nun ihrerseits Anspruch auf Heumar mit dem Gut Röttgen erheben. Dort hatte der Parfüm-Fabrikant Peter Mülhens (»4711«) sein Anwesen, der laut NSDAP-Kreisleiter Walter Aldinger »der beste Steuerzahler der Gemeinde Porz« war. In Rath lehnten vor allem die Beamten, die in der Göttersiedlung wohnten, eine Zuordnung nach Porz ab, da ihnen dann der Kölner Ortszuschlag verloren ginge. Auch die Überlegung anlässlich

Der Grenzverlauf zwischen Rath und Heumar (gestrichelte Linie)

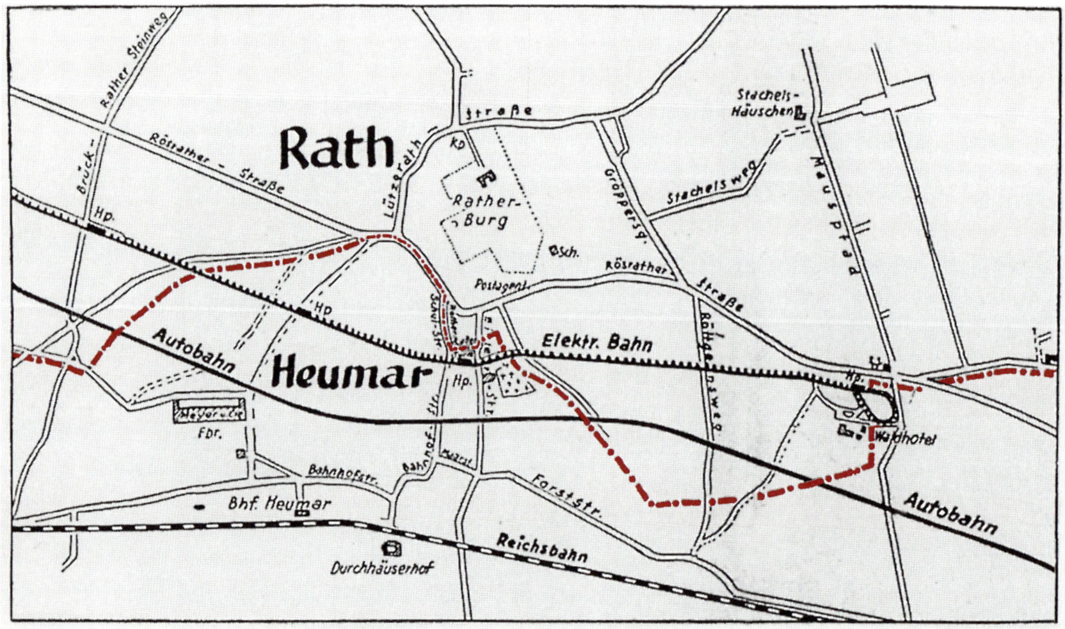

des Baus der Reichsautobahn Köln–Frankfurt im Jahre 1936, die Stadtgrenze entlang der Autobahntrasse verlaufen zu lassen, stieß auf beiden Seiten auf wenig Gegenliebe.

1937 erhob dann tatsächlich Köln Anspruch auf den Ortsteil Heumar. Der NSDAP-Kreisleiter für das rechtrheinische Köln, Josef Krämer, schlug Bürgermeister Oedekoven vor, eine gemeinsame NSDAP-Ortsgruppe und ein gemeinsames HJ-Heim für Rath und Heumar einzurichten. Sein Amtskollege aus dem Rheinisch-Bergischen Kreis Walter Aldinger kündigte daraufhin an, dass er einer solchen Maßnahme »den schärfsten Widerstand entgegensetzen« werde.[26] Die Gründung einer gemeinsamen Ortsgruppe der NSDAP sei nicht möglich, betonte Aldinger. Durch starken Mitgliederzuwachs sei erst kurz zuvor eine eigenständige Ortsgruppe »Heumar« aus der bisher bestehenden gemeinsamen Ortsgruppe »Ensen-Heumar« herausgelöst worden. Aldinger schlug deswegen vor, eine »überparteiliche Stelle« solle über die Grenzfrage entscheiden[27] und brachte Gauleiter Josef Grohé als Vermittler ins Gespräch. Kreisleiter Krämer schrieb darauf hin an Oedekoven, dass er damit rechne, der Gauleiter würde die Kölner Seite unterstützen.[28]

Wütend schrieb Oedekoven an Aldinger und an den Landrat des Rheinisch-Bergischen Kreises, Julius Menniken[29], dass er »seit Jahren auf die Gefahr einer Eingemeindung der Ortschaft Heumar nach Köln hingewiesen« habe, aber weder bei der Kreisleitung noch beim Landratsamt habe man diese Warnung ernst genommen.[30] Nun verlangte er mehr Unterstützung, damit einer weiteren Ausdehnung Kölns »ein starkes Bollwerk« entgegengesetzt werde.[31] Der Ausbruch der Zweiten Weltkrieges beendete zunächst die Grenzstreitigkeiten. Erst 1975 wurden Rath und Heumar vereinigt.

Die Entlassung Oedekovens aus dem Amt

Der Porzer Bürgermeister Hermann Oedekoven hatte sein Amt vor allem seinen guten Verbindungen innerhalb der NSDAP zu verdanken. Nach der »Machtergreifung« in Porz fand sich sonst niemand aus den Reihen der NSDAP, der dieses Amt übernehmen wollte. Zudem hatte er die Rückendeckung des zuständigen NSDAP-Kreisleiters Walter Aldinger. Aldinger unterstützte ihn immer wieder, auch wenn Oedekoven seine Kompetenzen als Bürgermeister überschritten hatte, insbesondere während der Affäre um das »wilde Lager« am Eiler Hochkreuz. Doch wurde Oedekoven immer untragbarer. Beschwerden über das Verhalten des Bürgermeisters erreichten immer wieder übergeordnete Amts- und Parteistellen. Ein besorgter Porzer Vater wandte sich sogar an den »Stellvertreter des Führers« Rudolf Hess: Der verheiratete Oedekoven mache der Tochter des Absenders den Hof und nutze den Dienstwagen für gemeinsame Ausflüge. Ein solches Verhalten sei eines Amtsträgers im nationalsozialistischen Staat nicht würdig, meinte der Schreiber. Die Beschwerden blieben jedoch wirkungslos, da sich Oedekoven auf die Unterstützung der Kreisleitung verlassen konnte. Der Porzer Bürgermeister leistete sich einen aufwändigen Lebens- und Repräsentationsstil und bediente sich schließlich aus der Gemeindekasse für private Zwecke.[32] Für seine Amtsräume ließ er sich in Öl porträtieren. (Das Bild stand noch bis in die 1960er Jahre im Keller des Rathauses. Danach verliert sich seine Spur.) Anstatt mit der Reichsbahn zum Deutschen Gemeindetag nach Berlin zu fahren, nutzte er das Flugzeug vom Butzweiler Hof aus und

Ignaz Morschel,
Porzer Bürgermeister 1941–1945

rechnete die wesentlich teureren Flugtickets bei der Gemeindekasse ab. Später stellte sich heraus, dass er an den Sitzungen des Gemeindetages gar nicht teilnahm, sondern in der Reichshauptstadt eine Geliebte besucht hatte. Damit hatte Oedekoven endgültig den Bogen überspannt und war als Bürgermeister untragbar geworden. Zwar wurden die pikanten Hintergründe der Affäre weiterhin geheim gehalten, aber der Porzer Bürgermeister wurde 1941 aufgrund eines Strafverfahrens wegen Untreue im Dienst (§ 346 StGB) seines Amtes enthoben und zu sechs Jahren Zuchthaus verurteilt.[33] Neuer Porzer Bürgermeister wurde der Nationalsozialist Ignaz Morschel.

Porz im Zweiten Weltkrieg

Am 1. September 1939 fiel die Deutsche Wehrmacht in Polen ein, damit begann der Zweite Weltkrieg. Der Gemeinde Porz kam als wichtigem Militärstandort eine besondere Rolle zu. In der Wahner Heide fanden verstärkt Manöver statt, um junge Männer für den Kriegseinsatz auszubilden. Einer der Männer war Heinrich Böll, der spätere Literaturnobelpreisträger, der die Kasernen in Porz in einem Brief an seine Familie erwähnt.[34]

Die Unverzagt-Kaserne
in Westhoven

Anfangs fand der Krieg fern an den Fronten außerhalb des Reiches statt. Die vom Polenfeldzug heimkehrenden Soldaten brachten polnische Schlagbäume als Trophäen mit ins Rheinland und wurden von der Bevölkerung mit großem Jubel begrüßt. Im Frühjahr 1940 änderte sich die Lage im Rheinland. Der Krieg wurde auch in Porz immer gegenwärtiger. Aus dem gesamten Reich wurden Soldaten im Rheinland zusammengezogen, um von Köln aus den »Fall Gelb«, den Überfall auf die neutralen Staaten Niederlande, Belgien und Luxemburg, vorzubereiten. In den ersten Frühlingswochen des Jahres 1940 beherrschten die feldgrauen Uniformen der Wehrmacht das Straßenbild rund um die Kasernen in Westhoven und Wahn. Am 10. Mai 1940 begann der deutsche Angriff auf die neutralen westlichen Nachbarländer. Endlose Kolonnen marschierten von den Porzer Garnisonsstandorten Richtung Westen. Nahezu alle zur Verfügung stehenden Transportmittel wurden für diesen Kriegseinsatz mobilisiert: Züge, Rheinschiffe und Lastwagen brachten kriegswichtige Güter an den neuen Kriegsschauplatz. Vom Flugplatz Ostheim aus flogen Transportflugzeuge an die Front. Einige Tage später, in der Nacht zum 13. Mai 1940, bekam die Bevölkerung in Porz erstmals den Krieg unmittelbar zu spüren. Die Royal Airforce (RAF) flog mit einem Geschwader von rund 50 Maschinen über das Rheinland und warf, als Vergeltungsmaßnahme für den Westfeldzug der Wehrmacht, über der Kölner Bucht Bomben ab. Auch Porz wurde getroffen, drei Häuser am Wahner Mauspfad wurden leicht beschädigt.

Oedekoven vor der katholischen Volksschule auf der Porzer Hauptstraße nach dem Luftangriff am 5./6. Juni 1940

Auswirkungen des Luftkrieges

Der Luftkrieg bedeutete drastische Veränderungen im Alltagsleben der Zivilbevölkerung. Jederzeit konnte Alarm ausgelöst werden und jeder musste so schnell wie möglich einen der in den Wochen zuvor rasch errichteten Luftschutzräume aufsuchen. Oftmals lösten Aufklärungsmaschinen der RAF im Porzer Himmel blinden Alarm aus. Die Gefahr, tatsächlich Ziel eines Bombenangriffs zu werden, war enorm groß. Zwischen Mitte 1940 und Ende 1941 warfen britische Bomberverbände durchschnittlich fünfmal pro Monat ihre tödliche Fracht über dem Kölner Umland ab. Ziele bei diesen Angriffen waren besonders die Kölner Rheinbrücken oder kriegswichtige Industrieanlagen in der Kölner Bucht. Potentielle Ziele im Rechtsrheinischen waren vor allem das Mülheimer Kabelwerk Felten & Guilleaume, die Werke von Klöckner-Humboldt-Deutz in Kalk und Deutz, die u.a. U-Boot-Motoren produzierten, die Batteriefabrik Gottfried Hagen in Kalk, sowie die Werke der IG Farben in Leverkusen. In Porz stellte die Firma Aero-Stahl vor allem Flugzeugteile her und verlegte 1943 ihre Produktionsanlagen in das weniger gefährdete Königswinter.

Anfang des Jahres 1942 änderte die Royal Airforce (RAF) ihre Strategie. Der neue Luftmarschall Arthur Harris (der wegen seiner neuen Strategie auch »Bomber Harris« genannt wurde) setzte nun auf Luftangriffe im großen Stil. Nach seinen Vorstellungen sollten mehrere hundert Maschinen systematisch ganze Flächen in Schutt und Asche legen, ohne auf zivile Ziele Rücksicht zu nehmen. Harris wollte so die deutsche Bevölkerung zermürben und gegen das

Eine Fliegerbombe wird entschärft

Hitler-Regime aufbringen. In der Nacht zum 31. Mai 1942 erfolgte der »1000-Bomber-Angriff auf Köln«, der bis dahin schwerste Fliegerangriff des Zweiten Weltkrieges. Kurz vor Mitternacht verließen insgesamt 1 047 Kampfflugzeuge englische Luftwaffenstützpunkte und nahmen Kurs auf das Deutsche Reich. Die deutsche Flugabwehr war von diesem gigantischen Aufgebot an Flugzeugen völlig überrascht und war nicht in der Lage, effektive Gegenmaßnahmen zu ergreifen. Auf einen solchen massiven Einsatz waren auch die Flak-Stellungen (Flak = Flugabwehrkanonen) nicht vorbereitet und so konnte die riesige Luftflotte fast ungehindert in den deutschen Luftraum vorstoßen. Der tosende Lärm der anfliegenden Flugzeuge schreckte die Bewohner der Kölner Bucht aus dem Schlaf.[35] Die Bomberpiloten der RAF überzogen die Domstadt sowie die angrenzenden Gemeinden mit einem noch nie da gewesenem Flächenbombardement und hinterließen schwere Spuren der Verwüstungen. Britische

Zeitungen berichteten, dass der Kölner Nachthimmel »belebt (war) wie Piccadilly Circus«[36] und »wie bei einem Vulkanausbruch«[37] glühte. Das historische Stadtbild Kölns wurde unwiederbringlich ausgelöscht. Die Zivilbevölkerung saß in Kellern und Bunkern und erlebte die von Sprengbomben verursachten Erschütterungen wie ein Erdbeben. Tausende Kölner verloren bei diesem Angriff ihr Leben oder wurden über Nacht obdachlos. Die Kölner Innenstadt war am stärksten von den Zerstörungen betroffen. Nur der Dom blieb bei diesem und den folgenden Luftangriffen ausgespart, da sich die Piloten bei der Navigation an den Türmen orientierten.

Schäden in Urbach, Meisenweg, nach dem Luftangriff vom 10. Oktober 1940

Doch warfen die RAF und die US Airforce nicht nur Bomben ab. Bei jedem Fliegereinsatz wurde auch eine Unzahl von Flugblättern abgeworfen, um die deutsche Bevölkerung gegen Hitler zu mobilisieren. Reichsweit landeten im gesamten Krieg nahezu eine Milliarde (!) dieser Druckschriften in den zerbombten Städten. Schnell wurden diese Massen an Papier von der Bevölkerung aufgesammelt – auch wenn der Besitz mit drakonischen Strafen belegt wurde – da man es in diesen Notzeiten als Brennmaterial oder Toilettenpapier benutzen konnte. Das erklärt auch, dass sich heute in den Archiven nur noch Einzelstücke befinden.[38]

Bombeneinschlag in Lind, ca. 1943

Die Zivilbevölkerung musste sich auf diese neue Art der Kriegführung des Flächenbombardements einstellen. An keinem Ort und zu keiner Zeit war man mehr vor diesen massiven Angriffen der Alliierten sicher. Aber noch ließen sich die Alliierten Zeit mit weiteren Bombardierungen des Rheinlandes. Ab dem 17. Juni 1943 wurden die Luftangriffe häufiger und wurden bis zum Ende des Krieges kontinuierlich weiter geführt. Die letzten großen Luftangriffe auf das Bergische Land fanden am 28. März 1945 statt.

Porz wurde während des Krieges erheblich getroffen, viele Menschen verloren auch hier ihr Leben. Jedoch ist der genaue Schaden nicht mehr nachzuvollziehen. Will man den amtlichen Zahlen im Kriegsschadensbuch 1943 des Rheinisch-Bergischen Kreises Glauben schenken, wäre Porz völlig zerstört gewesen. Diese offiziellen Angaben waren aber maßlos übertrieben, wie Zeitzeugen berichteten. Ob dies aus Propagandazwecken oder gar aus dem Versuch, höhere

Zwangsarbeiterinnen bei der Firma Dielektra, ca. 1941

Französische Zwangsarbeiter, auf einem Bauernhof in Zündorf

Versicherungssummen zu kassieren, geschah, bleibt im Dunkeln.[39]

Nach den schweren Bombardierungen 1943 verließen innerhalb weniger Wochen rund 90 000 ausgebombte Kölner mit allen noch verfügbaren Transportmitteln die Domstadt, um im Bergischen Land eine sichere Behausung zu finden. Etliche dieser Stadtflüchtlinge fanden auch den Weg nach Porz, wo für sie schleunigst Notquartiere hergerichtet werden mussten, das bedeutete für alle noch zusätzliche Entbehrungen bei der ohnehin angespannten Versorgungslage. Lebensmittelkarten wurden an alle Einwohner ausgegeben, um die knappen Mittel gerecht zu verteilen. Doch in der Realität sah das oft anders aus. Zwar war die Versorgungslage mit Grundnahrungsmitteln in Porz wegen der örtlichen Landwirtschaft besser als in Köln, doch wurden viele Güter unter der Hand auf dem Schwarzmarkt zu völlig überteuerten Preisen angeboten.

Wie schon im Ersten Weltkrieg mussten Frauen auch diesmal die eingezogenen Arbeiter der Porzer Fabriken ersetzen. Um den Arbeitskräftemangel auszugleichen, verschleppte die Wehrmacht aus den besetzten Gebieten Männer, Frauen und Jugendliche in das Reichsgebiet und zog sie zur Zwangsarbeit heran. In den Porzer Industriebetrieben Rheinische Ziehglaswerke, Dielektra,

Luftaufnahme des Zwangsarbeiterlagers im Gremberger Wäldchen, unterhalb des Lagers ist die Autobahn, rechts die Porzer Ringstraße erkennbar, April 1945

Spiegelglaswerke Germania, Aero-Stahl und Rheinische Metallwerke, bei der Firma Elektroisolier in Wahn, der Trieurfabrik in Heumar, der Firma Massey Harris in Westhoven, sowie auf den Güterbahnhöfen in Porz-Mitte und in Gremberghoven wurden in den Jahren 1940 bis 1945 über 1000 Menschen zur Sklaven-Arbeit gezwungen.[40] Doch nicht nur in der Industrie wurden die aus der Heimat Verschleppten eingesetzt, auch Porzer Landwirte und Handwerksbetriebe bekamen Zwangsarbeiter zugewiesen. Ein schlimmes Massaker ereignete sich wenige Tage vor der Befreiung durch die Amerikaner in einem Zwangsarbeiterlager im Gremberger Wäldchen unweit des Güterbahnhofs Gremberg. Am 8. April 1945 umstellten uniformierte und bewaffnete Volkssturmsleute das Lager und setzten als Vergeltungsmaßnahme für einen Diebstahl die Baracken in Brand. Als sich die Insassen, vor allem Verschleppte aus der Sowjetunion, vor

»Trauernde Eltern« von Klaus Balke

dem Feuer in Sicherheit bringen wollten und aus den Holzhäusern stürmten, wurden sie von den uniformierten Männern hinterrücks erschossen. Die genaue Anzahl der Opfer ist nicht bekannt. Insgesamt wurden 74 Insassen während des Zweiten Weltkrieges in diesem Lager ermordet. Heute erinnert ein Gedenkstein im Gremberger Wäldchen an das Lager.[41] Der Künstler Klaus Balke schuf im Jahr 1985 für die Gedenkstätte die Plastik »Trauernde Eltern«. Einen zweiten Guss schenkte er als Zeichen der Aussöhnung der sowjetischen Botschaft in Bonn. Das Duplikat wurde in der russischen Stadt Woronesch an der Wolga aufgestellt.

Die Synagoge in Zündorf wurde 1938 zum Wohnhaus umgebaut

Die Verfolgung der Porzer Juden

Am 1. November 1942 wurde die Zündorfer Synagogengemeinde aus dem Vereinsregister gestrichen. Offiziell gab es in Porz keine Einwohner mehr mit jüdischem Glauben.

Ab 1933 waren die als integriert geltenden jüdischer Porzer zunehmender Diskriminierung ausgesetzt. Am 1. April 1933 wurde von der SA zum Boykott jüdischer Geschäfte aufgerufen. Auch die Metzgerei des Zündorfers Albert Tobias, der in den Jahren 1926 bis 1933 das Amt des Kommandanten der Porzer Schützengilde inne hatte, gehörte dazu. Ein Ensener Paar, das 1935 bei dem Metzger Tobias ihr Hochzeitsessen bestellt und ihn auch zu den Feierlichkeiten eingeladen hatte, wurde öffentlich bloß gestellt. Nachts brachten SA-Männer ein Plakat an die Haustür an: »Ehepaar (...) kaufte den Hochzeitsbraten beim Juden«.[42]

Ein Großteil der jüdischen Porzer mussten in den Jahren nach der »Machtergreifung« die alte Heimat verlassen. Die Gebrüder Dülken sahen sich gezwungen, ihr Sägewerk 1937 an die Firma Krages & Co. zu verkaufen und in die Niederlande zu emigrieren. Die Zündorfer Gemeinde schrumpfte durch die Auswanderung ihrer Mitglieder so sehr, dass sie ihre Synagoge am 9. Februar 1938 verkaufen musste. Das Haus wurde kurz darauf in ein Wohnhaus umgebaut und entging somit der Schändung durch die SA in der Reichspogromnacht am 9. November 1938. Auf dem Porzer Markt hatte sich an diesem Abend ein wütender Mob versammelt und zertrümmerte die Einrichtungen der wenigen noch verbliebenen jüdische Geschäfte. Nicht bekannt ist, ob auch die Firma Meirowsky Ziel von antisemitischen Ausschreitungen war. Zwar war das Werk nicht mehr im Besitz der Familie, sondern war 1934 in einer AG umge-

Die ehemals jüdische Firma Meirowsky am Porzer Bahnhof wurde 1940 in Dielektra umbenannt

wandelt worden, trug aber weiterhin den Namen des Firmengründers. Ab 1941 erhielt es den Namen »Dielektra«, den es bis heute hat.

Die wenigen verbliebenen Porzer Juden, die nicht emigriert waren, wurden in den folgenden Jahren in die Vernichtungslager deportiert und ermordet. Am 1. November 1942, dem Tag an dem die Zündorfer Gemeinde aus dem Vereinsregister getilgt wurde, galt Porz als »judenfrei«.

Die Militärpsychiatrie in Ensen

Im Jahre 1941 wurde in Ensen ein Lazarett für Militärpsychiatrie, im Armeejargon auch »Neurotikerschleuse« genannt, eingerichtet. Vor allem traumatisierte, psychisch oder nervlich erkrankte Wehrmachtsangehörige wurden hier eingewiesen. Viele junge Männer waren den Belastungen des Krieges nicht gewachsen und entwickelten psychosomatische Symptome wie Schütteln, Zittern oder Verkrampfungen sowie Wahnvorstellungen oder Albträume. Diese Männer konnten nicht mehr in Kampfeinsätze geschickt werden und wurden in spezielle Lazarette wie in Ensen gebracht. Offiziell wurden diese Fälle von der Wehrmacht geheimgehalten. In Porz wusste kaum jemand, was genau dort geschah.

In diesem Lazarett wurden die Erkrankten einer äußerst schmerzhaften Behandlung unterzogen, bei der aber nicht die Heilung, sondern vielmehr die Züchtigung der kranken Soldaten im Vordergrund stand. Die Patienten wurden durch immer stärker werdende Stromstöße einer Art Gehirnwäsche unterzogen, indem ihnen immer wieder suggeriert wurde, dass sie gesund und kampftauglich seien. Die Gefahr, dass während der Behandlung ein »Patient« an Herzstillstand starb, war dabei nicht gering. Diese Methode war nicht neu, denn sie wurde bereits im Ersten Weltkrieg in deutschen Lazaretten angewandt. In Ensen aber entwickelte der Arzt Friedrich Panse, der auch im nahe gelegenen Alexianer-Krankenhaus tätig war, diese Methode weiter und experimentierte dafür mit verschiedenen Geräten und Stromstärken. 1944 wurde in Ensen eine solche Tortur, wie es hieß, zu »Lehrzwecken«, unter dem Titel »Psychogen« verfilmt. Nach seinem Erfinder bekam dieses Verfahren den zynischen Spitznamen »pansen«. Wieviele Wehrmachtsangehörige sich dieser unmenschlichen Behandlung unterziehen mussten, ist nicht genau bekannt. Aus insgesamt sechs deutschen Lazaretten sind rund 1500 Fälle aktenkundig, die wirkliche Zahl wird aber höher liegen.[43]

Bombentrichter an der Kölner Straße in Ensen (im Hintergrund das Alexianer-Krankenhaus)

Die Amerikaner rücken in Porz ein

Am 6. März 1945 rückten US-amerikanische Truppen von Westen bis an den Rhein vor und nahmen das linksrheinische Köln ein. Vier Tage zuvor wurde die Domstadt und ihr westliches Umland ein letztes Mal Ziel eines verheerenden Luftangriffes der Alliierten, um den Vormarsch der Amerikaner zum Rhein zu erleichtern. Auf der rechten Rheinseite ging der Krieg zunächst unvermindert weiter. Die abziehende Wehrmacht hatte fast alle Rheinbrücken gesprengt, um die Amerikaner am Vormarsch auf das rechte Rheinufer zu hindern. Somit verzögerte sich ihr Einmarsch auf das nur wenige hundert Meter vom Dom entfernte rechte Ufer, um mehrere Wochen. Am 7. März 1945 fiel den Amerikanern die Eisenbahnbrücke von Remagen unversehrt in die Hände. Über dieses Nadelöhr rückten die Soldaten auf das rechte Rheinufer vor und drängten die Reste der Wehrmacht weiter zurück. Gleichzeitig flogen alliierte Bomberverbände am 19. und 28. März weitere Luftangriffe

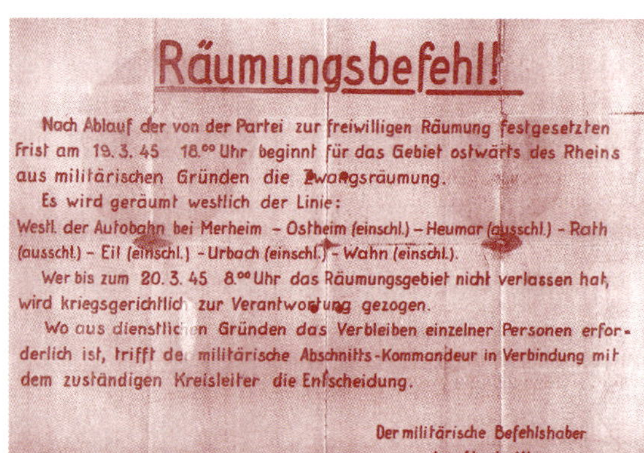

Räumungsbefehl!

Nach Ablauf der von der Partei zur freiwilligen Räumung festgesetzten Frist am 19. 3. 45 18.00 Uhr beginnt für das Gebiet ostwärts des Rheins aus militärischen Gründen die Zwangsräumung.

Es wird geräumt westlich der Linie:

Westl. der Autobahn bei Merheim – Ostheim (einschl.) – Heumar (ausschl.) – Rath (ausschl.) – Eil (einschl.) – Urbach (einschl.) – Wahn (einschl.).

Wer bis zum 20. 3. 45 8.00 Uhr das Räumungsgebiet nicht verlassen hat, wird kriegsgerichtlich zur Verantwortung gezogen.

Wo aus dienstlichen Gründen das Verbleiben einzelner Personen erforderlich ist, trifft der militärische Abschnitts-Kommandeur in Verbindung mit dem zuständigen Kreisleiter die Entscheidung.

Der militärische Befehlshaber des Abschnitts.

Räumungsbefehl Kaum jemand befolgte diesen Befehl

auf den Rheinisch-Bergischen Kreis. Dabei wurde auch das Gemeindegebiet von Porz erheblich getroffen. Auf ihren Vormarsch stießen die Amerikaner auf vereinzelten Widerstand einiger fanatischer Volkssturmverbände, die sich insbesondere aus den Reihen der Hitler-Jugend zusammensetzten. Erst am 10. April nahmen die GIs unter General Eisenhower Siegburg ein. Immer noch an einen »Endsieg« glaubend, erließ die NSDAP-Kreisleitung den irrsinnigen Befehl, die Porzer Bevölkerung zu evakuieren. Doch kaum jemand befolgte diese Order. Im Gegenteil, die Ankunft der Amerikaner und das Ende der nationalsozialistischen Herrschaft wurde von den meisten Menschen in Porz herbeigesehnt. Am Morgen des 11. April überschritten amerikanische Verbände die Sieg und erreichten über den Linder Mauspfad kampflos das Gemeindegebiet von Porz. Ohne Widerstand rückten die amerikanischen Panzer bis Mülheim vor und beendeten somit den Krieg im ganzen Kölner Umland. Fast fünf Wochen dauerte der Krieg in Porz länger als im wenige hundert Meter entfernten Rodenkirchen.

Amerikanische Panzer in Wahn
am 12. April 1945

Notunterkunft
im alten Eisenbahnwaggon für Flüchtlinge in Gremberghoven, ca. 1946

NACHKRIEGSZEIT IN PORZ (1945 – 1951)

Porz wird vom amerikanischen Militär verwaltet

Die amerikanische Militärverwaltung wollte die Zivilverwaltung auch in Porz möglichst schnell in einheimische Hände geben und ernannte einen Beirat, der sich aus unbelasteten Zivilisten zusammensetzte. Kommissarischer Bürgermeister wurde der noch amtierende Gemeindedirektor Melchior Kurth. Als erstes entließ Kurth alle Beamten der Gemeindeverwaltung, einschließlich sich selbst, stellte aber gleichzeitig einige der entlassenen Verwaltungsfachleute sofort wieder in den Dienst der Gemeinde ein. Am 24. Mai berief die amerikanische Militärverwaltung Kurth wieder in sein altes Amt als Gemeindedirektor, während Peter Josef Schumacher mit dem Bürgermeisteramt betraut wurde. Die Bevölkerung litt an Hunger, viele Häuser waren zerstört. Somit hatte die gerechte Verteilung der knappen Lebensmittel und der Aufbau von Unterkünften oberste Priorität für Kurth und Schumacher.

Einweihung eines Ehrenmals auf dem Porzer Friedhof für in Porz verstorbene sowjetische Kriegsgefangene und Zwangsarbeiter, 1946

In den ersten Wochen nach dem Krieg versuchte Konrad Adenauer seine alten Eingemeindungspläne aus den 1920er Jahren mit Hilfe der amerikanischen Militärverwaltung durchzusetzen.[1] Bereits im April 1945, als auf der rechten Rheinseite noch gekämpft wurde, hatte Adenauers Vorgänger, der von den Amerikanern eingesetzte kommissarische Oberbürgermeister Willi Suth, entsprechende Pläne vorgelegt. Um den Wiederaufbau in der Kölner Bucht zügig voranzutreiben, sei eine einheitliche Verwaltung nötig, argumentierte auch Adenauer, der seit dem 4. Mai 1945 wieder Kölner Oberbürgermeister war. Er behauptete, dass die Ausdehnung der Stadt in Umland den »bereits im starken Grade vorhandenen demokratischen Geist« fördere[2] und Köln »ein natürlicher Ausgangspunkt für die Ausbreitung wirklicher Demokratie in Deutschland«[3] sei. Der amerikanische Stadtkommandant Colonell John K. Patterson signalisierte grundsätzliches Wohlwollen[4], da sich Adenauers Ideen mit den Grundsätzen der US-amerikanischen Kommunalverfassung deckten, die auf flächenmäßig großen Gemeinden basiert. Allerdings wollten Patterson keine so weitreichende Entscheidungen treffen, da in Kürze die Engländer die Besatzung des Rheinlandes übernehmen sollten.

Porz wird erneut britisch verwaltet

Robert Olbrich, Bürgermeister vom 27. Juli 1945–20. März 1946

Am 21. Juni 1945 übergaben die Amerikaner, gemäß den Vereinbarungen des Potsdamer Abkommens, die Verwaltung des nordwestlichen Reichsgebietes an die britische Militärregierung. Nahezu in der gesamten britischen Zone berief die Militärregierung deutsche Fachleute – in der Regel ehemalige Zentrumsleute – in die Verwaltungen. In Porz wurde dem ehemaligen Zentrumsmann Robert Olbrich das Bürgermeisteramt übertragen, das er am 27. Juli von Peter Josef Schumacher übernahm. Olbrich sollte elf Mitglieder für einen Beratungsausschuss aus verschiedenen Berufszweigen vorschlagen, acht von ihnen wurden durch die britische Verwaltung genehmigt.[5] Die Auswahl nach Berufen war für ein solches Gremium in der Britischen Besatzungszone ungewöhnlich. In allen anderen Gemeinden orientierte sich die Militärregierung an den politischen Strömungen vor der Machtergreifung. Wichtigste Aufgabe des Beratungsausschusses war es, die Versorgung der Bevölkerung zu sichern und den Wiederaufbau zu koordinieren. Möglichst schnell mussten Unterkünfte errichtet werden, denn es war mit einer stark steigenden Einwohnerzahl zu rechnen, viele Porzer würden in den kommenden Wochen und Monaten aus der Kriegsgefangenschaft, aus Internierungslagern, aus der Evakuierung oder dem Exil zurückkehren. Zu diesem Zeitpunkt dachte allerdings noch niemand an die Zuwanderung von Heimatvertriebenen aus den ehemaligen deutschen Ostgebieten. Diese Aufgabe kam erst einige Monate später zu den bereits bestehenden hinzu.

Der Kölner Oberbürgermeister Adenauer versuchte mit dem Argument der steigenden Zahl der Heimkehrer indessen, die Stadterweiterung Kölns voranzu-

Britischer Panzer auf der Kölner Straße

treiben. In einem Gutachten für die britische Militärregierung stellte er dar, das 110 000 neue Wohnungen außerhalb der Innenstadt Kölns errichtet werden müssten. Im Rechtsrheinischen seien besonders – neben den Kölner Stadtteilen Ostheim, Rath, Brück, Dellbrück und Dünnwald – die umliegenden Ortschaften Porz, Heumar, Lustheide, Bensberg und Bergisch Gladbach für die Errichtung neuer Siedlungen geeignet.[6] Adenauer vertrat wiederholt die Ansicht, dass eine zentrale Verwaltung nötig sei, um die Bautätigkeiten zu koordinieren. Deshalb beantragte er am 9. August 1945 die Eingemeindung dieser Ortschaften, ohne dabei die Bürgermeister der betroffenen Gemeinden zu informieren.

Der Porzer Bürgermeister Robert Olbrich war empört über Adenauers Vorgehen und erarbeitete seinerseits ein Dossier über die Eingemeindungspläne. Darin bat er die Mitglieder des Beratungsausschusses um eine schriftliche Stellungnahme. Er kritisierte dabei nicht nur Adenauer, sondern auch die britische Militärregierung. Eine kommunale Neuordnung, so Olbrich, dürfe nicht »diktatorisch gegen den Willen der betroffenen Bevölkerung« durchgeführt werden und er warf den Briten vor, falls sie Adenauers Ansinnen unterstütze, erinnere dies »an die Methoden der Nazi-Gewaltherrschaft«.[7] Olbrich forderte deshalb einem Bürgerentscheid in den betroffenen Gemeinden über die Pläne Adenauers.[8]

Die meisten Mitglieder des Beratungsausschusses schlossen sich der Meinung des Porzer Bürgermeisters Olbrich an. Doch gab es auch Stimmen, die sich für eine Eingemeindung aussprachen. Der Beigeordnete Hugo Klöter (später CDU), forderte gar die Vereinigung von Köln und Porz bis zum 1. Januar 1950, da beide Kommunen bereits wirtschaftlich eng verflochten seien.[9] Auch der Direktor der Firma Dielektra, Hellmuth Reidemeister (später CDU), befürwortete einen Anschluss an die Stadt Köln. Im kulturellen Bereich sei Porz schon lange die »Porta Coloniae«.[10] Viele Einrichtungen der Domstadt wie Theater und Museen würden doch gerne von den Porzern mitgenutzt, so sollten sie auch ihren Beitrag dazu leisten. Die Mitglieder des Ausschusses waren ebenfalls mit der Zugehörigkeit zum Rheinisch-Bergischen Kreis unzufrieden. Die schlechten Verbindungen von Porz ins Bergische Land wirkten sich, ihrer Meinung nach, in der aktuellen Notlage negativ auf die Versorgung der Bevölkerung aus. Hier forderte der Ausschuss mehr Unterstützung durch den Kreis, ohne aber konkrete Vorschläge zu erarbeiten.

Am 10. September 1946 lehnte der Ausschuss die Pläne Adenauers mit großer Mehrheit ab. Lediglich Reidemeister stimmte für eine Eingemeindung, Klöter fehlte bei der Sitzung. Dass Votum war für die Besatzungsbehörden zwar nicht verbindlich, aber sie mochte Adenauers Ansinnen zunächst nicht folgen. Auch nach seiner Entlassung am 6. Oktober 1945 hielten seine Nachfolger Hermann Pünder (CDU), Otto Schwering (CDU) und Robert Görlinger (SPD) grundsätzlich an den Eingemeindungsplänen fest. So schwebte das Damoklesschwert der Eingemeindung weiter über Porz.

Wiederzulassung der Parteien

Am 15. September 1945 erlaubte die britische Militärregierung die Bildung politischer Parteien. Rasch wurden auch in Porz Ortsverbände der neuen demokratischen Parteien gegründet. Im Wesentlichen blieben dabei die politischen Lager erhalten, wie sie bereits in der Weimarer Republik bestanden. Die katholische Bevölkerung sammelte sich in der neuen Christlich-Demokratischen Union (CDU), der Nachfolgepartei des Zentrums. Die Arbeiterschaft teilte sich in Sozialdemokraten (SPD) und Kommunisten (KPD) auf. Liberale (FDP) und andere politische Gruppierungen traten in Porz anfangs nicht in Erscheinung. Die britische Besatzung ernannte am 23. Januar 1946 einen Porzer Gemeinderat, der nach Parteien zusammengesetzt war: 15 Verordnete der CDU, neun Sozialdemokraten und sechs Kommunisten bildeten den Gemeinderat. Dabei orientierte sich die Militärregierung an den letzten freien Kommunalwahlen aus dem Jahre 1929. Außerdem ernannte die Militärregierung am 19. Februar einen Kreistag für den Rheinisch-Bergischen Kreis auf der Grundlage der letzten freien Wahlen: 27 Abgeordnete der CDU, 16 der SPD und 12 der KPD vertraten nun die Interessen der bergischen Bevölkerung.

Am 1. April 1946 erließ die britische Militärregierung eine neue Gemeindeordnung nach britischem Vorbild. Neu für Deutschland war vor allem die strikte Trennung von Verwaltung und politischer Vertretung. Das Amt des Bürgermeisters wurde zu einem Ehrenamt, während die Verwaltung von einem hauptamtlichen Gemeindedirektor geleitet wurde. Die Ämter sollten allerdings erst nach der ersten demokratischen Wahl besetzt werden. Am 16. Oktober 1946 war es dann soweit. Die Bevölkerung des neu gegründeten Bundeslandes Nordrhein-Westfalen wurde erstmals an die Urnen gerufen. Nach 14 Jahren durfte endlich wieder frei und geheim abgestimmt werden. Ungewohnt für die Bürger war das Wahlsystem, denn es wurde nach dem englischen Mehrheitswahlsystem abgestimmt. Zur Wahl standen nur Personen und keine Parteilisten. Der Kandidat, der in seinem Wahlkreis die meisten Stimmen erhielt, erhielt das Mandat. Alle anderen Stimmen dieses Wahlkreises blieben unberücksichtigt. Das führte in Porz zu einer groben Verzerrung der politischen Verhältnisse. Die Kandidaten der CDU konnten in Porz insgesamt 18 von 25 Wahlkreisen erobern, die SPD errang sechs und die KPD einen Sitz. In der konstituierenden Sitzung wurde Hugo Klöter (CDU), der 1945 noch für eine Eingemeindung nach Köln gewesen war, zum Bürgermeister gewählt.

Auf der unerschütterlichen Grundlage des Christentums und der abendländischen Kultur gründen wir in Porz am Sonntag, den 27. 1. 1946 um 10¼ Uhr im

RHEINGOLD-KINO

die ORTSPARTEI PORZ der

»Christlich-Demokratischen-Union«

und laden Sie, ggf. Ihre Gattin und die über 18 Jahre alten Söhne und Töchter dazu ein. Es spricht Herr Dr. Hans Schreiber, Landesgeschäftsführer.

DER VORLÄUFIGE VORSTAND

RADWACHE AM RATHAUS GEÖFFNET.

Gründungsaufruf der Porzer CDU

Porz stellte trotz des vermeintlich schlechten Ergebnisses eine SPD-Hochburg im Kreis dar, denn der Anteil der Industriearbeiter war wesentlich höher als im Rest des Kreises. Doch selbst die Militärregierung zeigte sich erstaunt, dass die CDU in allen Gemeinden des Kreises insgesamt 231 Mandate errang, während nur 33 an andere Parteien gingen. Auch der Kreistag war aufgrund des britischen Wahlrechtes fest in CDU-Hand: Sie erhielt 41 von insgesamt 45 Sitzen, die SPD kam auf drei, die KPD auf einen. In den demokratisch gewählten Gremien gab es praktisch keine Opposition. Damit die Christdemokraten nicht im Alleingang politische Entscheidungen treffen konnten, führte die Britische Besatzung die zuvor abgeschaffte Genehmigungspflicht der Tagesordnungen und Protokolle des Kreistages und der Ausschüsse wieder ein.[11]

Vertriebene werden von Schleswig-Holstein nach Porz umgesiedelt, 15. Juni 1951

Bevölkerungsentwicklung

In den Nachkriegsjahren stieg die Zahl der Einwohner in Porz und den Nachbargemeinden rapide an. Nicht nur die Kriegsheimkehrer, sondern viele Flüchtlinge aus den ehemaligen deutschen Ostgebieten kamen in die Westzonen und mussten untergebracht und versorgt werden. Viele Vertriebene fanden dabei im Rheinisch-Bergischen Kreis eine neue Heimat. Vor dem Krieg lebten 111 000 Menschen im Kreis und während des Krieges sank die Zahl. Doch Ende des Jahres 1945 erreichte die Einwohnerzahl eine bisherige Höchstmarke: 154 000 Menschen wohnten nun zwischen Wupper und Rhein, davon stammten rund

Straßenumbenennungen

Wie fast überall im Deutschen Reich wurden nach der Machtergreifung auch in Porz Straßen umbenannt, die nach dem Ende des Zweiten Weltkrieges schnell neue Namen brauchten.
Während des Dritten Reiches wurde die Zündorf-Wahner Straße in Ensen in Ludwig-Knickmann-Straße, nach einem lokalen Nationalsozialisten, umbenannt. Nach dem Zweiten Weltkrieg bekam die Straße ihren alten Namen zurück, doch auf der Sitzung des Gemeinderates von Porz am 16. Februar 1948 wurde die Zündorf-Wahner Straße umbenannt, um Verwechselungen mit der »Wahner Straße« in Porz-Zündorf zu vermeiden. Auf Vorschlag des Gemeinderates Kierdorf (CDU) erhielt sie den Namen **Elisenstraße.**
Begründung: In dieser Straße wohnten zu dem Zeitpunkt 15 Frauen, die den Vornamen »Elisabeth« trugen.[12]

16 Prozent der Bevölkerung von jenseits der Oder und Neiße, weitere 27 Prozent waren Heimkehrer. Das benachbarte Bensberg wuchs so stark, dass es bereits 1947 die Einwohnerzahl von 30 000 überschritt und zur Stadt ernannt wurde.

Schloss Röttgen wird Sitz des britischen Hochkommissars

Wegweiser zur Residenz des Britischen Hochkommissars auf Schloss Röttgen (ca. 1949)

Die britische Militärregierung traf am 8. Juli 1949 eine Entscheidung, die für Porz und die gesamte Region weitreichende Folgen hatte. Die Verwaltung der Britischen Besatzungszone verlegte ihren Hauptsitz aus dem westfälischen Bad Oeynhausen an den Rhein. Das Kasernengelände in Wahn, das 1945 wieder durch die Briten bezogen wurde, eignete sich bestens als Verwaltungssitz, zumal das Terrain aus der Zeit nach dem Ersten Weltkrieg in guter Erinnerung war. Der Vater des britischen Hochkommissars Brian Robertson war dort nach 1918 als Adjutant stationiert gewesen, daher kannte Robertson Wahn aus seinen Kindertagen. Für den Umzug sprachen viele Gründe. Die Alliierten verhandelten zur gleichen Zeit auf dem Petersberg bei Bonn über die Zukunft Deutschlands. Vom Standort Wahn aus war der Weg zum Petersberg für den Britischen Hochkommissar kurz. In Bonn tagte derweil auch, unter Aufsicht der westlichen Besatzungsmächte, der Parlamentarische Rat, um ein Grundgesetz für den zukünftigen westdeutschen Staat zu erarbeiten. Zudem erörterten die Parlamentarier die Frage einer künftigen Hauptstadt. Zur Debatte standen Frankfurt und Bonn. Mit dem Beschluss der britischen Militärregierung die Verwaltung an den Rhein zu verlegen signalisierte sie, dass sie Bonn als künftige Hauptstadt eines Weststaates favorisierte, während die Amerikaner die alte Kaiserstadt Frankfurt bevorzugten, wo sie ihr Hauptquartier angesiedelt hatten. Die Entscheidung wurde erst am 3. November 1949 durch den ersten frei gewählten Bundestag getroffen: Bonn wurde mit 200 zu 179 Stimmen zur »provisorischen« Bundeshauptstadt gewählt. Die Gemeinde Porz sollte von dieser weitreichenden Entscheidung

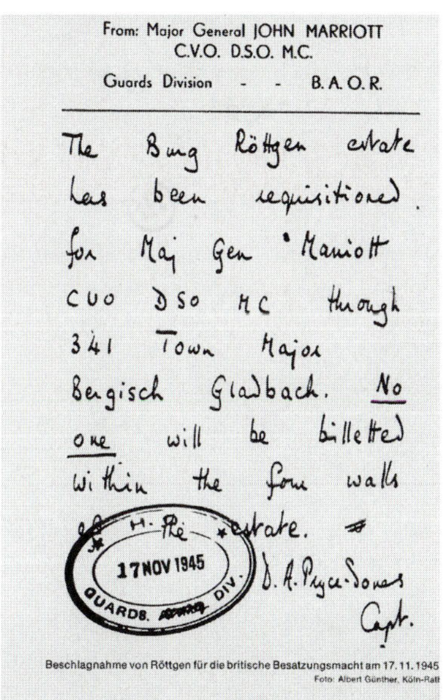
From: Major General JOHN MARRIOTT
C.V.O. D.S.O. M.C.
Guards Division - - B.A.O.R.

The Burg Röttgen estate has been requisitioned for Maj Gen Marriott CVO DSO MC through 341 Town Major Bergisch Gladbach. No one will be billetted within the four walls of the estate.

17 NOV 1945
GUARDS DIV.

D. A. Pryce-Jones
Capt.

Beschlagnahme von Röttgen für die britische Besatzungsmacht am 17. 11. 1945
Foto: Albert Günther, Köln-Rath

Beschlagnahmungsurkunde der Britischen Besatzung für Schloss Röttgen, 17. November 1945

Britischer Wachposten vor Schloss Röttgen am Eingang Mauspfad

auch auf anderen Gebieten profitieren, da in den folgenden Jahren der Flugplatz ausgebaut und wichtige Einrichtungen in Porz angesiedelt wurden. Außerdem fanden viele Bonner Regierungsbeamte in Porz ein Zuhause.

Der britische Hochkommissar bezog Schloss Röttgen in Heumar als repräsentativen Dienstsitz.[13] Bereits 1945 hatten die Amerikaner das Anwesen beschlagnahmt, danach war es nach dem Einzug der Briten Sitz des Militärgouverneurs William Bishop gewesen. Für die Nutzung zahlte die Besatzung an die Familie Mülhens monatlich 4000 D-Mark an Miete und 1500 D-Mark für die Nutzung des Mobiliars. Zunächst sollte der Hochkommissar seinen Sitz in Schloss Birlinghoven in St. Augustin erhalten, da es näher an Bonn und dem Petersberg lag. Doch entschied sich Hochkommissar Robertson für Schloss Röttgen, das im Grundriss einem englischen Landhaus ähnelte und ohne große Umbauten den britischen Wohn- und Lebensverhältnissen Rechnung trug.

Die Belgier in Porz

In Porz gab es schon lange ein besonderes Verhältnis zu Belgien. Bereits während der Kriege der frühen Neuzeit und der Franzosenzeit hatten Soldaten aus den habsburgischen Niederlanden, dem heutigen Belgien, Quartiere im Amt Porz bezogen. Seit Ende des 19. Jahrhunderts arbeiteten belgische Fachkräfte in der örtlichen Glasindustrie. Die Firma

Belgische und britische Soldaten auf dem RAF-Fliegerhorst Wahn beim Empfang des Britischen Hochkommissars Kirkpatrick, 24. Juni 1950

Postkarte der Spiegelglaswerke mit Beschreibung in mehreren Sprachen. Interessant ist die französische Version des Ortsnamens: »Porz-lez-Cologne«

»Glaces Nationales Belgique« betrieb zwischen Porz und Urbach das Germania-Spiegelglaswerk. Viele Arbeiter aus dem Lütticher Raum wohnten in der werkseigenen Siedlung an der Bahnhofstraße. Für diese französischsprachigen Einwohner wurden in den örtlichen Zeitungen sogar Anzeigen in ihrer Muttersprache geschaltet.

Im Laufe der 1950er Jahre wurden die in Porz stationierten britischen Divisionen durch belgische ersetzt.[14] Sie bezogen die früheren Kasernen der Wehrmacht in Westhoven, die in Brasseur- und Passendale-Kaserne umbenannt wurden. Offiziell zählten die rund 2500 Soldaten der belgischen Streitkräfte nicht zu den Einwohnern von Porz, da die Kasernen exterritoriales Gebiet waren. Dennoch prägten die belgischen Soldaten und ihre in Porz lebenden Angehörigen das Stadtbild. Vor allem in Westhoven und im Physiker-Viertel in Urbach gab es ganze Straßenzüge, die an Lüttich oder Brügge erinnerten. In den Geschäften konnte man mit belgischen Francs bezahlen und auf den Straßen parkten fast nur Autos mit belgischen Kennzeichen. In Urbach gab es eine Schule für die Kinder der stationierten Soldaten. Über einen eigenen Sendemast bei Junkersdorf wurden für die in Porz und Umland lebenden Belgier die Fernsehprogramme von BRT (flämisch) und RTBF (französisch) und zeitweilig sogar ein eigenes Soldaten-Programm über Antenne ausgestrahlt. Diese Programme konnten auch die deutsche Zivilbevölkerung empfangen. Schon lange vor der Einführung des Kabelfernsehens kamen die Porzer somit in den Genuss ausländischen Fernsehens. In den 1990er Jahren wurden die im Ausland stationierten belgischen Streitkräfte nach und nach abgezogen und das ehemalige belgische Militärgelände steht nun frei. In den Westhovener Kasernen wurden danach zeitweilig Flüchtlinge untergebracht. Anfang 2004 wurden Pläne über einen Abriss diskutiert.

Der belgische König Baudouin beim Truppembesuch in Westhoven, April 1961

Flughafen Köln/ Bonn: Neuer Komfort beim Einsteigen und: Der 20 000 Fluggast wird begrüßt (ca. 1951)

Porz wird zum Tor der jungen Bundesrepublik

Die Royal Airforce (RAF) bekam ihren Standort auf dem ehemaligen Wehrmachtsfliegerhorst Wahn. In den Jahren 1945 bis 1950 baute die RAF die bereits bestehende Landebahn auf 1866 Meter aus, eine zweite von 2460 m Länge wurde angelegt.[15] Zusätzlich bekam der Fliegerhorst einen Kontrollturm, Hangars und Hallen. Zur gleichen Zeit wollte die Stadt Köln wieder an das Luftverkehrsnetz angeschlossen werden, allerdings war der alte Kölner Flughafen am Butzweiler Hof dafür zu klein geworden. Ab 1947 suchte die Kölner Stadtverwaltung daher einen Standort für einen neuen Zivilflughafen, der zum »Luftkreuz des Westens« werden sollte. Da die Lufthoheit bei der britischen Besatzungsmacht lag, musste sie in die Planungen mit einbezogen werden. Sie favorisierte einen nordrhein-westfälischen Verkehrsflughafen in der neuen Landeshauptstadt Düsseldorf.[16] Der Kölner Beigeordnete Max Adenauer, ein Sohn Konrads, ließ Pläne für einen gemeinsamen rheinischen Zentralflughafen von Köln und Düsseldorf auf der linken Rheinseite erarbeiten. Doch scheiterten die Pläne an Grundstückstreitigkeiten. Max Adenauers Hoffnung, der Rivalität der beiden Rheinmetropolen mit diesem gemeinsamen Projekt die Spitze zu nehmen, wurde nicht erfüllt.

Den Ausschlag für einen Flughafen in Wahn gab dann die Entscheidung, Bonn zur Bundeshauptstadt zu ernennen. Für den Regierungs- und Diplomaten-

verkehr benötigte die junge Bundesrepublik einen repräsentativen und nahe gelegenen Landeplatz. Der in Schloss Röttgen residierende britische Hochkommissar Brian Robertson setzte sich daher jetzt für den Ausbau des Fliegerhorstes Wahn zu einem gemeinsamen Verkehrsflughafen der Städte Köln und Bonn ein.

Flughafen Köln/Bonn: Kein Gedrängel in der Abfertigungshalle

Der Standort hatte noch einige weitere Vorteile: Die Wetterbedingungen in der Wahner Heide waren für den Luftverkehr nahezu ideal. Der Platz war praktisch ständig nebelfrei und konnte somit jederzeit ohne Schwierigkeiten angeflogen werden. Das gesamte Grundstück war ohnehin, als Bestandteil des Schießplatzes Wahn, im Besitz der Bundesrepublik, auch wenn die Kontrolle nach wie vor die britische Militärregierung ausübte.

1950 erteilte die britische Luftfahrtsbehörde den beiden beteiligten Städten Köln und Bonn eine zunächst auf ein Jahr befristete Lizenz für den zivilen Flugbetrieb. Die beiden Kommunen gründeten eine Betreibergesellschaft mit einem Namen, in der alle beteiligten Orte aufgezählt waren: »Köln-Bonner Flughafen Wahn GmbH zu Porz«. 1968 empfand die Gesellschaft diesen Namen offenbar als zu umständlich und nannte sich von nun an »Flughafen Köln/Bonn GmbH«. Im ersten Jahr des zivilen Betriebes gab es ganze vier Starts und Landungen von zivilen Verkehrsflugzeugen in der Woche! (Zum Vergleich: im Jahre 2003 gab es wöchentlich 2950 zivile Flugbewegungen.)

Bürgermeister Alfons Kafka (SPD), **Regierungspräsident Wilhelm Warsch** und

Gemeindedirektor Melchior Kurth auf dem Weg zum Festakt der Stadterhebung am 16. September 1951

»DIE JUNGE STADT AM RHEIN«
DIE KURZE ÄRA DER STADT PORZ AM RHEIN (1951 – 1975)

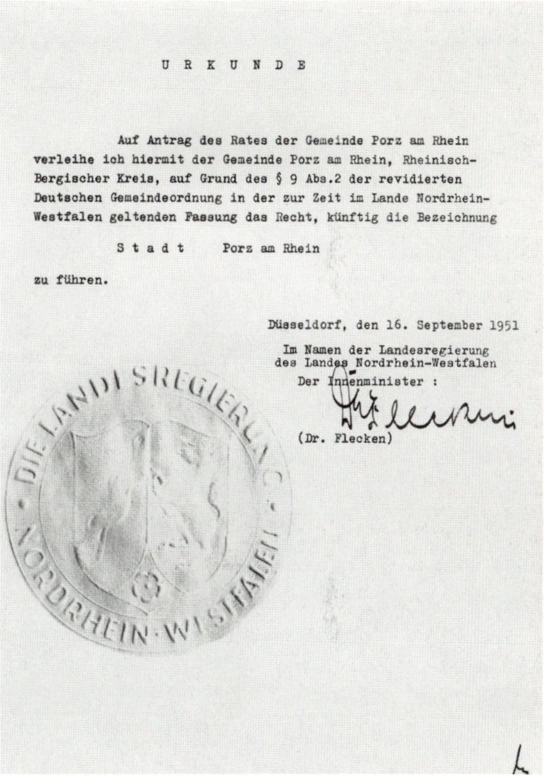
U R K U N D E

Auf Antrag des Rates der Gemeinde Porz am Rhein verleihe ich hiermit der Gemeinde Porz am Rhein, Rheinisch-Bergischer Kreis, auf Grund des § 9 Abs.2 der revidierten Deutschen Gemeindeordnung in der zur Zeit im Lande Nordrhein-Westfalen geltenden Fassung das Recht, künftig die Bezeichnung

S t a d t   Porz am Rhein

zu führen.

Düsseldorf, den 16. September 1951

Im Namen der Landesregierung
des Landes Nordrhein-Westfalen
Der Innenminister :

(Dr. Flecken)

Die Urkunde, die Porz zur Stadt erhob

Am 16. September 1951 wurden der Gemeinde Porz von der nordrhein-westfälischen Landesregierung die Stadtrechte verliehen. Porz war im Mittelalter und der frühen Neuzeit Hauptort des gleichnamigen Amtes, aber es hatte nie den Status einer eigenständigen Stadt erhalten. Durch die große Zuwanderung von Kriegsheimkehrern und Ostflüchtlingen hatte sich seit Kriegsende die Bevölkerungszahl der Gemeinde nahezu verdoppelt und Porz erreichte bereits 1950 die magische Grenze von 30 000 Einwohnern, die nach der Gemeindeordnung des Landes Nordrhein-Westfalen Voraussetzung für die Erlangung der Stadtrechte war. Der neuen Stadt wurde die vollständige kommunale Selbstverwaltung sowie ein eigenständiges Haushaltsrecht zugebilligt. Bislang wurden einige dieser Aufgaben durch den Rheinisch-Bergischen Kreis übernommen. Das Gebiet der neuen Stadt blieb unverändert. Die Grenze zwischen Rath und Heumar, die in der NS-Zeit für Diskussionen sorgte, wurde nicht korrigiert.

Aus Anlass der Stadterhebung zog unter dem Motto »Es werde Stadt« ein großer Festumzug mit vielen Porzer Vereinen durch die Straßen rund um das Rathaus. Bürgermeister Alfons Kafka (SPD) holte den Kölner Regierungspräsidenten Wilhelm Warsch persönlich in einer Limousine an der Stadtgrenze zu Köln wie einen Staatsgast ab und begleitete ihn zu den Feierlichkeiten. Im Porzer Hof übergab Warsch dann dem Bürgermeister die Urkunde des nordrhein-

Festumzug zur Stadterhebung: Porzer Vereine paradieren am Rathaus vorbei. Hier der Turnverein Deutsche Eiche Heumar 16. September 1951

Festumzug zur Stadterhebung: Das Tanzmariechen und der Tanzoffizier der Karnevalsgesellschaft »Rot-Weiß«

Die Schwestern des Porzer Roten Kreuzes

westfälischen Innenministers Adolf Flecken. Ab sofort hatte die Gemeinde das Recht, die Bezeichnung »Stadt Porz am Rhein« zu führen.[1] Aus Dank wurde Warsch am 1. Dezember 1951 vom Rat der Stadt Porz zum Ehrenbürger ernannt, da er sich für die Stadterhebung eingesetzt hatte. Alle Diskussionen um eine mögliche Eingemeindung nach Köln verstummten mit der Stadterhebung. Dieser Konflikt, der jahrzehntelang zwischen Porz und Köln ausgetragen wurde, wurde während der Feierlichkeiten und in den Festschriften nicht mit einem einzigen Wort erwähnt.[2]

Der neue örtliche Dreiklang: Industrie, Handel, Landwirtschaft

Die »Junge Stadt am Rhein«, wie sich Porz selber nannte, wollte sich nun das Image einer modernen aufstrebenden Kommune geben. Als Werbespruch wählte die Stadtverwaltung das Motto: »Der örtliche Dreiklang: Industrie, Handel, Landwirtschaft«.[3] Das Motto der Gemeinde aus dem »Dritten Reich« wurde übernommen, lediglich die »Wehrmacht« wurde durch den »Handel« ersetzt.[4] Die Industrie, wie z.B. die Firma Dielektra, war am Anfang des Wirtschaftswunders ein wichtiger Faktor für Porz.

Präsentation des ersten Fernsehgerätes in Porz im Geschäft der Firma Körsegen (ca. 1952)

Gruppenbild mit Dame: **der Stadtrat von 1951**

Zwar zeichnete sich der Niedergang der Schwerindustrie bald ab, aber kleinere innovative Firmen hatten in Porz ihren Standort, wie zum Beispiel die Firma Mannesmann-Multiblitz, die Fotoausrüstungen herstellte, oder die Firma TEFI, die spezielle Tonbänder herstellte. Der amerikanische Getränkehersteller Pepsi-Cola baute eine Abfüllanlage an der Kölner Straße, denn dieses Erfrischungsgetränk wurde im Nachkriegsdeutschland immer beliebter.

»Porz hat einen guten Klang« – das Tefifon: eine Porzer Erfindung

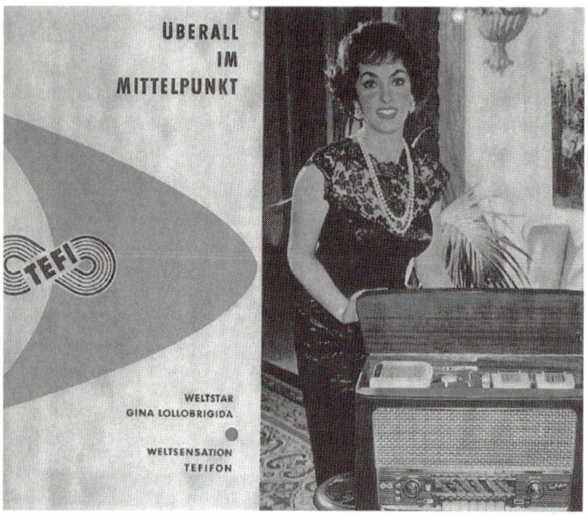

Tefifon-Werbung auf internationalem Niveau.

Auf der Berliner Funkausstellung 1936 stellte der Kölner Karl Daniels ein neuartiges Tonbandsystem vor: das Tefiphon.[5] Das Gerät war eine Mischung aus Tonbandgerät und Schallplattenspieler. Ursprünglich sollte diese Erfindung als Anrufbeantworter genutzt werden, doch wegen des Reichspostmonopols durfte Daniels dieses Gerät nicht vermarkten. Deshalb entwickelte er es für Radiostationen weiter, die mittels Schallfilmen Sendungen aufzeichnen und erneut ausstrahlen konnten. Verwendet wurden hierfür anfangs Filme, die auch für die Bildaufzeichnung genutzt wurden. Die ersten Geräte hatten ein 100 Meter langes Band, auf dem bis zu 24 Stunden Sprache oder 12 Stunden Musik aufgezeichnet werden konnten. Während das Tefiphon zur Aufzeichnung diente, nannte sich das dazugehörige Abspielgerät Teficord. Im Zweiten Weltkrieg wurde diese Technik kriegswichtig. Für die Luftwaffe entwickelte die Firma TEFI, die seit 1936 ihren Sitz an der Steinstraße in Porz hatte, das Verfahren weiter, besonders zur Aufzeichnung von Funksprüchen und zur Spracherkennung. Auch Propagandareden der NSDAP wurden auf Tefiphon aufgezeichnet.[6] 1943 wurde die Produktion kriegsbedingt von Porz ins oberbergische Dieringhausen verlegt.

Nach dem Zweiten Weltkrieg zog TEFI wieder nach Porz zurück. Zunächst stellte die Firma jedoch Gebrauchsgegenstände wie Lampen für Kraftfahrzeuge her. Die ersten Radioempfänger wurden ab 1946 in dem Porzer Werk gefertigt. Das Tefifon (jetzt mit f!) kam 1950 als Medium der Unterhaltungselektronik auf den Markt. Die Schallbänder wurden nicht magnetisch, sondern analog abgespielt. Auf dem ca. 1,5 Zentimeter breiten Band waren, wie bei einer Schallplatte Rillen eingestanzt, die mit einer Nadel abgetastet wurden. Der Vorteil gegenüber der Schallplatte lag darin, dass wesentlich mehr Musik abgespeichert werden konnte. Während eine damals übliche Platte mit 78 oder 45 Umdrehungen pro Minute (U/min) rund 3 Minuten, die damals neu entwickelte Langspiel-

»Porz hat einen guten Klang« – **die TEFIFON-Zentrale an der Steinstraße** (ca. 1955)

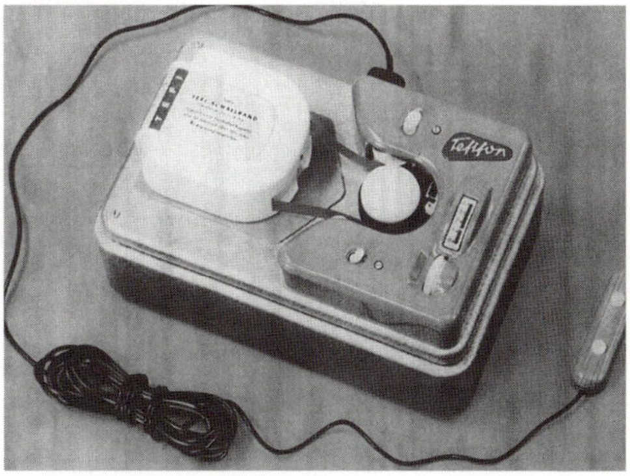

Die Bedienung ist **kinderleicht …**

platte mit 33 1/3 U/min rund 20 Minuten Spielzeit pro Seite hatte, konnte man auf dem Tefifon bis zu 4 Stunden Musik oder Sprache auf einem Schallband abspeichern. Ein solches Tefiband war rund 10 Meter lang, lief mit einer Bandgeschwindigkeit von 19 Zentimeter pro Sekunde und hatte bis zu 70 Tonspuren nebeneinander, zwischen denen der Zuhörer hin und her schalten konnte. Das Wenden wie bei einer Schallplatte entfiel. Ein weiterer Vorteil war, dass der Tonträger in einer Endlosschleife aufgewickelt war, so dass er immer wieder automatisch von vorne begann. Andererseits benötigte ein Band wesentlich mehr Platz im Regal als eine Schallplatte, die nur wenige Millimeter dick war. Äußerlich sah ein Tefikassette einem Buch ähnlich, sodass eine Sammlung von Tefibändern einer Bibliothek ähnelte.

Das Tefigerät hielt zu Beginn des Wirtschaftswunders Einzug in die deutschen Wohnzimmer. Beliebt waren seinerzeit Musiktruhen, in denen Radioapparat und Schallplattenspieler kombiniert waren. Solche Truhen gab es auch mit einem Tefifon. Verbreiteter waren aber kleine Koffergeräte, oftmals kombiniert mit einem Radio. 1955 brachte TEFI ein Gerät für den Betrieb im PKW heraus. Daneben stellte TEFI auch Radio- und Fernsehgeräte in seinem Porzer Werk her. Die Herstellung von Geräten und Bändern sowie der Vertrieb und Verkauf lag in einer Hand. Das unterschied TEFI von Schallplattenfirmen.

In der Zweiten Hälfte der 1950er Jahre erlebte das Porzer Unternehmen einen Boom. Das Werk zog 1958 in ein größeres Gebäude an der Kölner Straße und setzte als erster Betrieb in der jungen Stadt einen Computer für die Verwaltung ein. Da ein solches Gerät damals nicht käuflich war, mietete es die Firma TEFI von einem nicht näher genannten US-amerikanischen Unternehmen für 3500 D-Mark im Monat! Im Jahre 1959 hatte die Firma über 6000 Titel auf 300 Kilometer Band im Repertoire, was einer Tonspurlänge von rund 20000 Kilometern entsprach. Monatlich kamen 100 neue Titel hinzu. Mit dem Werbespruch »Porz hat einen guten Klang« gingen Tefigeräte um den ganzen Globus. Sogar ein Dankesschreiben vom Hof des äthiopischen Kaisers Haile Selassie ging in der Porzer Firmenzentrale ein.[7]

Die kleine Firma aus Porz konnte sich aber nicht gegen die Konkurrenz der Schallplatte durchsetzen, wenn auch das Repertoire fast alle Genres wie Klassik, Tanzmusik, Schlager, Volkslieder und natürlich Karnevalsmusik sowie Hörspiele umfasste. Aufnahmen von Willy Millowitsch, Peter Frankenfeld, Gerhard Wendland, und internationaler Künstler wie Doris Day, Louis Armstrong oder Frank Sinatra waren auf Schallband erhältlich. TEFI besaß die Rechte für das gesamte Programm der Firma Philips. Da aber die meisten Urheberrechte bei den Schallplattenfirmen lagen, erschienen viele beliebte Schlager ausschließlich als Vinyl-Platte oder erst mit Verzögerung auf Tefiband. Musikliebhaber kauften sich daher lieber Schallplattenspieler, die mittlerweile mit einem Zehnerwechsler ausgestattet werden konnten, der automatisch die Schallplatten auflegte.

1962 kam es bei TEFI zu einem Produktionseinbruch. Die erst 1958 bezogene Firmenzentrale an der Kölner Straße musste aufgeben werden. Das Unternehmen zog zurück in die Steinstraße und konzentrierte sich auf die Herstellung der Schallbänder. 190 der 450 Mitarbeiter verloren dadurch ihren Arbeitsplatz. Das Versandhaus Neckermann übernahm den Vertrieb und den Kundenservice, die Abspielgeräte wurden von der Firma Körting in Grassau am Chiemsee hergestellt. Drei Jahre später wurde die Firma TEFI liquidiert und 1970 aus dem Handelsregister gelöscht.

Der Köln/Bonner Flughafen wird zum wichtigsten Wirtschaftsfaktor

In den 1960er wurde der Flughafen zum wichtigsten Wirtschaftsfaktor in der Stadt Porz. Zunächst ging es dort allerdings recht beschaulich zu. Liebevoll nannten die Rheinländer ihren Flugplatz »Flower-Airport«, da er eher an einem Park als an einem Verkehrsknotenpunkt erinnerte. Zwischen dem hölzernen Abfertigungsgebäude und dem Rollfeld erstreckte sich eine große Rasenfläche mit gepflegten Blumenbeeten. Im Sommer standen die Tische des Flughafen-

Das Flughafen-Café direkt am Rollfeld (ca. 1956)

Cafés am Rand der Rollbahn, sodass man den abfliegenden Maschinen bei Kaffee und Kuchen, nur getrennt durch einen niedrigen Gartenzaun, zuwinken konnte. Bereits ab 1949 wurde Wahn als Regierungsflughafen für die Bundeshauptstadt Bonn genutzt. Viele Porzer nutzten daher die Gelegenheit, sich Staatsbesuche aus nächster Nähe anschauen. Sicherheitsvorkehrungen waren in den 1950er Jahren kaum notwendig. Luftpiraterie oder Terroranschläge waren damals noch unbekannt.

Besonderes Aufsehen erregte 1953 die Landung des ersten Düsenflugzeuges vom Typ Havilland Comet 1, kannte man doch bislang nur Propellermaschinen in Wahn. Weil absehbar war, dass das Luftverkehrsaufkommen steigen würde, bekam Köln/Bonn die damals mit 2460 Meter Länge längste Querwindbahn eines bundesdeutschen Flughafens, auf der Flugzeuge bei widrigen Windverhältnissen landen konnten. Trotz aller Beschaulichkeit hatte die Betreibergesellschaft offenbar alle Hände voll zu tun, denn im Geschäftsbericht von 1957 hieß es: »Für das 6. Geschäftsjahr [*1956*] wurde aus Mangel an Zeit kein Geschäftsbericht vorgelegt«.

Ab Mitte der 1950er Jahre, setzte die sogenannte Reisewelle ein. Flugreisen wurden immer beliebter und der Luftverkehr nahm ständig zu. Als die Britische Luftfahrtbehörde 1957 alle Beschränkungen aufhob, war der Weg für einen regulären Passagierverkehr frei. Ein Jahr nach der zivilen Freigabe erarbeitete die Landesregierung bereits Pläne, den Flughafen Wahn zu einem »Weltflughafen« auszubauen. Die Hauptstadt und die Domstadt sollten Anschluss an das internationale Luftverkehrsnetz erhalten.

Dazu musste das Flugfeld für die Bedürfnisse des modernen Düsenflug- und Transkontinentalverkehrs umgebaut werden. Die alten Landebahnen waren bislang nur für den Betrieb mit Propeller-Maschinen ausgelegt. Zusätzlich sollte Köln/Bonn in der Lage sein, als Ausweichflughafen für Düsseldorf und Frankfurt zu dienen. Und schließlich nahm der Regierungs- und Diplomatenverkehr in der Bundeshauptstadt stetig zu. Der Ausbau sollte so großzügig dimensioniert werden, dass die damals unvorstellbare Kapazität von fünf Millionen Fluggästen pro Jahr mühelos bewältigt werden könnte. In einem Verwaltungsbericht der Stadt Porz heißt es dazu: »Damit werden auch die kühnsten Erwartungen der Flughafenplaner erfüllt, wenngleich für so ein starkes Passagieraufkommen noch keine Anhaltspunkte vorhanden sind«.[8] Zum Vergleich: Im Jahre 1960 flogen knapp 275 000 Fluggäste von Wahn, die erste Million wurde 1969 überschritten, 5 Mio. Passagiere jährlich wurden aber erst 1996, also fast 40 Jahre später, gezählt. (Im Jahr 2003 flogen rund 7,9 Millionen Passagiere von Köln/Bonn ab.). Schon in den 1960er Jahren gab es Pläne für eine Schienenanbindung des Flughafens. Die Überlegung, die Köln-Bonner Eisenbahn bei Wesseling über den Rhein zum Flughafen zu führen und somit eine direkte Verbindung zu den Hauptbahnhöfen in Köln und Bonn zu schaffen, wurde aber nie verwirklicht.

Der Flughafen-direktor Steinmann erläutert **die Ausbaupläne**

Der »Flughafenkampf« der Stadt Porz [9]

Die großzügigen Ausbaupläne des Flughafens hätten weitreichende Folgen für die Stadt Porz mit sich gebracht. Deswegen wandte sich die Porzer Stadtverwaltung 1958 an die Betreibergesellschaft und fragte an, ob denn durch den Ausbau Nachteile oder Beeinträchtigungen für die Porzer Bevölkerung entstehen würden. Die Flughafengesellschaft antwortete, es gäbe durch den Ausbau »nur Vorteile«, mit Beeinträchtigung oder Belästigungen für die Bevölkerung sei nicht zu rechnen.[10] Die Stadtverwaltung zeigte sich mit dieser Antwort zufrieden und verzichtete auf einen Widerspruch gegen den Ausbau der Startbahnen. Sie ging davon aus, dass lediglich eine Startbahn verlängert werde und nicht

Gepflegte Grünanlagen neben dem Rollfeld
(ca. 1956)

der gesamte Flughafen modernisiert würde. Von den weiteren Ausbauplänen erfuhr die Stadtverwaltung nach eigenen Angaben erst Mitte 1961 durch Zufall.

Diese erweiterten Pläne legten Zonen um den Flughafen fest, die von sogenannten »Lärmlinien« begrenzt wurden. In diesen Zonen sollte der Wohnungsbau stark eingeschränkt und öffentliche Fördermittel dafür nicht mehr zur Verfügung gestellt werden. Die Stadt Porz kritisierte, dass sich bereits innerhalb dieser Linien viele öffentlichen Gebäude, Schulen, Kirchen und Kindergärten befänden, die einer erheblichen Lärmbelastung ausgesetzt würden. Bereits 20 000 Menschen lebten innerhalb der Lärmschutzzone, die knapp die Hälfte des Stadtgebietes umfasste.

Wütende Porzer Bauern demonstrieren gegen den Flughafenausbau
8. Dezember 1961

Einsicht in die Akten bekamen die zuständigen Gremien erst im Oktober 1961. Selbst der Aufsichtratsvertreter der Stadt Porz bei der Flughafengesellschaft, Christoph Faber (FDP), wurde nicht informiert. Die Stadtverwaltung fühlte sich übergangen. Den Ausbau des Flughafens lehnte die Verwaltung zwar nicht grundsätzlich ab, aber sie wollte erreichen, dass auf der kleinen Nord-Süd-Startbahn, sowie auf der Querwindbahn der Düsenflugbetrieb, wie sie es nannte, »aus humanitären Gründen«, nicht erlaubt werde. Es kursierten damals sogar Gerüchte, die Stadt Porz werde sich auch auf das linke Rheinufer ausdehnen, und die betroffenen Bürger aus Wahn und Grengel nach Weiß umsiedeln. Engagierte Bürger gründeten sogenannte »Flughafennotgemeinschaften«, die sich gegen den Ausbau wandten und bereit waren, vor Gericht zu ziehen.

Am 8. Dezember 1961 rief der Stadtrat die Bürger zu einer Protestversammlung gegen die Ausbaupläne auf. Rund 2 000 Bürger folgten diesem Aufruf in das Haus »Wahner Heide«, wo die Stadtverordneten eine Sondersitzung abhielten. Bundeswohnungsbauminister Paul Lücke (CDU), zugleich Bundestagsabgeordneter für den Rheinisch-Bergischen Kreis, bekam den Zorn der Bevölkerung zu spüren. Einige Bauern rückten sogar mit Spitzhacken zu dem Treffen an, um ihrem Ärger Luft zu machen. Vertreter der Flughafengesellschaft waren erst gar nicht erschienen. So fand die Diskussion ohne den Hauptverursacher des Problems statt. Die Ratsherren protestierten entschieden gegen das Vorgehen der Flughafengesellschaft. Bürgermeister Peter Weiden (CDU) nannte deren Pläne eine »Vergewaltigung« der Stadt Porz und wandte sich schroff gegen die Aufforderung, die Porzer sollten sich tolerant gegenüber dem Fluglärm zeigen. »Das wär das gleiche, als wolle sich ein Mensch an Hunger gewöhnen«, sprach der Bürgermeister den Zuhörern aus der Seele. Auch für die SPD lehnte ihr Fraktionsvorsitzender Linden »jetzt und in aller Zukunft den Ausbau des Flughafens Wahn ab«. Der Vertreter der Stadt Porz im Aufsichtsrat, Christoph Faber (FDP), rief dazu auf, die Notgemeinschaften zu unterstützen und gegen den Ausbau mit schwarzen Flaggen zu demonstrieren. Altbürgermeister Alfons Kafka (UWG) brachte die Stimmung auf dem Punkt. Die Porzer seien keine Revolutionäre, sondern wollten »nur Ruhe und Frieden«.[11] Auch die Lokalpresse unterstützte die Ausbaugegner: »Flughafenausbau ist der Tod der Stadt« titelte die Porzer Ausgabe des Kölner Stadtanzeigers am Tag nach der Versammlung. Die Bergische Landeszeitung (damals die Porzer Ausgabe der Kölnischen Rundschau) forderte am 11. Dezember 1961: »Der Kampf geht weiter bis zur erfolgreichen Abwehr!«

Peter Weiden (CDU), Bürgermeister 1961–1969

In einer einstimmig beschlossenen Resolution forderte der Stadtrat die Bundes- und Landesregierung auf, sich dem »unmenschlichen Ausbauplan« zu widersetzen. Er habe für die Bevölkerung verheerende Nachteile. Der Stadt Porz müsse »der für sie dringend notwendige Lebensraum belassen« werden. Der Kreistag des Rheinisch-Bergischen Kreises schloss sich wenige Tage später den Protesten an und wies auf die »unübersehbaren Folgen für den gesamten Bereich der Stadt Porz« hin.

Obwohl die Ausbaupläne vom Landtag noch nicht verabschiedet worden waren, begann die Flughafengesellschaft mit Erneuerungsarbeiten an der Querwindbahn. Über die Instandsetzung sollte aber erst nach Beendigung des Planfeststellungsverfahrens entschieden werden. Am 19. März 1963 legte die Stadt Porz deswegen Klage gegen den Landesverkehrsminister ein und wollte per einstweiliger Verfügung einen Baustopp erreichen. Das Kölner Verwaltungsgericht wies aber die Klage am 27. April 1963 ab. Die Querwindbahn, hieß es in der Urteilsbegründung, sei ohnehin für den internationalen Düsenflugverkehr nicht geeignet. Die Bahn könne von Jets zwar als Rollbahn, aber nicht als Startbahn genutzt werden. Somit liege keine Änderung des Flughafenkonzeptes vor. Die Bauarbeiten seien somit statthaft. Diese Rechtsauffassung wurde in nächster Instanz vom Oberverwaltungsgericht bestätigt.

Gleichzeitig klagte die Stadt Porz gegen den Regierungspräsidenten wegen Untätigkeit im Amt. Er hatte zwar dem Stadtrat zugesichert, die Bedenken gegen den Ausbau bei der Landesregierung vorzutragen, jedoch nicht über den Widerspruch gegen den Durchführungsplan entschieden. Erst nachdem die Klage eingereicht worden war, befasste sich die Bezirksregierung mit der Porzer Eingabe, allerdings nicht im Sinne der Porzer: Am 7. Februar 1964 beschnitt Regierungspräsident Franz Grobben die Planungshoheit der Stadt Porz. Innerhalb der ausgewiesenen Lärmschutzzonen durften danach keine öffentlichen Mittel für den Wohnungsbau verwandt werden. Das bedeutete, dass in großen Teilen von Porz die Bautätigkeit lahm gelegt wurde, nämlich in den Stadtteilen Heumar, Eil, Grengel, Wahnheide, Wahn, Lind, Libur und Urbach. Schmerzlich war dieser Beschluss vor allem für bauwillige Familien, die mit der Aussicht auf öffentliche Zuschüsse Grundstücke gekauft hatten. Auch der Bau eines neuen Porzer Krankenhauses war betroffen. Schließlich konnte doch noch ein Kompromiss gefunden werden. Die Startbahn wurde weiter südlich gelegt, um die Lärmbelastung für die Porzer Bevölkerung so gering wie möglich zu halten. Außerdem verzichtete die Betreibergesellschaft auf den Bau einer zweiten Querwindbahn. 1965 wurde schließlich der Grundstein für das neue Empfangsgebäude gelegt, das 1970 durch Bundespräsident Gustav Heinemann feierlich eröffnet wurde.

Bei dieser ersten Auseinandersetzung um den Flughafenausbau spielten ökologische Argumente wie die Naturzerstörung der Wahner Heide oder die Beeinträchtigung des Weltklimas durch Abgase der Flugzeuge keine Rolle. Das war später in der zweiten großen Protestwelle in den 1990er Jahren anders.

»Es werde Stadt« – die Stadtentwicklung in Porz

Von der günstigen Lage zwischen der Metropole Köln und der Bundeshauptstadt Bonn erhoffte sich die Stadt Porz Impulse für die Stadtentwicklung. »Es werde Stadt« war das Motto einer großzügigen Stadtentwicklungsplanung. Porz war bislang nicht mehr als eine verwaltungsmäßige Ansammlung einzelner Dörfer gewesen. Doch jetzt wollte Porz auch nach außen als Stadt wirken. Ein neues Stadtzentrum sollte im Ort Porz entstehen, das im Volksmund »Porzity« genannt wurde. Das ehemalige bergische Dorf am Rhein sollte nach dem Willen

Am 8. Oktober 1968 eröffnete **das erste SB-Warenhaus im Großraum Köln** seine Pforten

der Stadtplaner eine Skyline nach amerikanischem Vorbild erhalten. Direkt am Rheinufer sollte eine Kette von Hochhäusern mit Einkaufs- und Kongresszentrum entstehen. Der Begriff »Rheinhattan« machte die Runde. Für dieses Vorhaben mussten jedoch alte Häuser an der Rheinpromenade weichen. Eines der am meisten betrauerten Gebäude war das Porzer »Rheinhotel«. In den 1960er Jahren war dies ein beliebtes Musiklokal gewesen, in dem Rock- und Jazzbands aus dem Umland regelmäßig auftraten. Die Kölner Gruppe Bläck Fööss hatten hier ihre ersten Auftritte. Als Hommage widmeten sie dem Lokal im Jahre 1994 das Album »Rheinhotel«.

Verwirklicht wurde von dieser übertriebenen Planung nur wenig. Ein einzelnes Hochhaus wurde direkt am Rhein am »Lindenhof« erbaut, das heute nicht so recht in das Rheinpanorama hineinpasst. Weitere Hochhäuser entstanden auf dem ehemaligen Gelände der Adelenhütte, an der Glashüttenstraße, in Urbach, sowie in Finkenberg. Auch ein geplantes Kulturzentrum wurde nie gebaut. Von dem Einkaufszentrum entstand zunächst nur ein Kaufhaus, das nach seiner Fertigstellung den Porzer Markt in zwei Hälften teilte. Ebenso wurde ein Parkhaus errichtet, das aber viel zu groß dimensioniert wurde. Die Rolltreppen, die die Passanten vom Bürgersteig

Ministerpräsident Heinz Kühn (SPD, ganz links) informiert sich über **den Ausbau der Porzer Innenstadt**, daneben Bürgermeister Alfred Moritz (SPD), Stadtdirektor Rudolf Trum (SPD) und Altbürgermeister Peter Weiden (CDU), 15. Mai 1970

auf die Parkdecks bringen sollten, wurden zwar installiert, aber niemals in Betrieb genommen. Die Idee einer attraktiven Porzer Innenstadt blieb ein frommer Wunsch der damaligen Stadtväter. Im Jahre 2003 griff man die ursprüngliche Idee wieder auf, als an der Stelle des alten Parkhauses ein schon für die 1970er Jahre geplante Einkaufszentrum eröffnete.

Hochhäuser in Finkenberg, 2004

In den 1960er Jahren kam es einem weiteren Bevölkerungszuwachs in der Stadt Porz, nachdem ja bereits in den ersten Jahren nach dem Krieg Heimatvertriebene und Ostflüchtlinge an den Rhein gekommen waren. Diese Gruppe stellte damals fast ein Drittel der Einwohner in der jungen Stadt. Ab den späten 1950er bzw. frühen 1960er Jahren zogen auch die ersten damals noch »Gastarbeiter« genannten Menschen aus Südeuropa nach Porz und fanden hier eine neue Heimat. Schließlich kamen auch Stadtbewohner von Köln oder Bonn nach Porz, da sie hier günstig bauen konnten. Insgesamt wuchs die Bevölkerungszahl von 33000 bei Stadterhebung 1951 bis auf 85000 im Jahre 1974 an. Hinzu kamen noch 2500 Belgier, die in Porz stationiert waren.

Für die neuen Bewohner musste Wohnraum geschaffen werden. Die Stadt Porz war in der glücklichen Lage, dass es zwischen den einzelnen Ortschaften noch große bebaubare Freiflächen gab. Durch die Bebauung wuchsen die Orte von Westhoven und Ensen, Porz, Zündorf und Urbach zu einer einzigen geschlossenen Ortschaft zusammen.

Richtfest im Demo-Gebiet

Finkenberg

Der jüngste Ortsteil von Porz entstand in den 1970er Jahren und trägt seit 1988 den Namen Finkenberg. Allerdings gilt die Trabantenstadt nicht als eigener Stadtteil, sondern wird zu Eil gezählt, obwohl sie auf der Gemarkung Porz liegt. Das Vorhaben, das in den frühen 1970er Jahren auf den Eiler und Porzer Äckern entstand, trug damals den idealistischen Namen »Demonstrativbauprogramm Menschenfreundliche Stadt«, im Volksmund »Demo-Gebiet« genannt. Im Norden dieses Gebietes entstanden große Hochhausbauten, während im Süden, entlang des Brüsseler Rings, Eigenheime gebaut wurden. Die Idee, verschiedene Wohnformen zu kombinieren, ging jedoch zunächst nicht auf.

Einkaufszentrum im Demo-Gebiet

Denn bei der Planung wurde weder an eine günstige Verkehrsanbindung, noch an eine soziale Infrastruktur gedacht. Ähnlich wie in anderen Hochhaussiedlungen entwickelte sich das Gebiet zu einem sozialen Brennpunkt. Vor allem sozial schwache Familien zogen in die Hochhauswohnungen. Ohne Rücksicht auf kulturelle Eigenarten wurden Ausländer aller Nationalitäten dort einquartiert. Dies führte zu erheblichen sozialen Spannungen und der Ruf des Viertels wurde in der Öffentlichkeit zusehends schlechter. In den 1980er Jahren entstanden verschiedene Bürgerinitiativen, die das Wohnumfeld in Finkenberg wieder attraktiv machen wollten. 1988 erhielt die bislang namenlose, nur als »Demo-Gebiet« bezeichnete Siedlung, symbolisch den Namen »Finkenberg«, der sich von einer alten Flurbezeichnung in diesem Gebiet ableitet.

Kommunale Neuordnung in NRW: Porz verliert seine Eigenständigkeit

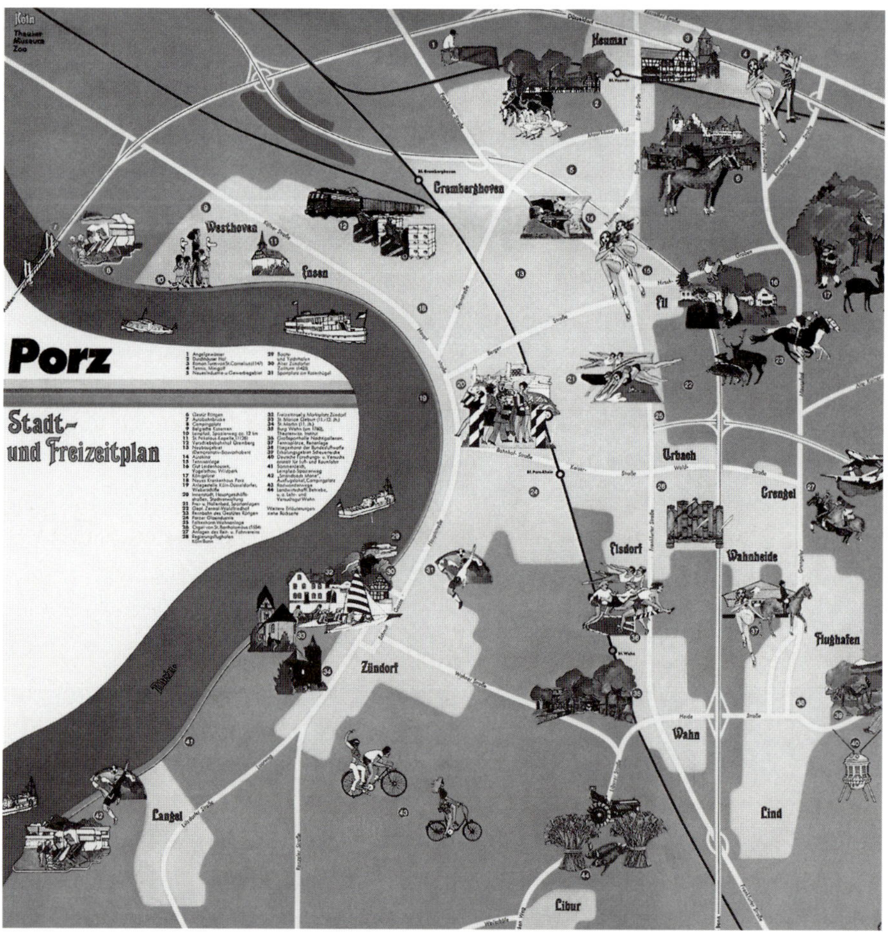

Stadt- und Freizeitplan von Porz, 1972

Politische Vertretung Mandatsverteilung im Rat von 1946 bis 1975

	23.1.1946[4]	13.10.1946	17.10.1948	9.11.1952	28.10.1956	24.11.1960[5]	19.3.1961	27.9.1964	9.11.1969
CDU	15	18	11	11	10	10	17	18	24
SPD	9	6	9	13	15	7	13	17	19
FDP	–	–	2	3	3	3	3	2	2
KPD	6	1	1	0	–	–	–	–	–
BHE	–	–	0	3	2	2	0	–	–
UWG	–	–	–	–	–	8	3	0	–

1 Rat wurde von der britischen Militärregierung ernannt.
2 Bürgermeister Kafka trat mit 7 weiteren Stadtverordneten aus der SPD-Fraktion aus und bildeten die Fraktion der Unabhängige Wählergemeinschaft (UWG). Die beiden Verordneten des BHE (Bundes der Heimatvertriebenen und Entrechteten) hospitierten in dieser Fraktion. Kafka blieb bis zur Wahl 1961 Bürgermeister der Stadt Porz.

Ende der 1960er Jahre wurde in der Bundesrepublik wieder einmal über Gebietsreformen diskutiert. In Nordrhein-Westfalen machte die Bundeshauptstadt Bonn den Anfang, die 1969 die Nachbarstädte Beuel und Bad Godesberg eingemeindete, in denen bereits verschiedene Bundesbehörden und Botschaften ansässig waren. Danach sollten im gesamten Land Kreise, Städte und Regierungsbezirke neu zugeschnitten werden. Damit bekam die langjährige Debatte um eine mögliche Eingemeindung von Porz nach Köln neue Nahrung. Nach dem Ersten Weltkrieg hatte diese Debatte über Jahrzehnte die Porzer Kommunalpolitik beherrscht, bis sie mit der Stadterhebung 1951 ein vorläufiges Ende fand. Jetzt wurde eine mögliche Eingemeindung wieder diskutiert.

Die Parteien im Düsseldorfer Landtag waren sich grundsätzlich über eine Neueinteilung der Gemeinden in NRW einig. Es wurden verschiedene Modelle für die Raumordnung in der Kölner Bucht erarbeitet. Der Deutsche Städtetag schlug im Mai 1971 vor, die Städte Porz, Troisdorf und Niederkassel zu einer kreisfreien Großstadt zu vereinen. Dieser Vorschlag stieß aber in keiner der betroffenen Gemeinden auf Gegenliebe und wurde bald zu den Akten gelegt. Im August 1972 griff der Kölner Oberstadtdirektor Heinz Mohnen die Ideen Adenauers aus dem Jahre 1923 wieder auf. Er schlug vor, den gesamten Landkreis Köln, die Gemeinde Dormagen sowie Porz, Rösrath, Bensberg und Bergisch Gladbach in die Stadt Köln einzubeziehen.[12] Mohnen verfolgte diesen Plan hartnäckig und legte im April 1973 eine detaillierte Planung vor. Das von Mohnen vorgesehene Stadtgebiet sollte in 14 Stadtbezirke eingeteilt werden, wobei Porz (allerdings ohne Heumar) einen eigenen Bezirk bilden sollte.[13]

Plakate gegen die Eingemeindung nach Köln, 1974

Die Porzer waren aber nicht bereit, ihre Selbstständigkeit aufzugeben. Die Stadt Porz gehörte zu den Initiatoren der landesweiten »Aktion Bürgerwille«, die ein Volksbegehren gegen die Gebietsreform durchsetzen wollte. Mitten in der Karnevalssession 1974 fanden in Porz eine Reihe von Veranstaltungen statt, die auf dieses Anliegen aufmerksam machten. Sogar das Porzer Dreigestirn erhob seine Stimme gegen die Gemeindereform und die »Bläck Fööss« stellten auf einer Protestveranstaltung ein Lied gegen die Eingemeindung vor: »M'r losse d'r Dom in Kölle – denn do gehööt hä hin«. In Porz hatten die Proteste eine breite Basis, denn rund 70 Prozent der Wähler trugen sich die Listen für das Volksbegehren ein. Ähnlich hohe Beteiligungen fanden sich nur in Wattenscheid, Kettwig oder Bottrop, die ebenfalls ihre Selbständigkeit bedroht sahen. In den großen Metropolen zwischen Rhein und Weser beteiligte sich allerdings so gut wie niemand an der Abstimmung. In Köln lag die Beteilung nur bei ca. 0,2 Prozent. Selbst in den Nachbargemeinden des Rheinisch-Bergischen Kreises gaben nur 3 Prozent der »Aktion Bürgerwille« ihre Unterstützung.[14] 2,4 Millionen Stimmen wären landesweit für ein Volksbegehren nötig gewesen, aber nur 719 910 Wahlberechtigte in NRW unterstützten dieses Anliegen. Das Volksbegehren war damit gescheitert.

Zitate zur Kommunalreform

Wenige Wochen vor der Eingemeindung gab die Stadt Porz einen Bildband über die Geschichte der Stadt heraus.
Darin heißt es: *»immer ist Köln zu sehen. Grüßt es herüber? Nein es droht. [...] manchmal auch sieht man die gesamte massige Stadt liegen, und ihre Ausläufer lecken sich schon die Zunge«.*[18]
»Das Experiment Porz wird abgebrochen, ehe es vollendet ist [...] der Willensakt scheitert an der Geographie«.[19]

Der Rat der Stadt Porz versuchte danach politische Maßnahmen zu ergreifen, um die Lebensfähigkeit als eigenständige Kommune unter Beweis zu stellen und legte einen umfassenden Stadtentwicklungsplan vor, der bis in das Jahr 1990 reichte.[15] Zusätzlich legte die Porzer Stadtverwaltung zusammen mit Wesseling, das ebenfalls nach Köln eingemeindet werden sollte, Verfassungsbeschwerde gegen das vom Landtag verabschiedete »Köln-Gesetz« ein, das die rechtliche Grundlage für die Kölner Stadterweiterung gab. Doch hatte diese Beschwerde keine aufschiebende Wirkung. Daher fand am 18. Dezember 1974 die letzte offizielle Sitzung des Porzer Stadtrates mit einem Festakt statt. Mit dem Neujahrsläuten 1975 verlor Porz nicht nur die Eigenständigkeit, sondern auch die Zugehörigkeit zum Bergischen Land. Für die Übergangzeit bis zur Kommunalwahl im Mai 1975 blieb der alte Stadtrat als provisorische Bezirksvertretung im Amt.

Sitzung des Porzer Stadtrates, am Rednerpult spricht Stadtdirektor Rudolf Trum, ca. 1971

Mit der Eingemeindung wurden auch einige Grenzkorrekturen durchgeführt. Der Ortsteil Heumar wurde nun endlich mit Rath zusammengelegt und dem Stadtbezirk Kalk zugeschlagen. Im Gegenzug wurde der sei 1888 zu Köln gehörende Stadtteil Poll dem Stadtbezirk Porz angegliedert.[16] Nicht korrigiert wurde die Grenze auf dem Flughafen. Noch heute überqueren Jets beim Start die Kölner Stadtgrenze und heben in Rösrath ab.

Am 6. Dezember 1975 entschied das Landesverfassungsgericht über die Verfassungsbeschwerde der mittlerweile nicht mehr existierenden Städte Wesseling und Porz. Im Fall der Stadt Wesseling wurde der Klage stattgegeben, da die Verflechtungen mit Köln zu wenig ausgeprägt seien. Wesseling wurde daher am 1. Juli 1976 wieder aus der Stadt Köln ausgegliedert. Für Porz vertrat das Gericht jedoch eine andere Auffassung. Porz »bilde siedlungs- und wirtschaftsräumlich eine Einheit mit der Großstadt«.[17] Somit sei die Eingemeindung rechtlich einwandfrei. Doch gab man sich in Porz auch nach dieser Niederlage nicht zufrieden. Unter großer Anteilnahme der Porzer Bevölkerung wurde am 9. September 1976 ein allerletztes Mal der alte Porzer Stadtrat zusammengerufen. Einstimmig beschloss der alte Rat – wenn auch nicht mehr amtlich – gegen das Urteil des Landesverfassungsgerichtes Einspruch einzulegen. Allerdings war dies gar nicht mehr möglich, war doch die Einspruchsfrist am 31. Juli 1976 abgelaufen. Danach ebbte die Diskussion ab, die Forderung nach einem eigenständigen Porz wurde nur noch selten, insbesondere in Wahlkampfzeiten, laut.

Rathaus
in Porz
im Jahr 2004

PORZ ALS STADTBEZIRK KÖLNS (SEIT 1975)

Struktureller Wandel: Niedergang der Industrie

Schon vor der Eingemeindung zeichnete sich in Porz ein Wandel der Wirtschafts- und Sozialstrukturen ab. Eingeläutet wurde dieser Wandel durch den Niedergang der Schwerindustrie seit den 1960er Jahren. Viele Porzer suchten sich deshalb neue Arbeit vor allem in Köln. Die täglichen Berufspendlerströme stiegen rasch an. Nahezu ein Viertel der in Porz wohnenden Werktätigen fuhr täglich in die Domstadt zur Arbeit. Diese enge Verflechtung der Infrastruktur der beiden Städte wurde daher 1975 als einer von vielen Gründen für die Eingemeindung nach Köln angeführt. Aber auch in Bonn fanden viele Porzer bei den Regierungsämtern Beschäftigung.

Auch der traditionsreichen Firma **Dielektra** droht das Aus.

Die Porzer Glas- und Elektroindustrie blieb gegen den Trend weiterhin ein wichtiger Wirtschaftsfaktor für die junge Stadt am Rhein. Diese Branchen konnten sich vor allem deshalb behaupten, weil diese Produkte an kaum einem anderen Standort in Deutschland gefertigt wurden und zudem wichtige Exportartikel waren. Diese beiden Branchen prägten bis zur Jahrtausendwende die Porzer Wirtschaft.

Zeitgleich mit dem Niedergang der Industrie stieg der Flughafen zum wichtigsten Wirtschaftsfaktor in Porz auf. Nicht nur der Passagierbetrieb, sondern auch der Luftfrachtverkehr wuchsen stetig an, sodass sich Köln/Bonn zu einem der wichtigsten Frachtflughäfen der Bundesrepublik entwickelte. Für einige international operierende Logistik- und Dienstleistungsunternehmen wurde Porz zum zentralen Standort. Mit der Ansiedlung des Deutschen Luft- und Raumfahrtzentrums und der ESA im Jahr 1969 in Lind wurde Porz schließlich auch ein wichtiger Standort für die Forschung. Ein weiterer Wirtschaftsfaktor war das in Porz ansässige Militär. Sowohl die Bundeswehr, als auch die belgischen Streitkräfte beschäftigten viele Einheimische als Zivilangestellte.

Eine weitere Phase des Strukturwandels erlebte der Stadtbezirk Porz im letzten Jahrzehnt des 20. Jahrhunderts. Dabei spielte auch die neue politische Lage nach der Deutschen Einheit 1990 eine Rolle. Der Regierungsumzug nach Berlin und der Abzug der Belgier führte dazu, dass viele zivile Arbeitsplätze vor Ort wegfielen. Andererseits blieb die Bedeutung der Bundeswehr für den Stadtbezirk weitgehend unverändert.

Airport Business Park Gremberghoven (Luftbild), 2003

Weitere Arbeitsplätze im Stadtbezirk entstanden in den 1990er Jahren im Airport-Business-Park, der auf Freiflächen zwischen Gremberghoven, Eil und Ostheim errichtet wurde. Damit wurde im Übrigen eine Idee des Kölner Stadtplaners Fritz Schumacher aus dem Jahr 1923 aufgegriffen. Eine Reihe von Speditionen, Dienstleistungsunternehmen und Warenlagern fand hier ein Domizil und die Post sowie die Postbank richteten ihre Regionalzentralen ein. Ebenso verlegte eine große Kölsch-Brauerei ihre Produktionsstätte von der Kölner Innenstadt in den Airport-Business-Park. Zeitweilig hatte auch Klöckner-Humboldt-Deutz die Konzernzentrale in der Nähe angesiedelt, zog aber nach großen Verlusten wieder in die Gebäude nach Mülheim zurück, wo sie bereits im 19. Jahrhundert ihr Stammhaus hatten. Mitte 2004 bekommt der Gewerbepark sogar zwei neue S-Bahn-Stationen, da sich in den kommenden Jahren weitere Gewerbe ansiedeln sollen.

Nachdem viele Einzelhandelsgeschäfte rund um den Porzer Markt in den 1980er und 1990er Jahren schlossen, sollte die Porzer Innenstadt zu Beginn des 21. Jahrhunderts neu belebt werden. Dafür wurde das in den 1970er Jahren erbaute, aber von der Bevölkerung nicht angenommene Parkhaus abgerissen und an seiner Stelle im Herbst 2003 ein modernes Einkaufszentrum eröffnet.

City Center Porz, 2004

Die Porzer Glas- und Elektroindustrie behielt zunächst nach der Eingemeindung ihren Stellenwert für die Porzer Wirtschaft, doch die ursprünglich eigenständigen Fabriken wurden zwischenzeitlich von internationalen Konzernen aufgekauft. Die Porzer Glashütte gehört seit den 1990er Jahren zum französischen Saint-Gobain Konzern. Ende 2003 wurde bekannt, dass Teile der in Porz ansässigen Glas-Produktion nach Polen verlagert werden sollen. Auch der traditionsreichen Dielektra, die zunächst zu Felten & Guilleaume und seit 2003 zum NKT Cables-Konzern gehört, droht die Schließung in den kommenden Jahren. Bis zum Jahr 2010 werden vermutlich die letzten Fabriken, die ein gutes Jahrhundert das Porzer Stadtbild geprägt haben, ganz verschwunden sein.

Trotz dieses einschneidenden Strukturwandels hat sich ein traditioneller Wirtschaftszweig seit Jahrhunderten gehalten: die Landwirtschaft. Porz ist der Kölner Stadtbezirk, der am deutlichsten von der Agrarwirtschaft geprägt ist. Vor allen das Erscheinungsbild der Orte Libur, Langel und Elsdorf ist von bewirtschafteten Feldern und Wiesen geprägt. Auch in Teilen von Wahn, Zündorf und Ensen kann man sich schwer vorstellen, dass man sich in der Metropole Köln befindet. In der Landwirtschaft spielt vor allem Wahn eine besondere Rolle, denn auf dem Gelände des Schlosses Wahn hat das nordrhein-westfälische Forschungs- und Versuchsgut seinen Sitz.

Von Porz in die Welt: der Flughafen Köln/Bonn

Der Flughafen Köln/Bonn ist in den Jahren nach der Eingemeindung einer der wichtigen Wirtschaftsfaktoren in Porz geblieben. Seit den 1990er Jahren wurde er erheblich ausgebaut und 2004 an das Eisenbahnnetz angeschlossen. Gegen diesen Ausbau gab es zahlreiche Proteste. Anders als bei der Auseinandersetzung in den 1960er Jahren spielten hierbei ökologische Argumente, wie die Naturzerstörung der Wahner Heide oder die Beeinträchtigung des Weltklimas durch die Abgase der Flugzeuge eine wichtige Rolle. Der Ausbau des Flughafens führte rasch zu steigenden Zahlen im Frachtverkehr und im zivilen Personenverkehr. Besonders die als »Billig-Flieger« bezeichneten Fluggesellschaften haben in den vergangenen Jahren einen Aufschwung herbeigeführt. Im Jahre 2003 flogen 7,89 Millionen Fluggäste von und nach Porz, ein Zuwachs von 43 Prozent oder 2,4 Millionen Passagieren im Vergleich zu 2002. Auch der Frachtverkehr steigerte sich um 5 Prozent auf 527 000 Tonnen. 2003 gab es insgesamt 153 372 Starts und Landungen, also knapp 3 000 in der Woche. Zum Vergleich: Im Jahre 1952 waren es pro Woche nur 4 Flugbewegungen[1].

Das Ehrenbataillon wartet auf Boris Jelzin im Jahre 1999

Am 19. Juni 1999 endete in Porz ein Stück bundesdeutscher Geschichte. Zum letzten Mal landete mit dem russischen Präsidenten Boris Jelzin ein offizieller Staatsgast auf dem Flughafen Köln/Bonn. Anlass seines Besuchs war der Weltwirtschaftsgipfel, der im Kölner Gürzenich stattfand. Am Tag zuvor waren bereits die Regierungschefs der sieben wirtschaftlich stärksten Nationen in Wahn angekommen: die Präsidenten Bill Clinton (USA) und Jacques Chirac (Frankreich), sowie die Ministerpräsidenten Tony Blair (Großbritannien), Jean Chrétien (Kanada), Massimo D'Alema (Italien) und Keizo Obuchi (Japan). Ein letztes Mal war Porz das Tor zur Bundesrepublik.

Die Ankunft der Staatsgäste fand auf dem militärischen Teil des Flughafens ohne Zaungäste statt. In den Anfangsjahren der Bundesrepublik wirkten die Staatsbesuche dagegen fast familiär. Auf dem »Flower-Airport« konnten sich die Porzer das Zeremoniell der Staatsbesuche von der Restaurant-Terrasse aus bei Kaffee und Kuchen ansehen. Beim Besuch des US-Präsidenten John F. Kennedy am 23. Juni 1963 beispielsweise reihten sich die Journalisten ohne Absperrung hinter dem Wachbataillon der Bundeswehr auf und konnten ungehindert fotografieren und filmen. Nur wenige Meter hinter einem bauchhohen Gartenzaun standen winkende Porzer. Bei der Autofahrt über den Mauspfad nach Köln jubelten Schaulustige Kennedy zu. Die Bevölkerung wurde aber aufgrund wachsender Sicherheitsbestimmungen immer mehr von den Zeremonien ferngehalten und konnten nur noch von den Besuchergalerien die Ankunft der Staatsgäste sehen, die auch nicht mehr mit dem Wagen, sondern im Hubschrauber in die Bundeshauptstadt gebracht wurden. Ab 1989 wurde die Öffentlichkeit ganz vom Empfangszeremo-

Kennnedybesuch im Jahre 1963

niell ausgeschlossen. Staatsgäste wurden nicht mehr auf dem zivilen, sondern auf dem militärischen Teil des Flughafens begrüßt.

Ein besonderes Ereignis war im November 1980 der Besuch von Johannes Paul II. Der letzte Besuch eines Papstes in Deutschland lag bereits 198 Jahre zurück; in Köln war zuletzt im Jahre 1049 ein Papst zu Gast gewesen. Anlass des Besuches war das Domjubiläum und der 700. Todestag des Kölner Heiligen Albertus Magnus. Nach der offiziellen Begrüßung durch Bundespräsident Karl Carstens stieg der Papst in einen Hubschrauber. Sieben Helikopter der Bundes-

Papstbesuch im Jahre 1980

wehr eskortierten ihn zum Butzweiler Hof. Dort warteten bereits 380 000 Gläubige, um mit dem Kirchenoberhaupt eine Messe auf dem Rollfeld des alten Flughafens zu feiern.

Nach dem Umzug der Bundesregierung vom Rhein an die Spree übernahm der Berliner Flughafen Tegel die Aufgaben des Regierungsflughafens. Dennoch hat der Flughafen als Militärstandort immer noch internationale Bedeutung. Die UNO- und NATO-Einsätze der Bundeswehr in Somalia, auf dem Balkan oder in Afghanistan starteten von Köln/Bonn aus.

Von Porz in den Weltraum

Als am 28. November 1983 der Stuttgarter Ulf Merbold als erster bundesdeutsche Astronaut mit der Raumfähre Columbia ins All startete, gab es auch in Porz-Lind Grund zu feiern, denn Merbold hatte einen Großteil seines Astronauten-Trainings hier absolviert. Als sich das »Deutsche Zentrum für Luft und Raumfahrt (DLR)«[2] 1969, im Jahr der ersten Mondlandung, in Porz-Lind auf dem ehemaligen Gelände der Firma Felten & Guilleaume ansiedelte, war der Flug eines Deutschen ins All noch Zukunftsmusik. Auch war nicht abzusehen, dass Porz einmal ein wichtiger Stützpunkt der europäischen Raumfahrt sein würde.

Die Enterprise huckepack durch Porz im Jahre 1983

Anfangs beschränkte sich die europäische Raumfahrt auf unbemannte Projekte. Die erste Mission, an der Porzer Wissenschaftler beteiligt waren, war der Forschungssatellit DIAL, der 1970 ins All geschossen wurde, um die obersten Schichten der Erdatmosphäre zu erforschen. 1971 ging der Forschungssatellit AZUR und ein Jahr später AEROS an den Start, die ebenfalls die Erdatmosphäre untersuchten. Vor deren Einsätzen führte das Porzer Institut für Weltraumsimulation zahlreiche Tests an den Forschungssatelliten durch[3]. Die erste europäische Mission, die das Schwerefeld der Erde verließ und mit in Porz entwickelten Experimenten ausgerüstet wurde, war die Sonde HELIOS, die zur Erforschung der Sonne 1974 auf die Reise ins All geschickt wurde. Da Europa

Die Bedingungen der Schwerelosigkeit werden in einem eigens eingerichteten Schwimmbad nachgestellt.

Hauptgebäude des European Astronaut Center in Porz Lind

noch über kein eigenes Raketensystem verfügte, war das DLR auf die Zusammenarbeit mit der NASA angewiesen. Jedoch wurden die wissenschaftlichen Experimente vom Kontrollzentrum in Oberpfaffenhofen geleitet.

1974 startete der deutsch-französische Nachrichtensatellit SYMPHONIE, der ebenfalls in Lind erprobt wurde. Mit Hilfe dieses künstlichen Trabanten wurden transatlantische Fernsehübertragungen und Telefongespräche deutlich verbessert. 1979 wurde er sogar dazu genutzt, lange vor der Einführung des Internets, Computer verschiedener Forschungsanstalten in aller Welt zu vernetzen und somit einen unmittelbaren Datenaustausch zu ermöglichen. Das DLR richtete 1981 eine eigene Erdfunkstelle für SYMPHONIE ein, über die anlässlich der Berliner Funkausstellung 1981 erstmals digitaler Hörfunk ausgestrahlt wurde.

1976 begann das DLR mit den Planungen zu einem bemannten europäischen Weltraumflug. Porz sollte Forschungs- und Trainingslager für eine spätere Mission des europäischen Weltraumlabors Spacelab werden. So wurde Porz Sitz des European Astronauts Center (EAC) der Europäischen Weltraumbehörde ESA. Nachdem 1977 die ersten europäischen Astronauten nominiert waren, baute die ESA im Jahr darauf ein original getreues Modell des Weltraumlabors zur Simulation von Weltraumflüge auf. Hierin wurden die Astronauten gründlich auf die Mission, die dann 1983 stattfand, vorbereitet. Kurz vor dem ersten Einsatz eines Bundesdeutschen im All landete das Trainings-Raumschiff »Enterprise« auf dem Rücken eines Jumbo-Jets, auf dem Köln/Bonner Flughafen, der ohnehin als einer der Ausweichflughäfen für die Space Shuttles vorgesehen ist, falls eine Landung am Cape Canaveral in Florida nicht möglich ist.

Der Start des bundesdeutschen Astronauten Ulf Merbold im Jahr 1983 war für das EAC ein voller Erfolg. Deswegen wurde für das Jahr 1985 eine Weltraummission unter deutscher Federführung geplant, die ebenfalls in Porz vorbereitet wurde. Die USA waren nur noch für den Flug und die Navigation zuständig. Die Deutschland 1-Mission (auch kurz D1 genannt) auf der Raumfähre Challenger startete am 6. Oktober 1985 zu einem achttägigen Flug ins All. An Bord waren die beiden Bundesdeutschen Reinhard Furrer und Ernst Messerschmidt, sowie ein Niederländer und fünf US-Amerikaner. Auch diese Mission verlief so erfolgreich, dass eine weitere rein deutsche Mission bereits für 1987 geplant wurde. Doch am 28. Januar 1986 explodierte die Raumfähre Challenger beim Start. Sieben Raumfahrer fanden dabei den Tod. Auch das europäische Weltraumlabor Spacelab, in dem die D2-Mission durchgeführt werden sollte, wurde dabei zerstört. Somit musste dieser Flug zunächst auf unbestimmte Zeit verschoben werden. Am 26. April 1993 konnte dann die D2-Mission, mit den deutschen Astronauten Ulrich Walter und Hans Schlegel und fünf weiteren Raumfahrern starten.

Astronauten, die in Porz ausgebildet wurden

Seit dem Ende des »Kalten Krieges« konnte die ESA nun auch mit Russland zusammen arbeiten. Für die Kosmonauten-Ausbildung baute das EAC eine 1:1 Kopie der russischen Orbitalstation MIR (russisch für »Frieden«) nach. Im Gegensatz zum Spacelab befand sich die MIR ständig in der Erdumlaufbahn. Für das Spacelab hatte man eine spezielle Vorrichtung aus Klettband entwickelt, damit Gegenstände in der Schwerelosigkeit nicht unkontrolliert im Raumschiff umherflogen. Die russische Raumfahrtbehörde löste dieses Problem für die MIR einfacher. Alle frei beweglichen Gegenstände waren mit Hilfe von Bindfäden an Ösen an der Bordwand festgebunden. Zweiter deutscher Kosmonaut, nach Siegmund Jähn, der 1978 für die DDR ins All geflogen war, wurde Klaus-Dietrich Flade auf der Mission MIR 92. Für diese Mission wurden erstmals russische Raumfahrer in Porz ausgebildet. 1997 fand eine weitere MIR-Mission mit deutscher Beteiligung statt. Nach dem Ende der MIR, die im März 2001 in der Erdatmosphäre verglühte, ist das nächste große Projekt, an dem sich das EAC beteiligt, die Internationale Raumstation ISS, die in der Erdumlaufbahn aufgebaut wird. Es gibt auf dem Gelände des DLR eine Kontrollstation, auf der die Flugbahnen der ISS und andere Weltraumsonden beobachtet werden. Darüber hinaus wurden auch zahlreiche unbemannte Missionen von Porz aus vorbereitet. Spektakulär war 1997 die Mars-Sonde »Pathfinder«, mit der ein eigens konstruiertes Fahrzeug auf dem Mars landete und atemberaubende Bilder zur Erde funkte. Aber auch an der »Giotto«-Sonde, die 1984 den Halleyschen Kometen erforschte und an der Jupiter-Mission »Galileo« im Jahre 1989, sowie an der 1997 gestarteten »Cassini«-Sonde, die Jupiter und Saturn erforschen wird, oder an der im Jahr 2004 gestarteten »Rosetta«-Sonde, die 2010 auf einem Kometen landen soll, ist das DLR beteiligt.

Doch nicht nur Weltraummissionen werden in Lind vorbereitet. Hier ist auch der Standort eines wichtigen Forschungsinstitutes für die Luftfahrt. Navigations- und Sicherheitssysteme sowie neue Werkstoffe für den Flugzeugbau werden hier entwickelt. Im Europäischen Transsonischen Windkanal (ETW) werden die aerodynamischen Eigenschaften neuer Flugzeugtypen getestet. Darüber hinaus wurden in Lind die Grundlagen zur Konstruktion des Hochgeschwindigkeitszugs ICE erarbeitet. Ein weiteres Standbein des DLR ist die Erforschung alternativer Energien, speziell der Sonnenenergie, für die 1994 ein Sonnenofen in Betrieb genommen wurde. Das DLR hat in acht Standorten rund 5 000 Angestellte, davon rund 1 500 in Porz[4].

Porz nach der Eingemeindung

Nach der Eingemeindung sahen viele Porzer ihre Ängste vor einer Eingemeindung bestätigt. Ein Teil der Bürgernähe ging in ihren Augen dadurch verloren, dass nur noch 19 Bezirksvertreter anstatt ehemals 46 Ratsherren und -damen die Porzer Bevölkerung vertraten. Außerdem besitzt die Bezirksvertretung nur eingeschränkte Kompetenzen, denn das letzte Wort behält nun in den meisten Angelegenheiten der Rat der Stadt Köln, der nicht an das Votum der Bezirksvertretung gebunden ist. Von den 96 Kölner Ratsmitgliedern kamen im Jahr 2004 sieben aus Porz. Allerdings stellt der Stadtbezirk seit 1999 mit Josef Müller (CDU) erstmals einen der vier Kölner Bürgermeister.

Einige Eigenständigkeiten konnte der Stadtbezirk Porz bis heute behalten. Aus der Zeit der Selbstständigkeit stammen die Städtepartnerschaften mit

Politische Vertretung Mandatsverteilung in der Bezirksvertretung seit 1975

	4.5.1975	30.9.1979	30.9.1984	1.10.1989	16.10.1994	12.9.1999
SPD	10	9	9	8	10	7
CDU	8	9	8	6	7	9
FDP	1	1	1	1	0	1
GRÜNE	–	0	1	1	2	2
REP	–	–	0	1	0	0

Dunstable (England), sowie Hazebrouck und Brive-La-Gaillarde (beide Frankreich). Der Bahnhof an der Kaiserstraße trägt auch fast 30 Jahre nach der Eingemeindung die Bezeichnung »Porz (Rhein)« ohne den Zusatz »Köln«, genau so der Haltepunkt in Porz-Wahn. Auf vielfachen Wunsch der Bevölkerung können Paare seit 1997 wieder im Porzer Rathaus heiraten. Auch hat Porz immer noch eine eigene Telefonvorwahl. Und bislang haben sich die Porzer Karnevalsgesellschaften nicht dem Kölner Festkomitee angeschlossen.

Zum Jahresende 2003 wurde das Porzer Stadtarchiv geschlossen, obwohl die Stadt Köln seinen Erhalt im Eingemeindungsvertrag garantiert hatte. Die Archivare Jürgen Huck und Gebhard Aders hatten zusammen mit dem »Heimat- und Geschichtsverein Rechtsrheinisches Köln e.V.« in diesem Archiv eine umfangreiche Sammlung aus der Porzer Geschichte und den anderen rechtsrheinischen Stadtteilen Kölns zusammengetragen und erschlossen. Wie groß das Interesse an der Erforschung lokalhistorischer Themen ist, zeigen besonders die Buchreihen »Unser Porz« und »Rechtsrheinisches Köln«. Es bleibt offen, ob wegen der Schließung des Porzer Archivs die Geschichte des Stadtbezirks in Zukunft weiterhin so viel Interesse weckt, wie in den vergangenen Jahren und ob die Forschung weiterhin im bisherigen Umfang möglich sein wird[5].

Das Schild mit den Städtepartnerschaften steht immer noch an den Ortseingängen.

Der Grenzstein
zwischen Heumar
und Rath

Flächen: Größe der einzelnen Stadtteile

Ort	Fläche in ha
Stadt Porz (bis 1975)	**7909**
Stadtbezirk Porz (ab 1975)	**7875**
Westhoven	420
Ensen	170
Gremberghoven	594
Eil	1.604
Porz	356
Urbach	270
Elsdorf	188
Grengel	1.005
Wahnheide	295
Wahn	250
Lind	220
Libur	628
Zündorf	798
Langel	558
Heumar (bis 1975)	553
Poll (ab 1975)	519

Zusammengestellt aus: Statistisches Jahrbuch der Stadt Köln 1989, s.15 / Verwaltungsbericht der Gemeinde Porz 1933 – 1937 / Dietmar, Carl: Die Chronik Kölns, Dortmund 1991, S. 568

Bevölkerungsstatistik

von 1792 bis 1925 *
(vor der Vereinigung der beiden Gemeinden)

Jahr	Heumar	Wahn	gesamt
1792	k.A.	k.A.	3.437
1825	k.A.	k.A.	5.137
1846	k.A.	k.A.	6.368
1890	4.749	4.101	8.850
1900	6.052	4.311	10.363
1910	9.488	5.410	14.898
1915	10.010	5.979	15.989
1920	10.385	5.632	15.929
1925	12.053	5.931	17.984

Zahlen für die Gemeinde bzw. Stadt Porz am Rhein 1930 – 1974 **

Jahr	Einwohner
1930	20.697
1933	21.937
1939	23.021
1942	24.052
1945	24.836
1946	26.088
1948	29.956
1950	31.786
1951	33.782
1954	37.407
1956	40.998
1958	45.326
1960	52.084
1962	56.597
1964	61.839
1967	70.570
1968	73.662
1970	79.302
1972	82.289
1974	85.431

Zahlen für den Stadtbezirk Köln-Porz ab 1975 ***
(Zahlen mit Poll, ohne Heumar)

Jahr	Einwohner
1977	90.738
1980	92.216
1984	95.265
1987	97.176
1989	100.608
1990	100.835
1991	101.299
1995	105.524
1998	107.574

* Die Zahlen der Jahre 1792 bis 1846 wurden als Summe in den Verwaltungsberichten Gemeinde Porz 1933–1937 genannt, ohne Angabe über die einzelnen Gemeinden zu nennen

** die Soldaten der Belgischen Streitkräfte und deren Angehörige werden gemäß eines Vertrages mit der NATO nicht in der Einwohnerstatistik gezählt. Die Anzahl der in Porz stationierten Belgier betrug ca. 2.500. (vgl. Stadtentwicklungsplan Porz am Rhein 1974, S. 63)

*** zusammengestellt aus: Verwaltungsbericht der Gemeinde Porz 1933–1937, S. 5–6 / Verwaltungsbericht der Stadt Porz 1964–1968, S. 104 - 105 / Verwaltungsbericht der Stadt Porz 1969–1974, S. 116 / Tätigkeitsbericht der Stadt Porz 1956–1960, S. 5 / Kölner Strukturdaten 1978 / Statistische Jahrbücher der Stadt Köln

Bürgermeister und Bezirksvorsteher seit 1814

Gemeinde Heumar

1814 – 1815	**Max Forsbach**
1815 – 1831	**Aloys Boecker** (auch Bürgermeister von Wahn)
1831 – 1834	**Clemens von Eltz-Rübenach** (auch Bürgermeister von Wahn)
1834 – 1848	**Ludwig Süren** (Syren) (auch Bürgermeister von Wahn)
1848 – 1850	**Theodor Forsbach**
1851 – 1875	**Bernhard Sternenberg**
1875 - 1907	**Martin Jacobs**
1907 - 1919	**Rudolf Lütz**
1919 – 1922	vakant (kommissarisch: Wilhelm Schmitz-Hübsch)
1922 – 1929	**Wilhelm Schmitz-Hübsch** (Zentrum)

Gemeinde Wahn

1816 – 1831	**Aloys Boecker** (auch Bürgermeister von Heumar)
1831 – 1834	**Clemens von Eltz-Rübenach** (auch Bürgermeister von Heumar)
1834 – 1848	**Ludwig Süren** (Syren) (auch Bürgermeister von Heumar)
1850 – 1863	**Josef Busbach**
1863 – 1909	**Peter Joseph Ottersbach**
1904 – 1929	**Bruno Oedekoven** (Zentrum)

Gemeinde Porz (ab 1951 Stadt Porz)

1929 – 1933	**Wilhelm Schmitz-Hübsch** (Zentrum)
1933 – 1941	**Hermann Oedekoven** (NSDAP)
1941 – 1945	**Ignaz Morchel** (NSDAP)
1945	**Melchior Kurth** (von amerikanischer Militärregierung mit der Geschäftsführung beauftragt)
1945	**Peter Josef Schumacher** (von amerikanischer Militärregierung mit der Geschäftsführung beauftragt)
1945 – 1946	**Robert Olbrich** (CDU)
1946 – 1948	**Hugo Klöter** (CDU)
1948 – 1961	**Alfons Kafka** (SPD, ab 1960 UWG)
1961 – 1969	**Peter Weiden** (CDU)
1969 – 1974	**Alfred Moritz** (SPD)

Bezirksvorsteher des Stadtbezirks Köln-Porz/Poll

1975 – 1988	**Alfred Moritz** (SPD)
1988 – 1999	**Hans-Gerd Ervens** (SPD)
seit 1999	**Horst Krämer** (CDU)

Anmerkungen

Der Porzer Raum von der Altsteinzeit bis zum Ende der Fränkischen Herrschaft

1 Vgl. Gollub, Siegfried: Zur ältesten Besiedlung der Stadt Porz und ihrer näheren Umgebung, in: Unser Porz Band 8, Porz 1966, S. 1–74;
Vgl. Meier-Arendt, Walter: *Die Steinzeit in Köln*, Köln 1975, S. 43;
Vgl. *Das Museum in Zündorfer Wehrturm*, Köln 1980, S. 13 f.;
Vgl. Interkommunaler Arbeitskreis Wahner Heide (Hg.): *Die Wahner Heide. Eine rheinische Landschaft im Spannungsfeld der Interessen*, Köln 1989, S.48–80;
Vgl. Stelzmann, Arnold /Frohn, Robert: *Illustrierte Geschichte der Stadt Köln*, 10. Überarbeitete Auflage, Köln 1984, S. 25–30

2 Die Namen frühzeitlicher Kulturen leiten sich entweder von einem charakteristischen Erscheinungsbild oder aber nach dem erstem bekannten Fundort ab.

3 Benannt nach Rössen bei Merseburg.

4 Benannt nach einer Höhensiedlung bei Bruchsal.

5 Der Name leitet sich ab von den für das Rheinland charakteristischen Bechern, die bei Ausgrabungen entdeckt wurden.

6 Benannt nach einem Fundort im österreichischen Salzkammergut.

7 Benannt nach einem Fundort in der Schweiz.

8 Vgl. Bendel, Johann: *Heimatbuch des Landkreises Mülheim*, 5. Auflage, Faksimiledruck der 2. und 3. Auflage, Köln-Mülheim 1925, Köln 1981 S. 21 u 93.

Porz im Mittelalter: Das Tor zum Bergischen Land

1 Vgl. Renard, Edmund/Clemen, Paul: *Die Kunstdenkmäler des Kreises Mülheim am Rhein*, Düsseldorf 1901, S. 1.

2 Vgl. Landeskonservator Rheinland: *Denkmälerverzeichnis Köln Stadtbezirk 7 und 8 (Porz und Kalk)*, Köln 1980, S. 68.

3 In der Literatur wird auch das Jahr 1300 genannt.

4 Vgl. Hermes, Karl/Müller-Miny, Heinrich: *Der Rheinisch-Bergisch Kreis*, Bonn 1974, S. 74;
Vgl. *Porz – die junge Stadt am Rhein*, S. 46
Landeskonservator, S. 20
Renard/Clemen, S. 96.

5 Vgl. Landeskonservator, S. *68*.

6 Vgl. *Porz – die junge Stadt am Rhein*, S. 51.

7 Vgl. *Porz – die junge Stadt am Rhein*, S. 51 und 71.

8 Vgl. Landeskonservator, S. 18.

9 Vgl. Museum im Zündorfer Wehrturm, S. 14.

10 Auch das Jahr 1008 wird genannt.

11 Vgl. Huck, Jürgen: Schloss Röttgen und Durchausen in Heumar in . Unser Porz 16, Porz 1974, S. 3.

12 Vgl. Huck: S. 5.

13 Vgl. *Porz – die junge Stadt am Rhein*, S. 38
Vgl. Landeskonservator, S. 30.

14 Vgl. Rieger, Reinhard: Die Zündorfer Judengemeinde in: Unser Porz, Nr. 12, Porz 1970, S.31.

15 Vgl. Becker, Wilhelm: Die katholische Pfarre St. Bartholomäus in Urbach bis 1800 in: Rechtsrheinisches Köln Bd 12, Köln – Porz 1986, S. 5.

16 »Item Dominus Theodericus de Volmutsteyne miles recepit bona in Oyrbach cum suius attinenciis«
Vgl. Becker, S. 11.

17 Vgl. Museum im Zündorfer Wehrturm, S. 14.

18 Vgl. Renard/Clemen, S. 94.
Als Quelle werden Archivalien im Besitz des Freiherrn von Weichs zu Roesberg genannt.

19 Vgl. Renard/Clemen, S. 94.

20 Auch das Jahr 1100 wird genannt.

21 Auch das Jahr 1349 wird genannt.

22 Vgl. Renard/Clemen, S. 153.

23 Zitiert nach ebd., S. 154.

24 Der zur Familie gehörende Johann Adam von Schall zu Bell starb 1666 in China.

25 Vgl. http://www.schloss-wahn.de/inhalt/schloss/schloss_geschichte.htm.

26 Vgl. Landeskonservator, S. 14–17.

27 Vgl. Museum im Zündorfer Wehrturm, S. 14.

28 Bendel, Johann: *Heimatbuch des Landkreises Mülheim*, S. 260/261.

29 Vgl. Hashagen, Justus u.a.: *Bergische Geschichte*, Remscheid-Lennep 1958, S. 80.
Die Zählung der Herzoge begann wieder von vorne.

30 Vgl. Rieger, Reinhard: Die Zündorfer Judengemeinde in: Unser Porz, Nr. 12, Porz 1970, S. 31

Die frühe Neuzeit im Porzer Raum

1 Hashagen, Austus u.a.: *Bergische Geschichte*, Remscheid-Lennep 1958, S. 86
Streng genommen waren es sogar fünf, da zum bergischen Besitz auch Ravensberg gehörte.

2 Grund des Glaubenswechsels waren rein persönliche Gründe, denn der Bischof wollte heiraten. Das Bürgertum in der Stadt Köln leistete nun erbitterten Widerstand gegen die Bestrebungen, die Reformation einzuführen. Es fürchtete, dass ein Konfessionswechsel Auswirkungen auf die guten Handelsbeziehungen Kölns mit den Spanischen Niederlanden haben werde. Erst durch Druck Kaisers Karl V. verzichtete Hermann von Wied 1546 schließlich auf das Bischofsamt.

3 Vgl. Janssen, Wilhelm: *Kleine Rheinische Geschichte*, Düsseldorf 1997 S. 184.

4 Vgl. ebd.

5 Von den Kriegsereignissen im Amt Porz existieren aber keinerlei zeitgenössische Quellen mehr. Einige Eckdaten sind aber bekannt, so dass sich manche Ereignisse rekonstruieren lassen.

Porz in der Zeit der Französischen Besatzung

1 Vgl. Aders, Gebhard: Kriegsereignisse im rechtrheinischen Kölner Raum in den Jahren 1795 und 1796 in: Rechtsrheinisches Köln, Bd.18, Köln-Porz, 1992 S. 73.

2 Vgl. Montanus (Vinzenz von Zuccalmaglio): *Geschichte und Beschreibung der Stadt und des Landkreises Mülheim*, Mülheim/Rhein 1846. Da Montanus selber erst 1806 geboren (1876 gestorben) wurde, war er kein Zeitzeuge der Französischen Invasion. Diese Quelle ist deswegen nur bedingt zuverlässig, da sie in einem antifranzösischen politischem Klima entstand.

3 Zitiert nach: Rutt, Theodor – *Heimatchronik des Rheinisch-Bergischen Kreise*, Köln 1964, S. 191
Vgl. Rosenbach, Helmut: Zwischen Heiligem Römischen Reich und Preußen, in: Rheinisch-Bergischer Kalender 1989, S. 20

4 Vgl. Buchwald Ursula: Die Reform der Verwaltung im Raume Porz 1806–1813 in: Rechtsrheinisches Köln Nr. 2, Köln-Porz 1976, S. 74
Vgl. Das Museum in Zündorfer Wehrturm, S.20

5 Vgl. Buchwald, S.74.

6 Vgl. Schmidt, Charles: *Das Großherzgtum Berg 1806–1813*. Eine Studie zur französischen Vorherrschaft in Deutschland unter Napoleon I., Neustadt/Aisch 1999, S. 329.

7 Vgl. KLUXEN, KURT: *Geschichte von Bensberg,* Paderborn 1976, S. 262f.
Vgl. SCHMIDT, S. 332.
8 Vgl. KLUXEN, S. 265 f.
9 Vgl. HASHAGEN, JUSTUS U.A.: *Bergische Geschichte,* Remscheid-Lennep 1958, S. 249.
10 »Verordnung wegen Einführung einer neuen bergischen Nationalkokarde, 16. Dezember 1813« zitiert nach: ROSENBACH, S. 28.

Porz in der Preußenzeit

1 Vgl. KLUXEN, KURT: *Geschichte von Bensberg,* Paderborn 1976, S. 267.
2 Vgl. HERMANNS, HEINZ: *Die Handelskammer für den Kreis Mülheim am Rhein (1871–1914) und die Wirtschaft des Köln-Mülheimer Raumes,* Köln 1969, S. 41.
3 Vgl. SCHRIEBEL, PETER/PERILLIEUX, WINAND: *Eisenbahn in Köln.* Teil 2: Die von Köln ausgehenden Eisenbahnlinien, Fürstenfeldbrück 1994; S. 35ff. und S. 77f.
4 SCHUMACHER, FRITZ/ARNTZ, WILHELM: *Köln. Entwicklungsfragen einer Großstadt,* Köln 1923, S. 314.
5 Vgl. HERMANNS, S. 36.
6 Ebd, S. 49.
7 Ebd. S. 433.
8 Vgl. FÖRST, WALTER: *Porz – eine dynamische Stadt,* Berlin-West, Basel o.D., S. 120 f.
9 Vgl. ebd., S. 205.
10 WIRTZ, ALEXANDER: *Porz das Tor. Lokalreport vorwiegend heiter,* Porz/Rhein, o.D., S. 39f.
11 ROESELING, GEREON: *Zwischen Rhein und Berg. Die Geschichte von Kalk, Vingst, Humboldt/Gremberg, Höhenberg,* Köln 2003, S. 57.
12 HERMANNS, S. 415.
13 HUCK, JÜRGEN: Apotheken in: Unser Porz Nr. 9, Porz 1967, S. 56f.
14 HUCK, JÜRGEN: Das Krankenhauswesen vor 1945 in: Unser Porz Nr. 9, Porz 1967, S. 92f.
15 Vgl. MEERTEN, FRIEDRICH/VONDERBEEK, JOSEF: Das Alexianer-Krankenhaus für Nerven- und Gemütskranke in Porz-Ensen in: Unser Porz Nr. 9, Porz 1967, S. 112ff.
16 BELZ, ANGELIKA: Die Lukaskirche in Porz in: Rechtsrheinisches Köln, Band 25, S. 87
17 Vgl. RIEGER, REINHARD: Die Zündorfer Judengemeinde in: Unser Porz, Nr. 12, Porz 1970, S.31
18 Vgl. GRÜBEL, MONIKA: *Seit 321 Juden in Köln,* Köln 2000, S, 13
19 Vgl. RIEGER. S.10.
20 Vgl. ZADEK, MARK: Porz in der NS-Zeit in: Gemeindeblatt der Synagogen-Gemeinde Köln 1995
21 PFARRCHRONIK ST. MARIAE GEBURT I, S. 57, Vgl. RIEGER, S. 24f.
22 HAUPTSTAATSARCHIV DÜSSELDORF Reg. Köln/ 7752,
Vgl. HENSELER, PAUL: Politsche Strömungen in der 2. Hälfte des 19. Jahrhunders im ehm. Kreis Mülheim/Rhein, besonders in heutigen Gebiet der Stadt Porz in: Unser Porz Nr. 10, Porz 1968, S. 22
23 Vgl. HENSELER, S. 19f.
24 Ebd., S. 24.
25 Vgl. ADERS, GEBHARD: Briefe des Ensener Auswanderers Balthasar Schmitz aus Houston in Texas aus den Jahren 1860 bis 1874 an seine Angehörigen, in: Rechtsrheinisches Köln, Band 24, S. 75–125.
26 Vgl. KLEIN, BEATRIX: Flughafen Köln/Bonn – Großverkehrsanlage in der Randzone der Großstadt Köln in: Rechtsrheinisches Köln Band 4, 1978, S. 133
Vgl. HUCK, JÜRGEN: Die Frühzeit der Luftfahrt im Raume Wahn (bis 1919) in: Unser Porz Nr. 4, Porz 1962.
27 HASKP A 19/77

Porz während der Weimarer Republik

1 Vgl. PORZKY, EUGENIE/HUCK, JÜRGEN: Politische Strömungen im Raume Porz 1918 – 1933 in: Rechtsrheinisches Köln, Nr. 1, S. 43,
Vgl. SCHWALM, FRANK: *Die Kölner Eingemeindungspläne für den Raum Porz in den Jahren 1919 bis 1951* – Teil 1: von 1919 bis 1943 in Rechtsrheinisches Köln Nr. 24, S. 167.
2 Vgl. PORZKY /HUCK, S. 41–116.
Die USPD war in Heumar bisher nicht in Erscheinung getreten.
3 Vgl. WIRTZ: *Porz das Tor,* S. 60.
4 Vgl. ebd, S. 47.
5 Vgl. PORZKY /HUCK, S. 42.
6 HASKP M63
7 KÄSTNER, ERICH: *Montagsgedichte,* zusammengestellt und kommentiert von A. Fiebig, Berlin/Weimar 1989.
8 Zuvor, im Dezember 1918, war die USPD aus Protest gegen diese Wahl aus dem »Rat der Volksbeauftragten«, der provisorischen Reichsregierung ausgetreten. Nach ihrer Vorstellung sollten die Arbeiter- und Soldatenräte eine deutsche Verfassung ausarbeiten. Die linken Kräfte sammelten sich derweil in der neu gegründeten KPD und versuchten Anfang Januar 1919 in Berlin durch den »Spartakusaufstand« ein Sowjetsystem nach russischen Vorbild zu errichten. Kurz darauf wurden die führenden Köpfe der KPD Karl Liebknecht und Rosa Luxemburg von rechts gerichteten Freikorps ermordet. In dieser Wahl konnten die Parteien, die bislang die Arbeiter- und Soldatenräte stellten, vor allem SPD und USPD, keine eigene Mehrheit mehr erringen. Der Reichskanzler Philipp Scheidemann (SPD) bildete daher eine Mitte-Links-Koalition aus SPD, Zentrum und DDP, die als »Weimarer Koalition« in die Geschichte einging.
9 Aussagen des Zeitzeugen Heinrich Billerbach (HASKP D 10/6).
10 HASKP Z1-21/1 (26.4.1919).
11 Vgl. PORZKY /HUCK, S. 46.
12 Vgl. ebd., S. 75.
13 Vgl. ebd., S. 77.
14 Vgl. BECKER, ADOLF: *Kleinbahn Siegburg – Zündorf. Rhein-Sieg-Kreis-Eisenbahn 1914 – 1989,* Niederkassel 1989, S. 36
Vgl. BAHNEN IM KÖLN-BONNER RAUM: Kleinbahn Siegburg – Zündorf (KSZ), in: Straßenbahn-Magazin Nr. 87, Februar 1993, S. 52.
15 Vgl. KRIX, BENNO: Die »Elektrische« vom Bahnhof Wahn bis Liinder Höhe in: Rechtsrheinisches Köln, Nr. 28, Köln-Porz 2002, S. 56–60.
16 Vgl. PORZKY /HUCK, S. 84.
17 Vgl. FACK, HERMANN: Porz-Gremberghoven und der große Bahnhof in: Unser Porz Nr. 13, Porz 1971, S. 26 ff.
Vgl. www.porz-am-rhein.de/porang.html
18 Vgl. www.hausarbeiten.de/rd/faecher/hausarbeit/sow/19700.html und www.freitag.de/2001/48/01481701.php
19 Der Haltepunkt Porz-Gremberghoven wurde 2003 still gelegt.
20 Vgl. SANDER, HEINZ: Geschichte des Stadtteils Porz-Gremberghoven in: Unser Porz Nr. 13, Porz 1971, S. 47.
21 Vgl. HERRMANN, WALTER: Wirtschaftsgeschichte der Stadt Köln 1914 bis 1970, in: KELLEBENZ, HERMANN (Hrsg.): Zwei Jahrtausende Kölner Wirtschaft. Band 2, Köln 1975, S. 372.
22 Vgl. SCHWALM, S. 166–170
23 Vgl. DICK, HANS-GERD: *»Wie erdhaft, Bergisch und deutsch das klingt«. Der Rheinisch-Bergische Kreis im Nationalsozialismus,* Weilerswist 1999, S. 21.

»Großgemeinde Porz« – Die Zeit des Nationalsozialismus

1 DICK, HANS-GERD: *»Wie erdhaft, Bergisch und deutsch das klingt«. Der Rheinisch-Bergische Kreis im Nationalsozialismus,* Weilerswist 1999, S. 28,
Vgl. PAUL, J: *Chronik Rösraths,* o.J, S. 379.
2 Vgl. DICK, S.36.
3 Vgl. FRIELINGSDORF, VOLKER: Die »Machtergreifung« in Porz in: Rechtsrheinisches Köln Bd. 7, Köln 1982, S. 122–193

4 Vgl. ebd., S. 160,
HASKP A1a/ 1 Bd. 15.
5 HASKP A1a/ 1 Bd. 15.
6 Nicht verwandt mit dem letzten Wahner Bürgermeister Bruno Oedekoven.
7 Vgl. DICK, S. 56.
8 DICK, S. 88.
9 Vgl. SCHMIDTKE, REINER: *Porz. Geschichte eines Kölner Stadtteils,* Köln 1988, S. 30.
10 Vgl. ADERS, GEBHARDS: Das Schutzhaftlager der SA am Hochkreuz in Porz-Gremberghoven in: Rechtsrheinisches Köln Nr.8. Köln 1982 S. 95–125.
11 Da diese Wahl allen Grundsätzen einer demokratischen Abstimmung widersprachen, gibt es keine verlässlichen Zahlen.
12 Vgl. HASKP A 1a/1 Bd. 15.
13 Vgl. www.uni-koeln.de/phil-fak/thefife/home/wahn_ges.htm.
14 Vgl. WISTRICH, ROBERT: *Wer war wer im »Dritten Reich«, Anhänger, Mitläufer, Gegner,* München 1983; S. 65f.
Vgl. HUCK, JÜRGEN: Reichsminister Paul Frhr. Von Eltz-Rübenach – Sein Leben und Wirken 1875–1943 in: Unser Porz Nr. 2, Porz 1961; S. 30–65
Vgl. pages.prodigy.net/ptheroff/gotha/eltz.html.
15 Vgl. STOCKHORST, ERICH: *5000 Köpfe. Wer war wer im 3. Reich,* 2. Aufl. Kiel 1985, S. 121;
Vgl. DICK, S. 36f.
Vgl. pages.prodigy.net/ptheroff/gotha/eltz.html.
16 DICK, S.36.
17 Vgl. ebd.
18 Vgl. ebd., S. 37.
19 *»Die Stadt Köln als wirtschaftlicher und kultureller Mittelpunkt eines Raumes«,* 9.9.1939: HAStK Acc. 2/1403, Bl. 16–53.
20 Vgl. zahlreiche Schriftstücke in: HASKP A 100/59.
21 WEHRKREISVERWALTUNG VI MÜNSTER AN OBERPRÄSIDENTEN DER RHEINPROVINZ UND AN RP KÖLN, 23.12.41 in: HASKP A 100/59.
22 RdErl des RMdI vom 9.2.1942 (Va 3033/42 – 1004 II) in: HASKP A 100/59.
23 Vgl. KUTSCHKE, REINHARD/MÜLLER, HERIBERT: *Rath-Heumar. Ein Doppelort erzählt in Wort und Bild,* Köln, o.J., S. 32–35 und S. 100;
Vgl. GEMEINDE-OBERSEKRETÄR NEU AN BM OEDEKOVEN, 8.10.1934: HASKP A 100/59.
24 Ebd.
25 Diese Begründung, die »Nein-Stimmen« anzuführen ist ungewöhnlich, da während der NS-Zeit gewöhnlich die Zustimmung in den Vordergrund gestellt wurde.
26 Kreisleiter Aldinger an Kreisleiter Krämer, 15.9.1937 in: HASKP A 100/59.
27 Ebd.
28 Kreisleiter Krämer an Bürgermeister Oedekoven, 17.9.1937 in: HASKP A 100/59.
29 BM Oedekoven an Kreisleiter Aldinger 18.9.1937 in: HASKP A 100/59.
30 Aktennotiz Oedekoven 17.9.1937 in: HASKP A 100/59.
31 BM Oedekoven an LR Menniken 23.9.1937 in: HASKP A 100/54;
32 Vgl. DICK, S. 93.
33 Vgl. Akte der Strafsache gegen Oedekoven wegen § 346 StGB (Untreue im Dienst) Amtsgericht Köln Az: 1a KLs 13/41 – /33–260/41 in: Kreisarchiv Rheinisch Bergischer Kreis A 01/1584 (Personalakte Oedekoven).
34 Vgl. SCHUBERT, JOCHEN (Hg.): *Heinrich Böll – Briefe aus dem Krieg 1939–1945,* Köln 2001, S. 58.
35 Vgl. ADERS, GEBHARD: Hintergründe und Ablauf (des 1000-Bomber-Anriffs) in: NS-Dokumentationszentrum der Stadt Köln (Hg.): Köln, 31. Mai 1942: der 1000-Bomber-Angriff, Köln 1992, S. 9–55.
36 DAILY HERALD, 1. Juni 1942 zitiert nach Dietmar, Carl (Hg.): Die Chronik Kölns, Dortmund 1991, S. 406.
37 Vgl. Köln im Krieg, WDR 1965.
38 Vgl. mehrere Beiträge in Rechtsrheinisches Köln, Bd. 26, S. 79–184
39 Vgl. ADERS, GEBHARD: Die Luftangriffe der Royal Airforce am 4. Juli 1943 und die Abwehrmaßnahmen in: Rechtsrheinisches Köln Bd. 9/10, Köln-Porz 1983/84, S. 179/180, Vgl. ADERS, GEBHARD: Die Kölner Flugabwehr im Zweiten Weltkrieg und ihre Schülersoldaten, in: Rechtsrheinisches Köln, Bd. 19 bis 21.
40 Vgl. WEINMANN, MARTIN (Hg.): *Das nationalsozialistische Lagersystem,* Frankfurt/Main 1990, S. 150 u. 405.
41 Vgl. ADERS, GEBHARD: Nationalsozialistische Verbrechen im Rechtsrheinischen Köln während des Zweiten Weltkrieges in: Rechtsrheinisches Köln, Bd. 25, S. 99 – 195
Vgl. ROESELING, GEREON: *Zwischen Rhein und Berg. Die Geschichte von Kalk, Vingst, Humboldt/Gremberg, Höhenberg,* Köln 2003, S. 152.
42 Vgl. RIEGER, REINHARD: Die Zündorfer Judengemeinde in: Unser Porz, Nr. 12, Porz 1970, S. 32
43 Vgl. DICK, S. 203–210,
Vgl. contextxxi.mediaweb.at/texte/archiv/c21020208.html

Nachkriegszeit

1 In Köln hatten die Amerikaner bereits am 16. März 1945 die Stadtverwaltung wieder in deutsche Hände gelegt und Willi Suth zum kommissarischen Oberbürgermeister ernannt. Suth, ein Schwager Konrad Adenauers, war bereits von 1920 bis zu seiner Entlassung durch die Nazis 1933 Stadtkämmerer gewesen. Am 4. Mai hatte Konrad Adenauer selber das Amt des Kölner Oberbürgermeisters, das er von 1917 bis 1933 bereits innehatte, wieder übernommen.
2 Detachment E1H2 Militärregierung Köln »Plan zur Neugestaltung Kölns« von Albert C. Schweizer an Lt. Col. Hiles, Köln 9.6.1945 in: HAStK Best. 2/137, Bl. 54 ebenfalls HAStK Best. 2/366, Bl. 207.
3 Ebd.
4 Vgl. BILLSTEIN, REINHOLD/ILLNER, EBERHARD: *You are now in Cologne. Compliments: Köln 1945 in den Augen der Sieger. Hundert Tage unter amerikanischer Kontrolle,* Köln 1995, S. 15–153.
5 BM Olbrich vor Gemeinderat 29.1.1946 in: HASKP A 1b/1.Bd 18a.
6 Denkschrift der Stadt Köln über die Eingemeindung in: HAStK Best. 2/137, Bl. 58 (Version vom Juni 1945); HAStK Acc. 13/9 Bl. 151 (gedruckte Fassung Aug. 1945); HAStK Acc. 2/1403 Bl. 61 (Typoskript Aug. 1945);
Vgl. SCHUMACHER, FRITZ/ARNTZ, WILHELMIN: *Köln. Entwicklungsfragen einer Großstadt,* Köln 1923, S. 295–298.
7 Rundschreiben BM Olbrich 8.9.1945 in: HASKP A 100/110.
8 Ebd.
9 Beigeordneter Klöter an BM Olbrich, 8.9.1945in: HASKP A 100/110.
10 Reidemeister benutzt hier ein Wortspiel des Ortsnamens. Das lateinische Wort »porta«, das Tor, die Pforte heißt im rheinischen »Pooz« (was phonetisches sehr an Porz erinnert).
11 Vgl. HEEGER, HERBERT: Die SPD im Rheinisch-Bergischen Kreis von 1945 bis zur Landtagswahl von 1947 in: Geschichte in Köln Nr. 12/1982, S. 112
12 Protokoll der Sitzung des Rates der Gemeinde Porz am Rhein vom 16. Februar 1948 in: HASKP 1b/ 1.Bd 18b.
13 Vgl. VOGT, HELMUT: Sieger hinter Stacheldraht: Porz-Wahn als Hauptquartier des Britischen Hochkommissars 1949–1953, in: Rechtsrheinisches Köln Band 26, 2000, S. 157
14 Vgl. www.museum-bsd.de/museum-bsd/de/index.htm
Vgl. FÖRST, WALTER: *Porz – eine dynamische Stadt,* Berlin-West, Basel o.D., S. 93–98.
15 Vgl. SCHÄFKE, WERNER (Hg.): *Das neue Köln 1945–1995,* Köln 1994, S. 328–329
16 Vgl. FLUGHAFEN KÖLN/BONN GMBH (Hg.): *»... wir werden schon sehen, wie das mit Wahn wird.« – Konrad Adenauer und der Flughafen Köln/Bonn,* Köln 1994, S. 14

»Die Junge Stadt am Rhein« – Die kurze Ära der Stadt Porz am Rhein

1 Urkunde zur Stadterhebung von Porz, 16.9.1951: HASKP A 3 (ohne besondere Inventarnummer).
Vgl. KLEIN, HERBERT: Erlebnisse in Porz in den Jahren 1945 bis 1951 in: Rechtsrheinisches Köln, Jahrbuch für Geschichte und Landeskunde, Band 1, Köln-Porz 1975, S. 144.
2 Vgl. STADT PORZ AM RHEIN (Hrsg.): *Porz – Die junge Stadt am Rhein 1951*, Festbuch zur Stadterhebung von Porz, Porz 1951, S. 60;
Vgl. STADT PORZ AM RHEIN (Hrsg.): *20 Jahre Stadt Porz am Rhein, Stadtgeschehen 1951–1971* [Textband], Porz 1971;
Vgl. STADT PORZ AM RHEIN (Hrsg.): *20 Jahre Stadt Porz am Rhein* [Bildband], Porz 1971.
3 Vgl. *Porz – Die jüngste Stadt am Rhein 1951*, Festgabe zur Verleihung der Stadtrechte, (Beilage der Bergischen Rundschau und der Kölnischen Rundschau), o.O. [Köln] 1951.
4 Vgl. SCHMIDTKE, REINER: *Porz. Geschichte eines Kölner Stadtteils*, Köln 1988, S. 29.
5 Der Name leitete sich ab von der ursprünglichen Idee als Anrufbeantworter: TE = Telefon, FI = Film und phon = Klang oder Ton.
6 Eine Rede des NSDAP-Gauleiters Grohé ist im Internet unter www.museenkoeln.de/ns-dok/fundstuecke/19-tefiphon/start.html abrufbar.
7 Vgl. HASKP Z 950–390.
8 HASKP A73/66.
9 Bergische Landeszeitung 11.12.1961.
10 alle Zitate aus dem Bestand HASKP A73/66.
11 alle Zitate Bergische Landeszeitung 11.12.1961.
12 STADT KÖLN. DER OBERSTADTDIREKTOR (Hrsg.): *Das Großzentrum Köln und seine Verflechtungen. Neuordnungsvorschlag der Stadt Köln zur kommunalen Gebietsreform*, Köln 1972, S. 18.
13 Eine Karte mit den 14 Stadtbezirke befindet sich als Anlage zu: STADT KÖLN. DER OBERSTADTDIREKTOR (Hrsg.): *Das Großzentrum Köln und seine Verflechtungen. Planungen und Gliederung*, Köln 1973.
14 Vgl. DIECKMANN, ILKA: Gemeindereform in Köln – der Konflikt um Porz in: Rechtsrheinisches Köln Bd. 27, Köln 2001, S. 335–424.
15 Stadtentwicklungsplan Porz am Rhein, o.D. (verabschiedet am 4.4.1974).
16 Poll ist der am meisten umgemeindete Stadtteil Kölns. Er gehörte zunächst zur Landbürgermeisterei Deutz, dann zur Landbürgermeisterei Kalk, anschließend zur Bürgermeisterei Vingst, 1888 wurde Poll Stadtteil Kölns. 1975 wurde Poll dann dem Stadtbezirk Porz zugeschlagen.
17 FUCHS, PETER (Hrsg.): *Chronik zur Geschichte der Stadt Köln*. Band 2: Von 1400 bis zur Gegenwart, Köln 1991, S. 314.
18 STADT PORZ AM RHEIN (Hrsg.): *Porz am Rhein. Beobachtungen und Bemerkungen*, Köln 1974, S. 1.
19 Ebd., S. 31.

Porz als Stadtbezirk Kölns

1 Vgl. www.airport-cgn.de
2 Damals noch unter dem Namen Deutsche Forschungs- und Versuchsanstalt für Luft- und Raumfahrt (DFVLR)
3 Vgl. 30 Jahre DLR, Köln-Porz 1999
4 Vgl. www.dlr.de/dlr/Organisation/Standorte/koeln
5 Mein Dank geht an alle, die mir geholfen haben, dieses Buch zu schreiben, ganz besonders an Gebhard Aders, Dirk Henn und Dr. Severin Roeseling.

Literaturverzeichnis

Monographien und Aufsätze:

ADERS, GEBHARD: Das Schutzhaftlager der SA am Hochkreuz in Porz-Gremberghoven, in: Rechtsrheinisches Köln, Bd. 8, Köln-Porz 1982
ADERS, GEBHARD: Hintergründe und Ablauf, in: NS-Dokumentatonszentrum der Stadt Köln (Hg.): Köln, 31. Mai 1942: der 1000-Bomber-Angriff, Köln 1992
ADERS, GEBHARD: Kriegsereignise im rechtsrheinischen Kölner Raum in den Jahren 1795 und 1796, in: Rechtsrheinisches Köln, Bd.18, Köln-Porz 1992
ADERS, GEBHARD: Kriegsflugblätter – eine bisher von der Stadtgeschichtsforschung vernachlässigte Quelle, in: Rechtsrheinisches Köln, Bd. 26, Köln-Porz 2000
ADERS, GEBHARD: Nationalsozialistische Verbrechen im rechtsrheinischen Köln während des Zweiten Weltkrieges, in: Rechtsrheinisches Köln, Bd. 25, Köln-Porz 1999
ADERS, GEBHARD U.A. (Hg.): *Das Museum im Zündorfer Wehrturm*, Köln 1980
AVENARIUS, WILHELM/BRINKEN, BERND: *Düsseldorf und Bergisches Land. Landschaft, Geschichte, Volkstum, Kultur, Kunst*, Heroldsberg 1982
BAHNEN IM KÖLN-BONNER RAUM: *Kleinbahn Siegburg – Zündorf* (KSZ), in: Straßenbahn-Magazin Nr. 87, Februar 1993
BECKER, ADOLF: *Kleinbahn Siegburg - Zündorf. Rhein-Sieg-Kreis-Eisenbahn 1914–1989*, Niederkassel 1989
BECKER, HANS-MICHAEL: *Köln contra Köln. Von der Wechselvollen Beziehung der Stadt zu ihren Erzbischöfen und Kurfürsten*, Köln 1992
BEMMANN, HELGA: *Humor auf Taille. Erich Kästner – Leben und Werk*, Leipzig 1983
BENDEL, JOHANN: *Heimatbuch des Landkreises Mülheim*, 5. Auflage, (Faksimiledruck der 2. und 3. Auflage, Köln-Mülheim 1925), Köln 1981
BEYER, JOSEF: Eine Kindheit mir Kriegsflugblättern, in: Rechtsrheinisches Köln, Bd. 26, Köln-Porz 2000
BILLSTEIN, REINHOLD/ILLNER, EBERHARD: *You are now in Cologne. Compliments: Köln 1945 in den Augen der Sieger. Hundert Tage unter amerikanischer Kontrolle*, Köln 1995
BREMER RUNDFUNKMUSEUM e.V. (Hg.): *Hört! Hört! Das muß man sehen! Vom Dampfradio zum Digitaltuner* (Saalzeitung des Museums), Bremen 1999
BUCHWALD, URSULA: Die Reform der Verwaltung im Raume Porz 1806–1813, in: Rechtsrheinisches Köln, Nr. 2, Köln-Porz 1976
DER EUROPÄER NAPOLEON – SPIEGEL SPECIAL: *Experiment Europa. Ein Kontinent macht Geschichte*, Hamburg 2002
DICK, HANS-GERD: *»Wie erdhaft, Bergisch und deutsch das klingt«. Der Rheinisch-Bergische Kreis im Nationalsozialismus*, Weilerswist 1999
DIE STARTBAHN, Mai 1958
DIECKMANN, ILKA: Gemeindereform in Köln – der Konflikt um Porz, in: Rechtsrheinisches Köln, Bd. 27, Köln-Porz 2001
DIETMAR, CARL (Hg.): *Die Chronik Kölns*, Dortmund 1991
DUNCAN, DAVID EWING: *The Calender*, London 1998
ENDERLE, LUISELOTTE: *Erich Kästner in Selbstzeugnissen*, Reinbek 1966
FACHINGER, JOSEF: *Gutachten zu der Denkschrift der Stadtverwaltung Köln über die Eingemeindung des Landkreises Köln zur Stadt Köln*, Frechen 1945
FLUGHAFEN KÖLN/BONN GMBH (Hg.): *»... wir werden schon sehen, wie das mit Wahn wird.« – Konrad Adenauer und der Flughafen Köln/Bonn*, Köln 1994
FLUGHAFEN KÖLN/BONN GMBH (Hg.): *Einblick. Luftfahrt in Köln*, Köln 2001
FÖRST, WALTER: *Kleine Geschichte Nordrhein-Westfalens*, Düsseldorf 1986
FÖRST, WALTER: *Porz – eine dynamische Stadt*, Berlin-West, Basel o.D.
FUCHS, PETER (Hrsg.): *Chronik zur Geschichte der Stadt Köln*. Band 2: Von 1400 bis

zur Gegenwart, Köln 1991
GEMEINDE PORZ (Hrsg.): *Verwaltungsberichte der Gemeinde Porz 1933–1937*
GOLLUB, SIEGFRIED: Zur ältesten Besiedlung der Stadt Porz und ihrer näheren Umgebung, in: Unser Porz, Band 8, Porz 1966
GUTZMER, KARL (Hg.): *Chronik der Stadt Bonn,* Dortmund 1988
HAGEMANN, WALTHER: *42 Jahre Rheinisch-Bergischer Kreis. Ein geschichtlicher Abriß – vor der Neugliederung,* Bergisch Gladbach 1974
HARENBERG, BODO (Hrsg.): *Chronik des Ruhrgebiets,* Dortmund 1987
HASHAGEN, JUSTUS U.A.: *Bergische Geschichte,* Remscheid-Lennep 1958
HEEGER, HERBERT: Die SPD im Rheinisch-Bergischn Kreis von 1945 bis zur Landtagswahl von 1947, in: Geschichte in Köln, Nr. 12, Köln 1982
HERMES, KARL/MÜLLER-MINY, HEINRICH: *Der Rheinisch-Bergisch Kreis,* Bonn 1974
HERRMANN, WALTER: Wirtschaftsgeschichte der Stadt Köln 1914 bis 1970, in: Kellenbenz, Hermann (Hrsg.): Zwei Jahrtausende Kölner Wirtschaft. Band 2, Köln 1975
HOEBINK, HEIN: *Mehr Raum – mehr Macht. Preußische Kommunalpolitik und Raumplanung im rheinisch-westfälischen Industriegebiet 1900–1933,* Essen 1989
HOTTES, KARLHEINZ (Hrsg.): *Köln und sein Umland,* Köln 1989
HUCK, JÜRGEN: Reichsminister Paul Frhr. von Eltz-Rübenach – Sein Leben und Wirken 1875–1943, in: Unser Porz, Nr. 2, Porz 1961
HUCK, JÜRGEN: Schloss Röttgen und Durchhausen in Heumar, in: Unser Porz, Nr. 16, Porz 1974
INTERKOMMUNALER ARBEITSKREIS WAHNER HEIDE (Hg.): *Die Wahner Heide. Eine rheinische Landschaft im Spannungsfeld der Interessen,* Köln 1989
JANSEN, WILHELM: *Kleine Rheinische Geschichte,* Düsseldorf 1997
KAUFHOLD, KARL: Flughafen Köln/Bonn, in: FÖRST, WALTER, *Porz – eine dynamische Stadt,* Berlin-West, Basel o.D.
KELLENBENZ, HERMANN (Hg.): *Zwei Jahrtausende Kölner Wirtschaft.* Band 2, 'Vom 18. Jahrhundert bis zur Gegenwart, Köln 1975
KIRCHNER, KLAUS: Kriegsflugbätter – eine Waffe, die jeden traf, in: Rechtsrheinisches Köln, Bd. 26, Köln-Porz 2000
KLEIN, BEATRIX: Flughafen Köln/Bonn - Großverkehrsanlage in der Randzone der Großstadt Köln in: Rechtsrheinisches Köln, Band 4, Köln-Porz 1978
KLEIN, HERBERT: Erlebnisse in Porz in den Jahren 1945 bis 1951, in: Rechtsrheinisches Köln, Bd. 1, Köln-Porz 1975
KLUXEN, KURT: *Geschichte von Bensberg,* Paderborn 1976
KORDON, KLAUS: *Die Zeit ist kaputt. Die Lebensgeschichte des Erich Kästner,* Weinheim und Basel, 2. Aufl. 1995
KUTSCHKE, REINHARD/MÜLLER, HERIBERT: *Rath-Heumar. Ein Doppelort erzählt in Wort und Bild,* Köln, o.J.
LANDESKONSERVATOR RHEINLAND: *Denkmälerverzeichnis Köln Stadtbezirk 7 und 8 (Porz und Kalk),* Köln 1980
LAUTE, HANSJÖRG: *Die Herren von Berg. Auf den Spuren der Geschichte des Bergischen Landes (1101–1806),* Solingen 1989
LE CALENDRIER RÉVOLUTIONAIRE, Paris, o.D.
LEUKEFELD, PETER: *Danke, Heiliger Vater! Tagebuch seiner Deutschlandreise,* München 3/1980
MEIER-ARENDT, WALTER: *Die Steinzeit in Köln,* Köln 1975
MONTANUS (VINZENZ VON ZUCCALMAGLIO): *Geschichte und Beschreibung der Stadt und des Landkreises Mülheim,* 1846
MUSEUM IM ZÜNDORFER WEHRTURM: *Eine Außenstelle des Kölnischen Stadtmuseums,* Köln 1980
PORZ – DIE JÜNGSTE STADT AM RHEIN 1951. Festgabe zur Verleihung der Stadtrechte, (Beilage der Bergischen Rundschau und der Kölnischen Rundschau), o.O. [Köln] 1951
PORZKY, EUGENIE/HUCK, JÜRGEN: Politische Strömungen im Raume Porz 1918–1933, in: Rechtsrheinisches Köln, Bd.1, Köln-Porz 1975
QUADFLIEG, ERICH: Vom Himmel fielen nicht nur Bomben – Flugblättersammeln im rechtsrheinischen Köln, in: Rechtsrheinisches Köln, Bd. 26, Köln-Porz 2000
RHEINISCH-BERGISCHER KREIS (Hrsg.): Denkschrift zum neuen Eingemeindungsplan der Stadt Köln, Bergisch Gladbach 1946
ROSENBACH, HELMUT: Zwischen Heiligem Römischen Reich und Preußen, in: Rheinisch-Bergischer Kalender 1989
RUTT, THEODOR: *Heimatchronik des Rheinisch-Bergischen Kreises,* Köln 1964
SCHÄFKE, WERNER (Hg.): *Das neue Köln 1945–1995,* Köln 1994
SCHIKORSKY, ISA: *Erich Kästner,* München 1998
SCHMIDT, CHARLES: *Das Großherzgtum Berg 1806-1813. Eine Studie zur französischen Vorherrschaft in Deutschland unter Napoleon I.,* Neustadt/Aisch 1999
SCHMIDTKE, REINER: *Porz - Geschichte eines Kölner Stadtteils,* Köln 1988
SCHUBERT, JOCHEN (Hg.): *Heinrich Böll – Briefe aus dem Krieg 1939–1945,* Köln 2001
SCHUMACHER, FRITZ/ARNTZ, WILHELM: *Köln. Entwicklungsfragen einer Großstadt,* Köln 1923
SCHWALM, FRANK: Die Kölner Eingemeindungspläne für den Raum Porz in den Jahren 1919 bis 1951 – Teil 1: von 1919 bis 1943, in: Rechtsrheinisches Köln, Bd. 24, Köln-Porz 1998
SCHWALM, FRANK: Die Kölner Eingemeindungspläne für den Raum Porz in den Jahren 1919 bis 1951 – Teil 2: von 1945 bis 1951, in: Rechtsrheinisches Köln, Bd. 25, Köln-Porz 1999
STADT KÖLN (Hrsg.): *Kölner Strukturdaten 1978*
STADT KÖLN (Hrsg.): *Statistische Jahrbücher der Stadt Köln*
STADT KÖLN. DER OBERSTADTDIREKTOR (Hrsg.): *Das Großzentrum Köln und seine Verflechtungen. Planungen und Gliederung,* Köln 1973
STADT KÖLN. DER OBERSTADTDIREKTOR (Hrsg.): *Das Großzentrum Köln und seine Verflechtungen. Innere Verfassung und Verwaltung,* Köln, o.D.
STADT KÖLN. DER OBERSTADTDIREKTOR (Hrsg.): *Das Großzentrum Köln und seine Verflechtungen. Neuordnungsvorschlag der Stadt Köln zur kommunalen Gebietsreform,* Köln 1972
STADT PORZ AM RHEIN (Hrsg.): *20 Jahre Stadt Porz am Rhein* [Bildband], Porz 1971
STADT PORZ AM RHEIN (Hrsg.): *20 Jahre Stadt Porz am Rhein , Stadtgeschehen 1951–1971,* [Textband], Porz 1971
STADT PORZ AM RHEIN (Hrsg.): *Porz – Die junge Stadt am Rhein 1951,* Festbuch zur Stadterhebung von Porz, Porz 1951
STADT PORZ AM RHEIN (Hrsg.): *Porz am Rhein. Beobachtungen und Bemerkungen,* Köln 1974
STADT PORZ AM RHEIN (Hrsg.): *Stadtentwicklungsplan Porz am Rhein,* o.D. (verabschiedet am 4. April 1974)
STADT PORZ AM RHEIN (Hrsg.): *Tätigkeitsbericht der Stadt Porz 1956–1960*
STADT PORZ AM RHEIN (Hrsg.): *Verwaltungsberichte der Stadt Porz 1964–1974*
STELZMANN, ARNOLD/FROHN, ROBERT: *Illustrierte Geschichte der Stadt Köln,* 10. überarbeitete Auflage, Köln 1984
STIFTUNG BUDESKANZLER-ADENAUER-HAUS (Hg.): *Konrad Adenauer. Dokumente aus vier Epochen deutscher Geschichte,* Rhöndorf 1997
STOCKHORST, ERICH: *5000 Köpfe. Wer war wer im 3. Reich,* 2. Aufl. Kiel 1985
VOGT, HELMUT: Sieger hinter Stacheldraht. Porz-Wahn als Hauptquartier des Britischen Hochkommissars 1949–1953, in: Rechtsrheinisches Köln, Bd. 26, Köln-Porz 2000
WEINMANN, MARTIN (Hg.): *Das nationalsozialistische Lagersystem,* Frankfurt/Main 1990
WIRTZ, ALEXANDER: *Porz das Tor. Lokalreport vorwiegend heiter,* Porz/Rhein, o.D.
WISTRICH, ROBERT: *Wer war wer im Dritten Reich. Anhänger, Mitläufer, Gegner,* München 1983

Archivbestände

▮ Historisches Archiv der Stadt Köln – Außenstelle Porz (HASKP)
- Bestand 1b: Gemeinderatsprotokolle
- Bestand 3: Stadtdirektor
- Bestand 100: Hauptamt
- Bestand E 405: Konrad Adenauer
- Bestand A 19/77: Wahner Straßenbahn
- Bestand A73/66: Flughafen
- Bestand M63: Kästner:
- Bestand Z 950–390: TEFI

▮ Historisches Archiv der Stadt Köln (HAStK):
- Accession 2: Büro des Oberbürgermeisters
- Accession 5: Büro des Oberstadtdirektors
- Accession 13: Dezernat X (Verwaltung für Wirtschaft und Verkehr)
- Bestand 2: Büro des Oberbürgermeisters
- Bestand 8: Stadtgebiet
- Bestand 10: Organisationsangelegenheiten
- Bestand 902: Konrad Adenauer

▮ Rheinisch-Bergischer Kreis – Kreisarchiv (RBK KrA)
- Bestand 01: Rheinisch-Bergischer Kreis
- Bestand 13: Landkreis Mülheim (teilweise als Mikrofilm des Hauptstaatsarchives des Landes Nordrhein-Westfalen)

Internetseiten

- contextxxi.mediaweb.at/texte/archiv/c21020208.html
- home.t-online.de/home/fgrtm.koeln/tefifon.htm
- home.t-online.de/home/fgrtm.koeln/tefifon.htm
- pages.prodigy.net/ptheroff/gotha/eltz.html
- www.airport-cgn.de
- www.archive.nrw.de/archivar/2000-04/A27.htm
- www.graf-von-berg.de/bensberg-ns-10.htm
- www.mhst.net/private/schloss.html
- www.museenkoeln.de/ns-dok/fundstuecke/19-tefiphon/start.html
- www.ortelius.de/kalender/fr_de.html
- www.porz-am-rhein.de/porzeit.html
- www.porzgrengel.de/Tefifon.htm
- www.r-a-d-i-o-s.de/te/te1.html
- www.tefiphon.de
- www.tefiphone.de
- www.uni-koeln.de/phil-fak/thefife/home/wahn_ges.htm
- www.zuendorfer-wehrturm.de/wehrturm/Seiten/wehr_zj.html

Fernsehsendungen und Filme:

- Historische Ereignisse: Kennedy in Deutschland 1963, PHOENIX, September 2001
- Köln im Krieg, WDR 1965

Register